ニコラ・ライハニ
著
藤原多伽夫
訳

「協力」の生命全史

進化と淘汰がもたらした集団の力学

東洋経済新報社

協力の犠牲者、母へ

目次

第3部 利他主義の謎

第10章 協力の社会的ジレンマ 149

第11章 罰と協力 165

はじめに

ヒトが社会性のない動物として存在した証拠があるとは思わない。

——チャールズ・ダーウィン（１８７１年）[1]

コロナ禍を引き起こしたもの

私はこの原稿をキッチンのテーブルに座って書いている。世界中で猛威を振るう微小な病原体の拡散を防ぐために求められたソーシャルディスタンスを保っているというわけだ。この病原体はわずか数週間前には考えられなかったほど、私たちの生活や日常の行動をがらりと変えた。職場は閉鎖され、カフェやレストランはシャッターを下ろし、子どもたちは自宅からオンラインで授業に出席した。

２０２０年が終わる頃には、６４００万人を超す人々が感染し、１５０万人が命を落とすことに

なった。イタリアでは、小さな町の通りに何台もの軍のトラックが列を連ねて遺体を運ぶなか、人々は愛する人とのお別れを携帯電話の画面を通してやるように強いられ、世界のほかの地域にすむ人々はその様子をじっと見守ることしかできなかった。目に見えないほどちっぽけな存在も含め、自然の力に対して私たちがいかに弱いかをこのウイルスに思い知らされた。

ある意味、遺伝物質の小さな鎖の力には目を見張る。髪の毛の太さの５００分の１しかないものが、これほど多くの人間の命をどうやって奪ったのか。それは言うまでもなく、ウイルスは私たちの暮らしを利用して拡散していくからだ。人間は野生動物の狩猟と取引を通じて、新型コロナウイルスが一つの種から別の種へ飛び移ることができる状況をつくってしまった。ウイルスは飛行機や船に乗って国境を越える。過去に出現した病原体と同じように、新型コロナウイルスもある性質を利用して、人間界だけにパンデミックを引き起こした。それは、ヒトの社会性だ。

私たちの社会性はコロナ禍を引き起こしたとはいえ、そこから抜け出すために必要な唯一の性質でもある。執筆時点で、この脅威から抜け出せる時期ははっきりしないものの、どうすれば抜け出せるかはわかっている。ウイルスに立ち向かうために、私たちは脅威に直面したときに互いの姿を探し合うという、最も根源的な本能を抑制しなければならない。そして、誰とどこで何ができるかについて制限を受け入れなければならない。ウイルスに立ち向かうために、科学者はワクチン開発という人類共通の目標に向かって奮闘しなければならない。その間、社会で最も必要とされているエッセンシャルワーカーは、私たちが生き延びるために必要なサービスや商品を提供する。ウイルスに立ち向かうために、政界の指導者は自分の有権者だけでなく、ほかの州、さらにはほかの国々にすむ人々のことも考えなければなら

ない。ウイルスに立ち向かうために、私たちは協力しなければならない。
さいわい、協力というのは人間が抜群に得意な行動だ。

協力の功罪

本書のテーマは「協力」である。私はこのテーマを２００４年から研究してきた。日常会話で協力という言葉を聞くと、かたい握手や楽しいチームワークなど、平凡な光景が思い浮かぶものだが、協力というのはそれよりはるかに奥深い。朝の通勤といったごく日常的な行動から、宇宙へ向けてロケットを打ち上げるといった人類史上最大級の偉業まで、私たちの暮らしのあらゆる側面に協力はかかわっている。協力はヒトが備えた強大な能力であり、ヒトが地球上で生き延びるだけでなく、ほぼあらゆる環境で繁栄してきた理由でもある。

それよりもわかりにくいが、協力はそもそもヒトが存在している理由でもある。分子レベルでは、協力関係は至るところに見られる。あらゆる生命体はゲノム（全遺伝情報）のなかで協力し合っている遺伝子で成り立っているのだ。そこから一段階上がると、生物の進化の痕跡を見つけられる。複数の細胞が力を合わせて個体を形成している姿だ。大部分の種では、協力関係はそこで終わる。個体どうしはたいてい助け合うことがないからだ。しかし、例外はいくつかあり、そうした生物は地球上で最も大きく繁栄した種でもある。ヒトもその一つだ。

ヒトは極度に高い社会性をもつためにほかの生物と一線を画していると思ってしまいそうになるが、

実際のところ社会性をもつ生物は数多くいて、ヒトはその一つでしかない。そのなかでも協力の事例として心を揺さぶられるのは、フォレリウス・プシルスというブラジルのアリだ。日中は地上で食物をあさるが、日が落ちると安全な地下の巣に引きこもる。とはいえ、すべての個体がそうするわけではなく、数匹の働きアリは外にとどまって、仲間の雌たちが巣のトンネルを下っていくのを待っている。仲間の帰還を見届けてからが、仕事の始まりだ。砂粒や何かの破片を引きずってきて、巣の入り口を外から完全にふさいでしまうのだ。巣の入り口を閉ざしてしまうということは、自分自身の運命を閉ざしてしまうということでもある。地上に取り残された個体はひと晩生き延びることができない。巣の近くで息絶えると天敵に巣の場所が見つかるおそれがあるため、働きアリたちは夜の闇に向かって歩いていく。最後まで忠実に巣を守るのだ[2]。

　みずから命を絶つアリの事例は極端だとしても、協力はありふれた行動から畏敬の念を抱かせる行動まで、社会的な行動を理解するうえで鍵になることがよくある。親が赤ちゃんを世話する理由、そして母親を殺す子がいる理由は、協力という要素に着目するとわかってくる。マダラヒタキという鳥が近くにいる仲間を助ける理由、一方でチンパンジーが隣のなわばりにいる個体を殺そうとする理由は、協力という要素を使って説明できる。協力は更年期や閉経した祖母の存在、そして霊長類でヒトだけがその特徴をもつ理由といった、これまで疑問に思ったこともないような事柄を理解する助けにもなる。

　協力について語ろうと思ったら、当然ながら負の側面も頭に入れておかないといけない。協力は私利私欲のために集団を利用する詐欺やたかりにきわめて弱いからだ。これから見ていくように、こうした社会的な不正行為は協力行動であることが多いのは確かだが、他者に代償を負わせることになる。協力

には犠牲を伴うことが頻繁にある。がん細胞は多細胞生物の体内で協力し合って、患者を苦しめる。身内びいきや汚職、わいろはすべて協力の一種で、少数の個人が仲間うちで起こした行動が、社会により広い代償をもたらす。

ヒトがもつ性質のなかでもすばらしく、かつ謎めいている集団行動に着目して、ヒトとほかの動物が共通してもっている性質や両者に共通していない性質を詳しく調べるというのが、私の研究活動の主要な部分を占めてきた。現在の研究対象は主にヒトだが、ここに至るまでには紆余曲折があり、世界各地を巡る旅があった。アフリカ南部のカラハリ砂漠ではシロクロヤブチメドリ、南アフリカ共和国のプレトリアでは掃除道具入れにすむダマラランドデバネズミ、オーストラリア奥地ではハイイロッチスドリ、そして熱帯のサンゴ礁ではホンソメワケベラという魚を研究した。

種々雑多で一貫性がないように思えるかもしれないが、これらの種には重要な共通点がある。すべてが協力行動を見せるのだ。シロクロヤブチメドリとダマラランドデバネズミ、ハイイロッチスドリは主に家族のなかで協力し合う。一方、ホンソメワケベラはそれとはまったく異なり、見ず知らずの魚を助ける。一度も会ったことがなく、その後もひょっとしたら会うことがない魚をだ。ヒトはこの両方の協力行動を見せるという点できわめて興味深い。

協力の進化を探る旅

協力は私たちの歴史を形づくってきた要素の一つだが、未来を築く要素でもある。その事実は

２０２０年に起きた新型コロナウイルスのパンデミックで浮き彫りになった。イギリスがロックダウン（都市封鎖）に入った頃、私は本書の執筆を終えたと思っていた。だが、そのとき突如として、協力することがそれまでになく重要になった。家族の絆、共同体意識、規則破りの監視といった、本書の章として盛り込んだテーマが、ニュース番組の見出しに日々登場するようになったのだ。私が研究者として考え続けてきた問題が、緊急に解決すべき問題になった。全体の利益のために個人を犠牲にし、「私」よりも「私たち」を優先するよう、何十億もの人々を説得するにはどうすればよいのか？

こうした問題に取り組むためには広い視点が必要だ。ヒトの進化の歴史を振り返り、過去の人類が暮らした環境が現在の人類に残した痕跡を見いださなければならない。だが、ヒトだけを分けて考えるわけにはいかない。地球上にすんでいる、社会性を備えたほかの生物にも着目していく。

現生の生物ではヒトに最も近い大型類人猿、とりわけチンパンジーとボノボに注目したくはなるのだが、この手法は視野が狭い。はっきりと人間らしさを感じる社会的な行動はたいてい類人猿やサルには見られず、かえってはるかに遠縁な生物に見られるものだ。たとえば、アリやミーアキャットは教示行動をとるが、チンパンジーはとらない。ヒトが地球上で置かれた場所を理解する手がかりは、ほかの類人猿との比較だけでなく、進化の系統樹でまったく異なる枝にも存在する。たとえ系統が遠くても、この惑星で私たちとともに生きる生物であることは変わらない。

本書は４部で構成されている。それぞれの部は玉ねぎの層のようなものだ。中心から外側の層に一段階ずつ進んでいく要領で、社会の複雑性の進化を異なるスケールで探ってゆく。

第１部では個体の進化について探究する。まずは体の奥深くにある微小な世界を探検し、遺伝子と細

胞がどのように連携してまとまった存在を形成するかを見ていく。私たちの体は表面上は統制がとれているように見えても、その下ではひそかに争いが繰り広げられている。社会秩序を乱そうとする遺伝子や細胞のだまし合いは頻繁にあり、実際に覆されれば体内は大混乱に陥る。これから見ていくように、私たちの健康と出生率、さらに言うなら生存も、こうした利己的な存在を押さえ込めるかどうかにかかっている。

　第2部では少し視野を広げて、家族の進化について探る。子どもの面倒を見るのは私たちにとっては当たり前のように思えるのだが、親が子育てにつぎ込む労力の範囲や期間という点でヒトは独特であり、母親だけでなく、しばしば父親も子育てに参加する点でも珍しい。拡大家族の集団で暮らすほかの種との共通点、そして、女性に更年期がある理由やヒトの寿命が抜群に長いことを含め、私たちの特異な特徴の多くを家族の視点でどのように説明できるかを解き明かしていく。

　第3部ではさらに視野を広げ、家族の範囲を超えて支援の手を差し伸べることがある理由を探る。人間らしい特徴の一つに、親戚や友だちだけでなく、赤の他人や、二度と会うことがなさそうな人とも協力できる能力がある。ヒトの極度に高い社会性を下支えしているのはこうした傾向であり、ヒトが地球全域にすみ着く道を切り開いた。しかし、見知らぬ者と交流する生物はヒトだけではない。ホンソメワケベラという、サンゴ礁にすむ小さな魚にヒトとの共通点が驚くほどたくさんあることを伝える。

　第4部では玉ねぎの最も外側の層に移り、大規模な社会の進化について探究する。ここでは類人猿から受け継いだ性質に着目し、類人猿とヒトの大きな違いがなぜ、どのように生まれたかを考えていく。相互依存が私たちの心理を形づくり、ヒトはこれ以上ないほど見事な協力の能力を獲得することができ

たが、同時に社会的比較やパラノイア（妄想症）といった問題にも悩まされ、少数の人々は心の病を抱えることもある。私たちが協力を第一に考えることは、いま私たちが直面している地球規模の問題を解決する鍵となるのだが、やがて人類の凋落を招きうるのもまた、協力の能力だ。

ここからは協力の進化を探る旅に出る。それは私たち自身、そしてこの惑星を共有するほかの生き物についてもっと深く知るための旅だ。協力は世界を変えただけでなく、世界を形づくってきたことがわかるだろう。ささいなことから壮大なことまで、人間が成し遂げてきたあらゆる成果には協力が必要だった。さらに言うなら、協力がなければ地球上には生命が生まれなかっただろう。第1部では、協力があなたや私、そしてほかのあらゆる生き物をどのように形成してきたかを探っていく。さあ始めよう。

第1部

「自己」と「他者」ができるまで

あなたの体という集合体

協力は今ある生命を形成するうえで欠かせない要素だ。それがなければ、あなたや私、さらに言うなら、あらゆる生き物が存在しなかっただろう。あなたは細胞内のゲノムのなかで協力し合う遺伝子からつくられている。すべての遺伝子が力を合わせて、よりよいあなたをつくろうとしているのだ。

これを説明するため、あなた自身（あるいはほかの生き物でもいい）をロシアの人形「マトリョーシカ」だと考えてみよう。あなたは見た目はあなただが、その外見がすべてではない。外側の殻をこじ開けると、そのなかには別のあなたが潜み、さらにそのなかにはまた別のあなたが含まれている。あなたは個人であると同時に集合体でもあるのだ。

あなたの体は何兆個という細胞、もっと正確に言うと約37・２兆個の細胞で構成されている。[1]これは世界人口の５０００倍を超える数だ。大部分の種類の細胞には染色体が46個（生殖細胞には23個、赤血球には０個）含まれ、そのそれぞれに数百から数千個の遺伝子が含まれている。鏡を見たときに見える自分がマトリョーシカの最も外側だとしたら、遺伝子は最も奥深くに入ったいちばん小さな人形だ。最も内側の人形はあらゆる人形の礎となるもので、それ以上小さく分けることはできない。あなたの染色体や細胞、さらにはあなた自身が死んだあともずっと存続することができる。遺伝子は体のなかに隠れている。次の世代に受け継がれるために、遺伝子は最も外側の人形とともに移動しなければならない。最も外側の人形は言わば「繁殖のための乗り物《ヴィークル》」[2]だ。

しかし、生命は必ずしもそうではない。あなたを形成している基本単位は、少なくとも原理上は単体での繁殖が可能だ。遺伝子は必ずしも細胞のなかに入っている必要はなく、細胞は体内になくても繁殖することができる。遺伝子から細胞、生物、そして集団へと複雑性の段階を上げていくためには、低い段に位置する基本単位が利己的な振る舞いを抑制して、協力し合わなければならない。

人類の歴史で本当に重要な出来事は、車輪の発明でも、マグナ・カルタへの署名でも、作物の栽培化や動物の家畜化でもなく、地球の歴史ではるか昔に起きたいくつかのちょっとした出来事だった。多細胞生物がいかにあり得ない存在かを理解するには、歴史的な視点が役に立つ。私たちの想像が及ぶ限り時計の針を巻き戻し、太陽系と私たちの惑星の起源までさかのぼらなければならない。

生命の歴史は協力の歴史

地球はおよそ45億年前に誕生したと推定されている。この数字はあまりにも大きすぎて全貌をつかみづらいので、地球の歴史を一年の暦に当てはめて考えてみよう。[3,4] ヒトが登場したのはごく最近で、12月31日の夜、現在のたった30分前だ。それから、わずか25分でヒトは世界中に拡散した。最後の60秒間のうちに、農業と工業に革命を起こし、世界中に国民国家を形成し、二つの恐ろしい世界大戦を引き起こし、自然界を大規模に支配して破壊した。

これらすべては最後の30分間に起きたが、地球上で初めての生命（遺伝子を収めた細胞）が登場したのがそれよりはるか前の3月半ばだというのは驚きだ。じつは、単独で複製できる遺伝物質の鎖から正

真正銘の細胞への移行は、地球の歴史全体のなかで一度しか起きていない。これまで生きてきたあらゆる生物のすべての細胞は、この原型に由来している。6月には最初の真核細胞が出現した。これは植物や菌類、動物など、あらゆる複雑な生命体に含まれるさらに高度な細胞だ。この移行もまた、知られている限り一度しか起きていない。11月頃には、細胞は単独で機能する存在から、ほかの細胞と連携して機能する存在へと転身を遂げ、多細胞生物が登場した。こうした移行は進化の歴史で重要な出来事であり、自由気ままな遺伝物質の鎖から多種多様な形の生命の出現に至る道で欠かせない段階だった。

進化の歴史では大きな移行[5]がいくつか起きていて、それらには一つの共通点がある。小さな基本単位がより大きなものの内部に取り込まれるという出来事だ。マトリョーシカの外側に新しくできた人形が、生命の階層の新たな段階となる。新種の「個体」の誕生とも言える。このように地球上の生命を広い目で見ると、協力関係の歴史が浮かび上がってくる。単独行動をとる者どうしがチームを結成し、共通の目標に向かって力を合わせる姿だ。生命の歴史は協力の歴史である。

ごくまれに、こうした協力関係は信じがたいほど規模が大きくなることがある。一例として、地球上で最大の共同体を挙げよう。それはきわめて侵略的な種であるアルゼンチンアリのスーパーコロニーだ[6]。たいていのアリがすんでいる巣は、繁殖できる1匹の雌と、数百匹または数千匹の働きアリで構成されている。巣のなかでは個体の関心が（だいたい）そろっていて、働きアリは力を合わせて女王アリが産んだ子を育てる。しかし、巣と巣のあいだの競争は熾烈だ。ほかの集団から来たライバルに出合うと、働きアリは戦いを繰り広げる。命懸けになることも多い。

しかし、アルゼンチンアリはそうではないように見える。ほかの巣の働きアリを敵ではなく、味方と

見なしているようだ。ニュージーランドにある巣のアリをイタリアのアリと引き合わせると、アリ流の会釈程度のことしか起きない。これほど落ち着いた行動を見せるのは、アルゼンチンアリが並外れておとなしいからではない。おとなしいには程遠く、知らないアリに出合うといきなり攻撃して殺してしまうほど凶暴だ。研究により、イタリアとニュージーランドのコロニーは国境を越えたスーパーコロニーの一部であることがわかった。さまざまな国や大陸に及ぶ何百万もの巣は、一つの女王アリ群の系統を引いているのだ。ニュージーランドとイタリアのアリを引き合わせることは、あなたの手の小指であなたの足の親指をさわるようなものなのだろう。どちらも同じ大きな集団に属しているということだ。同じスーパーコロニーの仲間どうしは友好的な関係を保っているものの、異なるコロニーの個体どうしの競争は激しい。カリフォルニアでは二つのスーパーコロニーが出合う細長い境界領域がアリの戦場になっていて、そこには二つのコロニーから来た兵隊アリの死骸が至るところに横たわっている。

アルゼンチンアリの世界規模のスーパーコロニーに見られる協力関係の規模はただ目を見張るばかりだが、協力関係は生命のあらゆる段階に見られ、それこそが私たちの驚嘆すべき点だ。全体の利益を得るために、たとえ短いあいだでも力を合わせることには個人の犠牲が伴う。この事実に気づくと、自然科学と社会科学が出合う領域に重要な問いが生まれてくる。個人の犠牲と、利己的な個体を重視するダーウィン進化論をどのように両立させることができるのか。

この問いに答える前に、進化が起きる仕組みについて基本的な概念のいくつかをおさらいしておくのがいいだろう。過去（といってもそれほど遠くない過去）にさかのぼり、ケンブリッジのほこりっぽい大学で私の研究者人生が始まりもしないうちに終わりかけた瞬間を振り返る。

第1章 協力を推し進めるもの

ダーウィンの名前を聞いたことがなくても、それなりの人生を生きて死んでいける。しかし死ぬ前に、そもそもなぜ自分が生きていたのか知りたくなるのだとしたら、ダーウィニズムこそ学習しなければならない分野である。

——リチャード・ドーキンス、ジョン・メイナード・スミスの『進化の理論 *The Theory of Evolution*』の序文より（1993年）[1]

目の進化という謎

2000年10月、私はケンブリッジ大学で、なぜ自分がここにいるのかはっきりしないまま、自然科学の学位取得をめざす一歩を踏み出した。いつものように、私たち4人は指導教官の1人と毎週のミ

ーティングのために狭い研究室で膝を突き合わせていた。私たちは与えられた教材について議論し、その内容をきちんと理解する。教官のヴェロニカは内気な植物学者で、ほとんどささやきに近い穏やかな声で話し、私たちが書いたレポートに対して自分の意見を押しつけるのを恐れているかのように、鉛筆の薄い字でコメントを書く。何か植物について1時間ほどの議論を終えたあと、詳しいことは思い出せないのだが、ヴェロニカがミーティングの終わりを告げ、２０００語のエッセイを書くように言ってきた。「目について熟考したダーウィンがぞっとしたのはなぜか」というのがそのテーマだ。

私はうろたえた。「進化と行動」という講座を選んだのだが、目当ては「行動」のほうで、それは生物学ではなく心理学の範疇に入ると思っていた（のちにその考えは間違っていたことがわかる）。進化についてはまったくと言っていいほど考えておらず、ダーウィンの著書など読んだことがなかった。ダーウィンが冷や汗をかいた理由など推測することはできるのだろうか。当時は、この何ともわかりにくい問いの裏に隠れた意味を知る手がかりを求めて、グーグルやウィキペディアにおいそれとは頼れなかった時代だ。ケンブリッジに来たのは大きな間違いではなかったかと思い始めた。問いの意味が理解できないのに、答えを思いつけるわけがない。どんな内容のエッセイを書いたのかは思い出せないのだが、明らかな平均点をもらった。

当時の私は完全に不意を突かれたような形で解答に苦慮したのだが、この問いは自然界に見られる複雑なデザインの外観を説明するうえでの難題の核心をついている。ヒトの目は驚くほど複雑な器官だ。その水晶体は、はるか遠くにある物体にも、鼻先にある物体にも焦点を合わせることができる。ほかの哺乳類もそうだが、ヒトには色覚があり、10万から１０００万種類の色を見分けることができる。[2] ヒ

トは錐体や桿体と呼ばれる異なる光受容細胞をもち、そのそれぞれが昼間視や夜間視に特化した役割を果たしている。本書は目に関する書籍ではないので、ここまでにしておくが、目はほれぼれするほど見事な感覚器官だ。しかし、進化の観点ではいささか悩ましい存在である。ダーウィニズムの考え方では、複雑な適応は生物の身体能力や強みをわずかに向上させる段階を少しずつ踏みながら発達するものとされるからだ。目は実際に物が見えて初めて機能するものだとすれば、中途半端にしかできていない目にはどんな使い道があるのだろうか？

　ダーウィン自身もみずからの進化論が抱えたこの難題を認識していた。自著に対して同僚からやんわりと批判されたとき、ダーウィンはこう打ち明けている。「弱点については認める。今でも目のことを考えると、ぞっとするよ」[3・4]。現在でも、天地創造説を支持する人々は、目はダーウィン進化論が間違っている紛れもない証拠だと主張する。デザインの外観は全知の知的設計者の存在を示している、と。ダーウィンが懸念していたのは、こうした主張だろう。

　だが、本当にそうだったのか？

　ダーウィンは目が自然淘汰の産物であると考えることは「これ以上ないぐらい不条理」だと認めていたものの、複雑な目がどのように単純な構造から少しずつ洗練されていく形で段階的に進化しうるのか、その原理を思案していた。この現象が起きるためには、小さな変化が親から子へ受け継がれるだけでなく、受け継いだ個体にとって有益でなければならない。ダーウィンの正しさが証明されたのは１５０年後のことではあったが、その考えには先見の明があったことがわかった。いまでは、複雑な目は段階的に進化したことがわかっている。光感受性をもつ細胞の単純な層として毎日の周期を調整していたこ

とから始まり、その持ち主に有利になる特徴が段階的に加わっていったのだ。[5]

「遺伝子の視点」から見た利他行動

形質の変化を親から子へ受け継ぐ手段として最も多く使われているのが遺伝子である。遺伝子は一つの世代から次の世代へと情報をそのまま伝達するパッケージであり、[6]細胞がタンパク質をつくるのに必要な情報を格納している。生命の形成に欠かせないのがそのタンパク質で、あなたの骨や皮膚、爪、髪の毛はすべてタンパク質でできている。脳もそうだ。あなたの思考や感情、気分はすべて、タンパク質でできた構造のなかで生じている。

進化とは経年変化だ。生物学的には、一つの個体群でさまざまな遺伝子変異*が現れては消えていく現象を示している。こうした遺伝子変異の盛衰は自然の作用で起きることがある。突然変異で新たな変異が個体群に導入される一方で、小惑星の衝突や火山噴火といったまれな出来事で、一つの遺伝的な系統全体がたまたま全滅してしまうこともあるのだ。しかし、遺伝子変異をあちこちへ常に動かしている力が一つだけある。それが自然淘汰と呼ばれるものだ。この作用では、遺伝子がその持ち主に与える効果に応じて遺伝子頻度が変化する。淘汰は見えないところで静かに起きる。形質に変化があり、その変化

*遺伝子変異（対立遺伝子とも呼ばれる）は一つの遺伝子の特定の種類を指す。たとえば、目の色を決める遺伝子は誰もがもっているが、あなたの目の色を決めるのはその遺伝子の特定の種類だ。

が子に受け継がれる場合、有益な形質をコードする遺伝子変異がその個体群に蓄積される傾向にある。ダーウィンが強調しているように、そうした変化はごく小さいこともある。[7]「ごくわずかな強み」だけをもたらす「微妙な塩梅《あんばい》」があれば、この変化の原動力が十分に働くのだ。

ほかのすべてが同じ条件である場合、持ち主に生存や繁殖の強みを与える形質をコードする遺伝子変異は一つの個体群で頻度を増し、その遺伝子変異をもっていない個体を駆逐する傾向にある。生存や繁殖の成功率を上げる身体的あるいは認知的な形質に影響する、持ち主にとって有利な変異は、個体群のなかに蓄積されやすい。進化生物学の用語を使えば、こうした遺伝子は「正の淘汰」を受けることになる。攻撃性や、子の面倒を見る性質、見知らぬ者に親切な性質など、ある行動形質が個体群のなかに存在し、持続していく理由を説明しようとするときには、そうした形質に関連する遺伝子変異が淘汰で残っていく過程を暗に問いかけている。これは、行動が遺伝子だけに決定論的に支配されている、あるいは、その遺伝子が存在するあらゆる体や環境に同じ効果を与えているという意味ではない。どれだけ小さくても遺伝的要素をもっている形質に対しては、そうした遺伝子がもたらしうる効果にもとづいて次世代に受け継がれる可能性を問うことができるということだ。

遺伝子の観点で考えることを「遺伝子の視点」と呼ぶことがあるが、これはリチャード・ドーキンスが著書『利己的な遺伝子』で使っている表現だ。[8] 遺伝子は利己的ではあるが、このいくぶん含みのある用語の本来の意味をはっきりさせておくことが肝要である。遺伝子を利己的と表現するときには、不道徳、陰険、あるいは利己的な人々に対して思い浮かべる何らかの不快な性格を意味しているわけではない。極悪な人物だけがもつ、利己的な特徴に関係することが多い遺伝子を示す用語でもない。それとは

正反対に、あなたの体にあるおよそ2万５０００個の遺伝子の一つ一つは「利己的」と表現できる。遺伝子が利己的というのは、それぞれに固有の最優先の「関心[*]」があるということだ。その後の世代に自分が受け継がれていくようにするためである。

文字どおりに受け取ると、利己的な遺伝子の観点では、個体の繁殖成功率や生存率を低くする継承可能な形質（およびその土台となる遺伝子変異）は個体群から容赦なく除外されてしまうことになりそうだ。しかし、ダーウィン進化論を狭く解釈したこの世界観を受け入れれば、身のまわりにたくさん見られる協力の事例をどのように説明するのか。

ここで理解しようとしている現象の具体例として、「はじめに」で紹介した、みずからの命を犠牲にするアリの例を考えてみよう。一見、こうした極端な利他行動の存在はダーウィン進化論に立ちはだかる難題になりそうだ。ダーウィン理論は、個体は自己の利益を求めて行動するとの前提の上に成り立っている。たいていの生物は生き残って、できるだけ多くの子を残そうとする。たとえその結果、環境が支えられる以上に個体数が増えてしまってもだ。自然淘汰は隠れた選別機構としてふるいのように機能する。食物などのリソース（資源）がすべての個体に行き渡らない場合、最も強く、速く、適性[**]のある

＊もちろん、遺伝子が何らかの事柄に実際に「関心」をもっているわけではない。遺伝子は遺伝物質のかけらに過ぎず、望みや必要性、欲求を感じることはできない。遺伝子が何かを「欲する」あるいは「関心をもつ」と言うときには、遺伝子がみずからの存続に関心をもち、次世代に受け継がれたいと思っているかのように振る舞うということを意味する。

個体が生き延びる。他者の利益を導く一方で、みずからの命に何よりも重い負担を課すという壮絶な傾向を、進化はなぜ、どのようにして促してきたのか？

　前述のアリの興味深い行動を理解するうえで肝要なのは、同じコロニーの仲間がきわめて近縁だという点を認識することだ。自然界の協力の事例として目を引く好例のいくつかが家族集団のなかだけで起きているのは偶然ではない。思いやりの心が家庭で芽生えることがあまりにも多い理由を理解するには、個体の行動が結果としてその遺伝子に利益をもたらしうる仕組みについて視野を広げる必要がある。そうするには遺伝子の視点をもつのがよい。私と私の兄弟の体内に存在する遺伝子はどのように次世代に受け継がれるかを気にしているわけではない。遺伝子の側からすれば、受け継がれる先が私自身の子どもであろうと、私の甥や姪であろうと関係ない。代償を伴う援助行動は、血縁者にもたらされる（子が増えるという点での）恩恵が、援助する側の個体にふりかかる（過去の生殖という点での）代償に十分見合う場合に淘汰で残ることができる。

　社会的形質の進化を説明するためのこの包括的な枠組みは「包括適応度理論」[9]と呼ばれ、この理論を使うことによって、援助行動がどこで進化し、それが誰に向けられるかについて具体的に予測することができる。コロニーの入り口を外から塞ぐためにみずからの命を犠牲にするアリは、生殖能力のない働きアリであるため、その個体の繁殖コストが生じるわけではない。また、こうした献身的な行動をとることで、たくさんの近縁の仲間たちが恩恵を受ける。そう考えれば、このような極端な自己犠牲が選択された過程を説明できる。人間の家族におけるきょうだいの関係も血縁の度合いに影響を受けることがある。研究によれば、同父母のきょうだいどうしは片親が異なるきょうだいよりも互いによく面倒を見

るし、関係の維持に努める。たとえ、片親が異なるきょうだいが同じ屋根の下で同父母のきょうだいのように育てられたとしてもだ。

利益と代償のバランス

個体どうしが助け合う理由を説明するうえで血縁度は重要な要素であり、利己という概念をこのように拡大することによって、不可解だった行動をダーウィン進化論と結びつけることができた。とはいえ、血縁度だけですべてを説明できるわけではない。利益と代償を比較することも必要だ。利益と代償は協力が選ばれる状況を決定する生態学的なパラメーターである。協力の選択を後押しするには、他者の援助に関連する代償を減らすことが一つの方法だ。この状況は、個体が単独で繁殖しにくい場合に生じることがある。

その一例として、エナガの行動が何とも素敵だ。エナガは群居性の鳥で、ふだんはにぎやかな大群で飛び回っているが、繁殖の季節になると、たいていはつがいだけで繁殖しようとする。見た目はきゃしゃなのだが、エナガはヨーロッパの鳥のなかで最も精巧な巣をつくる。巣は全面ドーム状で、親鳥が出

＊＊ここで言う「適性」は、個体（もっと正確に言うと遺伝子）が次世代の遺伝子プールに平均的に寄与することを意味する。したがって、適性は進化上の成功度を指す。私が「適性」という言葉を使うときは、この進化上の意味のことを言っている。

入りするための小さな穴があるだけだ。巣の外側は苔や地衣類のかけらをクモの糸でつなぎ合わせてできていて、内部には何千枚もの羽毛がふんだんに使われている。まるで魔女が呪文を唱えて集めたような材料だ。おとぎ話の宮殿さながらの巣をつくるには3週間かかる。繁殖期が3カ月しかないことを考えれば、かなりの労力をつぎ込んでいるということだ。にもかかわらず、多くの鳥にとって、この努力は徒労に終わることになる。巣の大半が捕食者に見つかってしまうため、ひなを無事に育て終えるつがいは5組に1組もない。繁殖期が終わろうとする頃に巣がだめになった場合、その不運なつがいはたいてい近くの血縁者を見つけ、その巣の子育てを手伝う。[10]この事例では、援助に伴う代償は非常に小さい。繁殖期の終わりが近くて再び繁殖を試みる時間がない場合、繁殖コストは最小限にとどまる。このように代償が小さいために、利益と代償のバランスが血縁者を援助する方向に傾きやすいのだ。

　進化をこのように見ていくと、いつ援助行動が生まれて自然淘汰で選択されそうかを、より細かく予測できるようになる。たとえば、生物の個体は高齢の仲間や重い病気にかかっている仲間を助けても、その労力が適応度の向上につながる可能性は小さいから、あまり助けようとはしないはずだ。こうした現実的とも言える打算は、メガポネラというアフリカ産のアリがシロアリの巣を襲撃したときに見られる。シロアリの巣は防御専門の兵隊シロアリに守られているので、襲撃するほうのアリは兵隊シロアリから激しい反撃を受け、時には負傷することがある。負傷したアリはフェロモンという化学物質を放って助けを求め、その信号を感知した仲間の助けで兵隊シロアリの顎から引き離され、巣へと運ばれる。巣に戻ると、負傷したアリは姉妹に傷口をなめてもらったりグルーミングしてもらったりして、感染を防ぐ看護を受ける。とはいえ、どのアリも救われるわけではない。脚が5本失われて1本しか残ってい

ないなど、重傷を負ったアリや、年老いたアリは救出されないのだ。助けてもすぐに死んでしまいそうな仲間を救出することに、進化上の恩恵はない。負傷したアリ自身が高齢である場合や重傷を負った場合、仲間の手を煩わせるべきではないと悟り、負傷の信号を送らないことが多いようだ[11]。

人間でも似たようなことが起きうることを、アメリカ人家庭を対象とした１９１０年の研究が示している。そのデータによると、子どものいない夫婦は（前述のエナガとまさに同じように）血縁者を助ける傾向にあったという[12]。すべての血縁者が一様に大切なわけではないという理屈なのか、子どものいない夫婦は年老いた親よりも甥や姪を家に招くことが多かった。血縁度の観点では親のほうが大切なはずだが、適応度に対する潜在的な恩恵という点では、年老いた親は進化的に見込みのない存在となる。それよりも、若い甥や姪を助けるほうが恩恵を得られる見込みがあるのだ。

「個体」とは何か

ここまで、協力的な行動、さらには勇敢な行動に関連する遺伝子が、ほかの個体がもつそうした遺伝子群に恩恵をもたらす場合には淘汰で選ばれうるという事例を見てきた。遺伝子は利己的とも言われるが、それでも適切な状況下では協力が排除されることはない。遺伝子の視点で見れば多くの不可解な現象を説明しやすくなるとはいえ、ここまでの記述に何か引っかかるものを感じた読者もいるかもしれない。問題はこれだろう。遺伝子変異は自然淘汰を受ける対象であり、進化の期間を通じてその頻度が増減するというのは一般的で順当な考え方だ。しかし、遺伝子はひとまとまりになって集合体を形成する。

その集合体を、私たちは「生物」や「個体」と呼んでいる。その個体こそが、淘汰にさらされたときに遺伝子の影響を受ける存在となる。言い換えれば、遺伝子はそれ自体の成功を左右する適応を備えているわけではない。そうした設計上の特徴を備えているのは、生命の階層の一段上に位置している個体である。

　個体の出現は進化が見せた妙技の一つだった。ここで時間をとって、多細胞の個体とはどのようなものかを考えてみよう。あなたや私、さらには地球上にすむほかのあらゆる多細胞生物は部品の集まりというよりも、ひとまとまりの存在として活動する集合体だ。

　前に述べたように、遺伝子はみずからの意図を実現しようとしている微小な因子のように考えることができる。しかし、身のまわりで見る生物の個体もまた、遺伝子と似たように何らかの目的を達成しようと生きる「目的駆動型」であるように見える。1本のオークの木は、ひたすら高く育つことが目標であるかのように空に向かって生長していく。1羽のシジュウカラは、ひなが成長して生き延びる手助けをするのが目標であるかのように食べ物を巣へと運んでいく。私のような行動生態学者は、遺伝子よりも個体を、進化上の課題に取り組む存在として論じる傾向がある。それは、私たちが目で見て行動を観察できるのは遺伝子ではなく、個体であるからだ。

　しかし、この考え方は理にかなっている。生命の進化では、遺伝子の意図を一つの方向へ向かわせることによって個体が形成される。したがって、みずからの進化上の意図を実現しようとしている個体は、その個体を構成するすべての遺伝子の意図を実現しようとしていることになる。このように考えれば、個体は「目的駆動型」の因子として考えることができ、いつでも遺伝子の視点に戻って解釈することが

できる。

社会が複雑性を増すうえで、最初の重要な一歩となったのは、個体の進化だった。それは家族やコミュニティ、大規模な社会への移行を予見させるものだ。とはいえ、遺伝子と細胞の集まりが個体になった時期はどうすればわかるのか？　体内にあるそれぞれの細胞、いや、それぞれの利己的な遺伝子を一つの個体と見なすのではなく、本書の読者を個体（個人）という特別な地位に置くべきなのはなぜなのか？

私たち自身をそれぞれまとまった個体と見なすのは直感的な考えのように思えるが、その一方でカモメの群れやヌーの大群を個体と見なすことはない。とはいえ、直感に頼るのは、こうした進化上の境界線を示すうえで当てにならないやり方だ。たとえば、アリの巣を一つの個体と見なすのは直感に反すると感じるだろうが、多くの進化生物学者はアリの巣自体が「超個体」であると考えている。直感に頼らないとすれば、何を基準に境界線を引くことができるのか？　そもそもあなたは個体なのだろうか？　だとすれば、なぜ個体だと思うのか？

第2章

個体の出現

したがって、個体とは、すべての部分が共通の目標に向かって力を合わせる統一された連邦である。

——ルドルフ・フィルヒョウ『原子と個体　*Atoms and Individuals*』（1859年[1]）

個体を自動車にたとえてみると

進化はいくつもの構成要素の関心をしっかりと一つにまとめることによって、新たな個体を生み出した。マトリョーシカのたとえを思い出してほしい。そのとき、内側の人形を遺伝子とゲノム、細胞に見立てた。内側の人形が次世代に受け継がれるためのルートは一つしかない。外側の人形、つまり「個

体」のなかに入らなければ受け継がれないのだ。このようにがんじがらめになった状態が、内側の人形の関心を一つの方向へ向かわせる。つまり、互いに争うのではなく、力を合わせる刺激となる。その共通の使命は、できるだけ優秀な個体をつくること。内側の人形が次世代へ受け継がれるかどうかは、この共同作業がうまくいくかどうかにかかっていると言っていい。[2]

　個体は単細胞として存在することもあれば、多細胞生物として存在することもあるほか、なかにはコロニー全体として存在する事例もある。個体を集団あるいは集合体と区別するうえでは、自然淘汰が単なるプロセスというだけでなく、エンジニアでもあることに気づくとわかりやすい。部品の集まりから、まったく新しい製品を組み立てる力であると考えるのだ。人間のエンジニアはたいてい、完成品のイメージを頭のなかに描いているものだ。新しいスマートフォンを設計する人たちは完成品の大きさや重さのほか、カメラの性能やバッテリー駆動時間といった、その他の仕様も決めているだろう。進化はそうした見通しをもっているわけではないものの、似たような方法で個体の設計上の特徴を形づくる。適応度の低い（適していない）変異を個体群から除外するのだ。私たちは設計上の特徴がどれぐらい一貫し、同じ方向を向いているかを見ることで個体であると確認することができる。

　ここまでの説明はやや抽象的なので、実社会でエンジニアがかかわる事例として、自動車を使って説明しよう。[3]自動車の買い手を淘汰圧に、自動車を個体に見立てる。多細胞生物と似たように、自動車も特定の機能をもったサブユニットで構成されている。たとえば、エンジンを構成するクランク軸、点火プラグ、ピストンは、あなたの体にある心臓などの臓器を形成する細胞、神経、筋肉に似ている。これらは自動車の一部であると考えれば機能が明確だから、それ自体がユニット（構成単位）というよりも

サブユニットとなる。自動車の知識がまったくない人が、ハンドルやピストン、さらに言えばエンジンそのものが路上に捨てられているのを見つけても、そばに自動車がなかったら、これらの部品が何のためにつくられたかを突き止めるのは難しいだろう。しかし、自動車のほかの部品と連動して動いているのを見れば、これらの部品の役割はよくわかる。したがって、個体は自動車と同じように目的駆動型であるように見え、自動車と同様に機能している（ただし構成部品をもっているわけではないが）。

さらに、自動車のサブユニットはいっしょに作動することで、構成部品の性質ではなく、自動車自体の性質としてのみ現れる特徴（適応）を生む。こうした設計上の特徴は、私たちが購入する自動車を選ぶときに考慮する対象となる。私たちはエンジン底部の油だめやファンベルトをじっくり見るわけではなく、自動車自体の性質や特徴にもとづいて選んでいる。見た目がいいか？　時速何キロまで出せるのか？　信頼性は高いのか？　こうした性質にもとづいて選択することで、私たちは構成部品を見ない（気にしない）にもかかわらず、構成部品に対して淘汰圧をかけていることになる。消費者がスピードや信頼性を気にすることで、車の売り上げにはっきりとした影響が出るまでになったら、この淘汰圧は構成部品の変更を促し、ある種類のピストンやクランク軸が車のエンジンに使われることが、ほかの種類よりも多くなるだろう。自然淘汰もそれとよく似たように、遺伝子そのものに直接作用するのではなく、その遺伝子をもっている個体の設計上の特徴に作用することによって、集団内の遺伝子変異をふるいにかける。

個体のように振る舞う昆虫のコロニー

このように類推してみると、社会性がきわめて高い昆虫（アリやシロアリなど）のコロニー自体を個体、あるいは「超個体」として考えることも説得力をもってくる。社会性昆虫のコロニーはしばしば、あなたや私のような多細胞生物の体と驚くほど似た特徴を示す。とりわけ、構成「部品」となる昆虫の設計上の特徴や行動を理解しようと思ったら、生物の階層のさらに上、つまりコロニーに注目しなければばならない。多くの社会性昆虫のコロニーは、生殖可能な唯一のメンバーである1匹の女王が率いている。女王は多細胞生物の体で言えば卵をつくる卵巣のようなものだ。働きアリなどのワーカーは女王が産んだ生殖能力のない娘であり、女王がもっと子を産めるように手助けする。ワーカーはあなたの体で言えば生殖細胞以外の細胞（体細胞）に相当するもので、体の部位をつくり、体の働きを円滑に保つために必要な保守や修理の大部分を担う。あなたの体の体細胞と、昆虫の社会にいる生殖能力のないワーカーは、体あるいはコロニーという一段上の組織での役割に注目することで理解できる。生殖力のない昆虫はコロニーにいなければ進化上の失敗でしかないが、コロニーにいれば進化上の奇跡となる。

類似点はこれだけではない。体の部位の役割がそれぞれ異なるように、社会性昆虫のワーカーの外見やコロニー周辺で担う作業もじつに多様だ。大きな体と敵にかみつける大顎を備えた兵隊になるワーカーもいれば、食料集めに特化したワーカー、子の面倒を見るワーカーもいる。こうした分業の極端な例がナベブタアリだ。新熱帯区のアメリカヒルギの枯れた枝のなかに巣をつくるアリで、一部のワーカー

は円盤形の大きな頭部を発達させ、巣の入り口の穴にはめて「生きたドア」の役割を果たすことに特化して、コロニーに侵入者が入り込まないようにしている。[4]

私たちの体に備わった免疫系は、細胞の損傷や病原体の存在の兆候を検出する。細胞は突然変異や衰えの兆候を示すと、みずからを破壊する指令を出して、「アポトーシス」と呼ばれる高度に制御された死へと向かう。病原体に感染したムネボソアリ属のアリもまた、驚くほど類似した行動をとる。このアリは感染すると死に至る菌類に（自然界あるいは実験室で）感染すると、みずからがコロニーにとって危険な存在であるかのように振る舞う。感染したアリは仲間との社会的な接触を完全に断ち、勇敢にもコロニーから出て隔絶された場所で死を迎えるのだ。[5] 発達中のさなぎの世話をするアリもまた、同様の病原体に感染しているさなぎを見つけ、感染の症状を示すさなぎを選んで死なせる。[6]

昆虫のコロニーでは、鳥類や哺乳類とよく似たように、個体の体温を調整することもできる。温血の哺乳類であるヒトの場合、36・5℃から37・2℃という狭い範囲で体温を維持することができる。体温がこの範囲から外れると、すぐに危険な状態に陥ることがあるし、場合によっては命にかかわるおそれもある。私たちは体温を調節する機構をさまざまに発達させてきた。体温を下げたいときには水を飲んだり、汗をかいたりするし、血液を皮膚の表面に送ることもできる（そのため、体が熱いときには顔が紅潮する）。体温を上げる必要があるときには、皮膚に生えた毛が逆立ち、暖かい空気の層を体の近くに取り込む。極度に寒いときには、体が震えるときに筋肉が不随意に収縮し始めることもある。驚くのは、社会性昆虫のコロニーでも、このような温度の調節法が見られることだ。

最もよく研究されているのがミツバチで、暑い日には、一部の働きバチが巣に水を運んできて、巣に

散布する役目を果たす。こうすると、気化熱で巣をなかから冷やすことができる。コロニーが汗をかくようなものだ！[7] 冬に巣の温度が下がりすぎた場合、ほかの働きバチが飛翔筋を急速に震わせて熱を発する。ヒトの体で言えば、震える筋肉のような働きをするのだ。この活動に必要な大量のエネルギーを供給するために、コロニーのほかのハチたちは蜜を集めて戻り、巣を暖めるハチたちに与える。このように、多細胞生物の体でも社会性昆虫のコロニーでも、構成要素が全体の利益を促進するための適応を備えているように見える。

ヒトの集団は「超個体」か

社会性昆虫のコロニーを超個体と見なすことはできるかもしれない。それでは、ヒトの集団はどうだろうか？　私たちの社会もまた超個体で、そこにすんでいる私たちヒトは、コロニーの利益のために骨を折る働きバチや働きアリのようなものなのだろうか？　進化生物学者のなかには、これらの問いに「イエス」と答える人もいる。先ほど紹介した昆虫と同様に、ヒトも労働を幅広く分担するし、非常に協力的な性質をもってもいる。親族以外に援助の手を差し伸べ、その相手から何の見返りも期待せずにいられるという状況もある。ヒトの集団を超個体と考える進化生物学者は、ヒト独特の協力的な性質を理解するためには、私たち自体をより大きな機械の歯車と考えるしかないと主張する。こうして生み出

＊感染拡大を遅らせるのに必要な「ソーシャルディスタンス」のいささか極端な例だ。

される利益が存在するから、協力行動を理解するためには集団レベルで考えるしかない、というのが彼らの主張だ。それは、淘汰が集団という上位の階層にも働いていることを暗に示している。私は社会性昆虫の集団が超個体であるとの主張は認めるが、ヒトの集団が超個体であるとの主張には同意しない。

その理由を説明する前に、新たな種類の個体を形成するうえで何が必要かを頭に入れておくべきだ。個体の集まりが統合して新たな種類の存在になるためには、それらの関心がほぼ完全かつ永久にそろわなければならない。関心がそろうと、集まりを構成している個体は個々の自律性を失い、互いに協力し合って全体の利益を生み出すようになる。これを達成するのに最も容易な方法は、個体どうしが緊密な関係をもつことだ。関係性が高ければ争う余地が小さくなるからである。最も極端な例を挙げれば、クローンの集団を一つにまとめる場合、彼らが自分自身のことと同じぐらい互いを「気にかける」ようにすれば、争いはなくなるだろう。これこそがまさに、あなたの体内の細胞が見つけ出した道だ。あなたはもともと一つの細胞から生まれてきた存在であり、体内の細胞の大半は元の細胞のクローンだ。したがって、多細胞生物では、淘汰は（たいてい）個体レベルで働き、そうして生み出された適応形質が個体レベルで表れる。

人間の社会はクローンで構成されているわけではなく、社会性昆虫のコロニーとは違って、巨大な家族というわけでもない。とはいえ、集団のメンバーの関心をそろえることができる要素はほかにもある。わかりやすい例の一つは、ライバル集団から脅かされている場合だ。アメリカのリアリティ番組『アプレンティス』は、集団間の競争がどのようにそれぞれの集団内で協力を促せるかを巧みに伝えている。この番組が焦点を当てているのは、短気な実業家のアラン・シュガー卿に雇われたいと考えている参加

者の一団だ。彼らは本採用の権利獲得をめざして競争を繰り広げる。毎週、参加者は二つのグループの一つに配属され、新しいチョコレートバーの企画やマーケティングなど、ビジネス上の課題に取り組む。最も売り上げの多いチームが勝ちだ。毎週の終わりに、負けたチームで最も無能な（あるいは、うっとうしい）参加者が解雇され、競争から脱落する。

二つのチームが互いに競争しているとき、チーム内の全員が共通の目的をもって、チームの勝利に貢献しようとする。自分のチームが勝てば、誰も解雇されずにすむからだ。協力的なチーム（メンバーが積極的に手を貸して力を合わせるチーム）のほうが、メンバーどうしが競争し合っているチームよりも概して成功することが多い。実験室では似たようなシナリオを再現すると、集団どうしの競争では集団内での協力が奏功する傾向にあると示すことができる。4歳児でさえも、ほかの集団と競争している場合には、そうでない場合よりも多くの力をチームに注ごうとする。

しかし、高い関係性にもとづいて形成された集団と、メンバーの関心が偶然そろっただけの集団には、根本的な違いがある。集団間の競争は短期的には同じチームのメンバーを結束させることができるのだが、こうした集団では（往々にして）メンバー間の争いが一時的に収まっているだけで、結束は弱い。『アプレンティス』では、チームがいったん負けてしまうと、その参加者からは互いに親切にしようという気持ちが急速に消えていく。結束して争う相手がいなくなったとき、参加者が競争で生き残れるかどうかは、チームメイトを出し抜けるかどうかにかかってくる。このときよくあるのは、人々が豹変して互いを攻撃するというパターンだ。かつての味方は容赦ないライバルになる。部屋では互いを侮辱する言葉が飛び交い、参加者たちは自分のことを棚に上げて、役立たずの仲間に責任をなすりつける。集

団間の競争がもはや重要でなくなると、集団内での競争がくっきりと浮かび上がってくる。

『アプレンティス』の参加者が協力し合うのは、ライバル集団と競争しなければならないときだけだ。したがって、チームを生命の階層の一段上にある「個体」と見なし、集団としての成功を最大化していると考えるのはどうしても無理がある。こうした見方からは、切羽詰まった参加者がチームメイトを背後から刺す理由を何も説明できない。そう考えるのではなく、それぞれのチームが複数の利己的な個人から構成されていると考えるほうが理にかなっている。彼らはチームの成功が自分に恩恵がある場合にだけチームのために力を尽くし、それ以外のときには手を貸さない。この事例はまた、ヒトの集団を超個体と見なすことの難しさを浮き彫りにしている。超個体と見なす仮説は、ヒトの集団間の競争が集団内での競争よりも常に激しい（あるいは激しかった）という前提にもとづいている。この前提は、個体とその集団の長期的な適応上の関心が完全かつ永続的に一致している場合にだけ成り立つ。この点について説得力の高いデータがあるとは思えない。個人の関心が集団の関心と一致することがよくあるのは確かだが、両者は一致しないことも多い。

　個人は集団の関心を実現するために行動しているように見えても、個人としての成功を追い求めているように解釈できる。これはどのような仕組みで起きるのか、戦争を例にとって考えてみよう。ホモ・サピエンスが戦争したがるという性質は、ヒトの協力行動が集団レベルの恩恵を得るために進化したという説の典型的な例だ。戦争をすることは向社会的であるとは思えないかもしれないのだが、ある意味で向社会的とも言える。表向きは個人がすべてを（潜在的には自分の命でさえ）犠牲にして、集団全体の利益を追い求めているからだ。戦争への貢献が集団レベルで多大な利益をもたらすことは可能である

し、実際に利益をもたらしていることは明らかである。しかし、この領域での協力が集団レベルの適応であると主張するためには、さらなる論理の飛躍が必要になる。現代の部族社会で数十年にわたって行なわれた人類学的な研究から、戦争への貢献は個人（特に、戦争を利用して高価な資源を盗んだり、女性を誘拐したり、戦士の地位を手に入れたりする若い男性）に利益をもたらすことがある一方で[8]、集団レベルでは実際のところ損失になることさえあることがわかっている。ここで言いたいのは、集団間の競争に参加しても、自分の集団に利益をもたらすとは限らないということだ。こうした行動はたいてい、個人がみずからの関心を追い求める行動と一致しており、集団レベルの利益や争いの代償はすべてたまたま生じた副産物である。

腸内微生物との相互依存関係

ここ10年ほどで、多細胞生物が活発かつ多様な微生物群を体内に共生させていることがわかってくるにつれて、個体と集団の境界はさらに曖昧になってきた。平均的な人間は体全体の細胞と同じぐらいの数の微生物の細胞を腸内にもっている[9]。微生物というと病気を引き起こす存在と考えがちだが、多くの微生物はその宿主に多大な恩恵を与えてくれるので、宿主がたびたび積極的に微生物を探し求めるほどだ。たとえば、悪臭を放つカメムシは食物の消化を腸内の微生物に頼りきっているため、母親はそうした共生菌が詰まった小さな糞の上に卵を産みつけ[10]、生まれたばかりの幼虫に最初にそれを食べさせて、生存に欠かせない菌を受け渡す*。こうした共生菌を受け取らなかった子は、食物となる植物物質を消化

することができない。カメムシと同じく、シロアリも腸内に微生物群をすまわせることで、木を消化できるというまれな能力を身につけた。シロアリはコロニーのほかの仲間の糞を食べ、仲間が肛門から出す共生菌をたっぷり含んだ液体を飲むことによって、微生物群を獲得する。

　こうした習性は汚らしく感じるのだが、じつはヒトの赤ちゃんも似たりよったりの方法で腸内フローラを獲得している。胎児は子宮のなかでは無菌の環境で成長する。赤ちゃんが初めて微生物に接するのは、生まれるときだ。自然分娩のとき、新生児の腸には母親の腸にいる数種の細菌が入り込む。この出来事をきっかけに、子どもの免疫系の発達が始まる。帝王切開で生まれた子どもは、産道を通って自然分娩で生まれた子どもと同じ微生物群にはさらされておらず、母親から受け取る有益な腸内細菌が少ない。ある最近の研究で、自然分娩で生まれた子どもと帝王切開で生まれた子どもの腸内フローラの違いは、7歳になっても明確だということがわかった。[11] 帝王切開に伴って腸内フローラの多様性が減少することと、ぜんそくやアレルギー、皮膚炎といったアトピー性疾患になりやすいこととの関連も指摘されてきた。

　微生物と宿主との相互依存関係が高いように見えるという事実にもとづいて、微生物のゲノムと宿主のゲノムをまとめて「ホロゲノム」という一つの単位と見なし、宿主と微生物は一つの不可分の実体「ホロビオント」として存在していると考えるべきだと言う科学者もいる。

　だが、こうした広範なカテゴリーが理にかなっているとは思えない。多細胞生物が宿主として頼っている多くの微生物は、環境内で独立して生きている個体群から獲得された。これは、微生物と宿主の運命は密接に関係しているわけではないということだ。それぞれの宿主は数百種あるいは数千種の微生物

を宿している。これほど多くの種の集まりが、ひとまとまりの「淘汰の単位」を形成するとは考えにくい。私たちにとってふだんは無害な微生物、さらには有益な微生物が私たちの体内で寝返り、制御不能に陥るだけでなく、がん細胞の成長と増殖を助けることさえある。つまり、微生物は宿主に利益をもたらすこともあるが、利益をもたらすからそうした形質が進化したと主張するのは無理がある。マイクロバイオーム（微生物叢《そう》）は大切なパートナーではあるが、あなた自身、つまり個体の一部ではない。

ミトコンドリアの取り込み

とはいえ、細菌との協力関係のなかには、すべての多細胞生物に存在するものが一つある。それはほかの細菌との関係とは違って、個体の一部であると見なしてもいい。それはミトコンドリアとの関係だ。ミトコンドリアはあなたの体を構成する一つ一つの細胞で内蔵電池[12]の役目を果たしている。この小さな電源を獲得したことは、真核細胞の形成における重要なイノベーションだった。これは地球の生命史のなかでたった一度だけ起きた出来事であり、これによって生命の系統樹に多細胞生物に至る分岐が加わ

＊カメムシはカメムシ科の昆虫の総称。世界中にさまざまな種がいて、なかにはクサギカメムシという非常に侵略的な種もいる。私は最近、自宅にカメムシがいるのを見つけ、愚かにも手でつかんでしまった。同じ過ちを犯してしまった読者のために書いておくと、あの悪臭をとるには重曹を使うしかない。カメムシはカラハリにもよくいて、食事に悪臭を放たれたためにディナーを台無しにしたことが何度かある。

ったのだ。
ミトコンドリアはほぼ、ほかの生物から独立して自由生活を送る細菌性生物だったが、あるとき進化のいたずらか、ほかの細胞の内部に定着してしまった。この出来事が具体的にどのように起きたのか、詳しいことはわかっていないが、妥当な説として一つ考えられているのは、宿主の細胞が食細胞（単細胞の捕食者）であり、自分より小さなミトコンドリアをのみ込んで消化しなかったというものだ。細胞内で消化されなかったことが、宿主にとっても、取り込まれたミトコンドリアにとっても都合がよかった。宿主は何もしなくてもエネルギーを得られるし、ミトコンドリアは細胞に取り込まれたことで外界から身を守れるようになった。

ミトコンドリアからエネルギーを供給されるおかげで、真核生物は原核細胞よりはるかに大きく（平均で1万5000倍も）成長できるようになった。これによって、真核生物は新たな生態的地位（ニッチ）を利用し、ほかの小さな細胞を取り込んで栄養とすることができるようになった。エネルギーが増えたことで、真核細胞は代謝を上げることもできるようになった。つまり、より多くの活動が可能になったということだ。細胞のエネルギーの大部分はタンパク質の合成に使われる。電池を備えた真核生物はゲノムの規模を増し、タンパク質の合成速度を上げることができるようになった。タンパク質を次々に合成し、さまざまに組み合わせることによって、細胞は大きさも複雑性も増し、細胞内に多様な器官を生成して、それぞれに異なる機能を割り当てることができる。

もともと細胞だったとはいえ、ミトコンドリアは腸内の微生物叢とは違って、個体全体の一部である。なぜなら、ミトコンドリアはそれが共生している生物に常に尽くしているからだ。ミトコンドリアが繁

殖するためには、その生物を構成する細胞とともに移動するしかない。このことから、個体がほかならぬ進化によって出現した理由が改めて浮き彫りになる。一つのまとまった存在をつくるためには、それを構成している部品どうしの争いを、ほぼ完全に抑え込まなければならない、ということだ。

ほぼという言葉が重要である。

第3章

体のなかの裏切り者

母なる自然は邪悪な魔法使いの老婆である。

——ジョージ・C・ウィリアムズ『進化の倫理 *Evolutionary Ethics*』(1993年)[1]

ミトコンドリアのゲノムによる「母の呪い」

ここまでは、何かを生み出す力としての協力について見てきた。協力は遺伝子と細胞を一つにまとめ、新たな存在をつくることができる。しかし、協力が存在するところには必ず、争いの種も存在することがわかっている。私たちの体を構成する細胞はときどき小競り合いやいさかいを起こすし、似たような争いは細胞内に収まっている遺伝子のあいだでも起こる。協力が争いに打ち勝ち、個体全体の一体性が

維持されるためには、こうした内輪もめを減らしたり、解消したりしなければならない。

私たちの細胞には、ミトコンドリアと呼ばれる細胞小器官が含まれていることを思い出してほしい。ミトコンドリアはもともと自由生活を送っていたが、そのまま独立して生きていくのをやめ、細胞に加わることを選んだ。前章で、ミトコンドリアと宿主の細胞のあいだには争いはほとんどないと述べたが、それは両者の関係があらゆる点で円満であることを意味するわけではない。細胞核に含まれている遺伝子とは異なり、ミトコンドリアに含まれている少数の遺伝子は母親からしか受け継がれない。あなたの体のミトコンドリアはすべて母親から受け継がれたもので、母親のミトコンドリアもまた彼女の母親から受け継がれた。それ以前も同様だ。したがって、ミトコンドリアのゲノムに含まれている遺伝子は女性を好む。男性の体に入ってしまったら、進化の上では袋小路に入り込んでしまうからだ。

ゲノム内にこうした偏った嗜好性があるために、男女のあいだに明確な違いが生じることがある。この現象は「母の呪い」と呼ばれている。[2] ミトコンドリアのゲノムのなかに男性にきわめて有害な結果をもたらす遺伝子があっても、それが女性に有利な形質を与えれば、ゲノム内に保持されることがあるのだ。たとえば、主に思春期の男性が発症するレーベル遺伝性視神経症という病気があるが、これはミトコンドリアの遺伝子によって引き起こされる。この病気を発症すると視神経が萎縮し、最終的には両方の目が見えなくなる。

カナダでは、この病気の患者の家系を調べたところ、すべての男性患者の祖先に、ある1人の女性がいることがわかった。その女性は17世紀後半に「リトル・フランス」と呼ばれる場所に送られた。リトル・フランスはルイ14世がつくった植民地で、男性の数があまりにも多く、人口の男女比がかなり偏っ

ていた。そこで男女の割合のバランスをとり、新たに定住する住民を増やすために、女性たちがこの植民地に送り込まれたのだ。レーベル遺伝性視神経症を引き起こすミトコンドリアの遺伝子をもともともっていた女性は、1669年にケベック州で結婚し、5人の娘と21人のひ孫娘をもうけた。彼女たち全員が同じ有害なDNAをもっており、その名残は今でも男性の子孫に残っている。

不正を働く遺伝子を協力して阻止する

ゲノム内のせめぎ合い[3]はマイオティック・ドライブ（減数分裂における分離比のひずみ）を通じて引き起こされることもある。これは一部の遺伝子が不正を働いて、生物の生殖細胞で出現する場所を増やすことによって起きる。動植物のすべての遺伝子は生殖細胞系に「入ろうとする[*]」が、生殖細胞の生産は遺伝子のくじ引きのようなものだ。生殖細胞が生産される過程は非常に複雑で、「減数分裂」と呼ばれている。これは一組のトランプを二つの山に分けるようなものだ[**]。それぞれの山は一つの生殖細胞、一つの山に含まれている1枚のカードは一つの遺伝子に相当する。そうすると、生殖細胞には、あなたの体にあるほかの細胞の染色体（および遺伝子）が半分しか含まれていないことになる。染色体の全体が復元されるのは卵子が受精したとき、つまり一つの生殖細胞がもう一つの生殖細胞と出合ったときだ。

生殖細胞が生産されると、せめぎ合いの火種がくすぶり始める。通常、受精する生殖細胞は一つだけだからだ。したがって、一つの遺伝子がその幸運な生殖細胞に入って最終的に新たな個体を形成する確率は50％となる。ということは、自分に有利になるような不正手段が使える利己的な遺伝子は、ルール

に従う協力的な遺伝子を打ち負かすことになる。どうすれば、ほかの遺伝子を打ち負かせるのか？一部の遺伝子は分離の前に自分自身をこっそり複製して、すべての染色体に含まれるようにしているのだ。前述の比喩を使えば、ある特定のカードが両方の山に入るようにすることに等しい（したがって、その遺伝子が受精した生殖細胞に必ず含まれるようにしている）。ほかには、自分が含まれていない生殖細胞を見つけて抹消する、沈黙の刺客のような遺伝子もある。こうした残忍な遺伝子が精子や卵子の数を減らすことが、出生率の低下につながる可能性がある。[4] 人間のカップルの7人に1人[5]が不妊に悩んでいるが、それはマイオティック・ドライブのように、利己的な遺伝子変異によって引き起こされることが多いと考えるのが妥当なように思える（とはいえ、問題の遺伝子を実際に特定するのは依然として難題となっている）。

利己的な遺伝子変異を人間にたとえるなら、列の後ろに並ばずに、先頭に割り込むような人だ。列に

---

*ここで「入ろうとする」という表現を使ったが、これは遺伝子が意図や必要性、欲求をもっているという意味ではない。複雑な概念を要約するうえで、理解の助けになると考えて使っている。リチャード・ドーキンスはこのように説明している。「遺伝子を、意識を持つ目的志向的な存在と考えてはならないと強調してきた。しかし遺伝子は、見境のない自然淘汰の働きによって、あたかも目的をもって行動する存在であるかのごとく仕立てられている。そこで、言葉の節約という立場で考えると、目的意識を前提にした表現を遺伝子にあてはめてしまったほうが便利だったからだ」〔『利己的な遺伝子』日高敏隆ほか訳、紀伊國屋書店、２０１８年〕

**厳密には、一組のトランプを複製してから、シャッフルして、四つの山に分けるのだが、計算して得られる結果は同じであり、この説明のほうが理解しやすい。

割り込む人自身はその容認できない行動から恩恵を得られるが、辛抱強く列に並んでいるほかの人には代償をもたらす。割り込む人が列に並んでいる人にほとんど気を使わないのと同様に、利己的な遺伝子も自分が引き起こした混乱をたいして気にすることなく、自分勝手に振る舞う。その結果、利己的な遺伝子はその本体である生物に深刻なダメージを引き起こすことがあるとはいえ、放っておくと一つの個体群に急速に広がるおそれがある。このような問題に対する最も有効な解決策の一つは、協力であることがわかった。

少数の利己的な遺伝子の振る舞いで集団全体の健全性が損なわれないように、遺伝子は「遺伝子の議会」[6]と呼ばれる統一戦線を結成し、多数の遺伝子が力を合わせて、少数の利己的な遺伝子によるシステムの破壊を防いでいる。イギリスでは、国会議員どうしが下院で論戦を繰り広げ、議長がそれを取り仕切って、議員がルールを守るように目を光らせる。ゲノムにはそうしたリーダー的な存在がいるわけではないが、多数決の原理によって公平が保たれている。列に割り込む人の比喩を再び使うなら、力を合わせる遺伝子は、辛抱強く列に並んでいる人たちのような働きをする。「列に割り込む」裏切り者の遺伝子が不正行為を働くのを一致団結して阻止するのだ。

がん細胞は多様であり、協力し合う

ほかの典型的な病気も、みずからの目的だけを追い求める無法者の遺伝子や細胞として考えることでもっと深く理解できるだろうし、それだけでなく、治療への道が開けるかもしれない。なかでも最も顕

著な例は、がんではないだろうか。がんという言葉を聞くと不安になるかもしれないが、そうした不安が現れたのはヒトの歴史で考えると比較的最近のことだ。およそ1万２０００年前に農耕革命が始まって以来、ヒトは人口密度の高い環境で暮らしてきたことから、ほとんどの人にとっては感染症にかかることが主要な健康問題となってきた。この問題は今でも大きく、エボラ出血熱やインフルエンザ、そして（もちろん）新型コロナウイルス感染症で私たちが経験したことを見ればよくわかる。とはいえ、ここ１００年ほどのあいだに公衆衛生や現代医療がめざましい進歩を遂げたおかげで、ヒトが感染症にかかることは大幅に少なくなった。

しかし、感染症と闘う力が向上するにつれて、がんに対する不安は大きくなった。最新の推定では、私たちの半数が一生のうちに何らかのがんと診断されると予測されている。アメリカに限ると、２０２０年にがんと診断される症例は１８０万件を超すと推定されていた。[7] つまり、1時間に２００件、1分間だと3件が、がんと診断されていたということだ。

とりわけ私たちを不安にさせるのは、がんは知らないあいだに進行し、避けようがないと思われる性質をもっていることだ。自分の体内に敵が潜んでいるようなものである。がんは体の細胞で変異が起きたときに現れ、細胞の通常の成長や活動を調整する抑制機構を回避することができる。ある腫瘍ががんになるためには、細胞にいくつかの特徴が必要だ。[8] 腫瘍はみずからの増殖シグナルのほか、栄養供給を確保する血管を生成できなければならない。そうするために、がん細胞は通常の細胞活動に使われるはずのリソースを独占することができる。がん細胞はまた、「不死化」しなければならない。体内の大部分の細胞は内部に「時計」をもち、その細胞で起きた細胞分裂の回数をその時計で記録している。細胞

は一定の上限（年齢）に達すると、分裂をやめてしまう。しかし、がん細胞はこの内部時計を止めて永遠の命を手に入れる。シグナルや命令を回避する能力も不可欠だ。がん細胞は、細胞外の環境で発せられる細胞の成長を抑制するシグナルと、みずからを破壊する命令をすべて無視することができる。さらに、がん細胞には、新たな組織に拡散して腫瘍をつくる能力も必要だ。この能力があると、良性腫瘍ではなく、転移性腫瘍となる。

　がんは当初、クローン性の疾患（すべてのがん性腫瘍が同じ危険な変異をもっている）と考えられていたが、いまではこの考えは見当外れであることがわかっている。一つの変異では前述の能力すべてを一気に生み出すことはできなかった。それよりも可能性が高いのは、がん性腫瘍は実際には多様な細胞からなり、それらが同調して機能することで前述の特徴を獲得したということだ。言い換えれば、がん性腫瘍は利己的なクローンというよりも、協力的な群集と考えたほうが理解しやすい。

　腫瘍が実際には多様な「サブクローン」で構成されているとの説は１９７０年代にはすでに提唱されていたのだが、当初は信じてもらえず、30年近くにわたってほとんど見向きもされなかった。この見落としは目も当てられない結果を招くおそれもあったのだが、その後明らかになったのは、ほとんどのがんが不均一性をもっていることだ。腫瘍は多様な群集であり、異なる種類の細胞どうしが助け合って増殖しているのだ[9]。たとえば、タイプAというサブクローンの細胞が増殖因子を分泌し、それをタイプBというサブクローンの細胞が利用する。そのお返しに、タイプBは増殖抑制因子への反応を抑える分子を生成し、それをタイプAも利用する、といった具合だ。

　最も進行が速く浸潤性が高い種類のがんは、こうした多様かつ相利共生的な群集によって形成されて

いることが、いまではわかっている。このように考えることで、体のある部位に存在する腫瘍を狙った薬剤がほかの部位に効かないように思われる理由や、がんが治療で一時的に収まったように見えても再発する仕組みを説明しやすくなる。がんをこのように見ることによって、治療の効果を上げるための手がかりも得られる。[10]転移性がんに対しては、細胞どうしの共生関係を壊すことによって治療効果を上げられる可能性がある。腫瘍全体を攻撃するのではなく、たとえば、腫瘍内のある細胞にとって欠かせない種類の細胞を狙うといったやり方だ。

　がんに対するこうした考え方からは、もっと一般的な点も浮かび上がってくる。あるスケールにおける協力が、しばしばほかのスケールでは競争と受け取られるという点だ。がん細胞の集まりは多細胞生物の体内では互いに協力的に振る舞っているとはいえ、この協力関係はがん細胞を宿した生物全体に大きな打撃を与える。こうした状況には、悲しいまでに無益な側面がある。がんは一つの戦闘に勝ったとしても、最終的に戦争に負けてしまうのだ。ほとんどのがんは伝染しない。つまり、その生物の体から抜け出すことはできないからである。*がんはみずからの目的のために血管を一時的に乗っ取ったとしても、その血管の主が倒れてしまえば、道連れになってしまう。

＊まれではあるが、がんのなかには感染性のものもある。よく知られた例としては、有袋類のタスマニアデビルに感染する顔面腫瘍性疾患がある。

なぜ年をとるとがんを患いやすくなるのか

どちらにとってもメリットがないこの状況の仕組みに注目することで、一見矛盾している現象を理解しやすくなる。それは、ヒトを含めた大部分の多細胞生物はがんにならないようにするための非常に優れた能力をもっているのに、ヒトの半数は一生のうちにがんになる、という現象だ。どのようにすれば、これら二つの条件が同時に満たされるのだろうか？

私たち一人一人の体を構成する何兆個もの細胞は、1分間におよそ1億個という驚異的なスピードで日常的に複製され、古い細胞と置き換えなければならない。細胞が複製されるときには常に、複製ミス（変異）が起きる可能性がある。細胞の遺伝情報を複製するということは、この本の内容を一つも間違えることなく丸ごと書き写す行為に等しい。それを何度も繰り返すのだ。このように考えれば、毎日新しいがんが発生しないのは驚くべきことであるように思えてくる。がんになるのは不運だという思いが薄れ、遺伝的に避けられないことだとの思いが増してくる。

だが実際には、がんになりうる変異は細胞分裂の最中にときどき出現している。しかし、私たちの体内の遺伝子は、細胞の無法者と対峙してきた長い進化の歴史があり、こうした裏切り者の侵入を防ぐ一連の抑制機構を進化させてきた。国際線の旅客機に搭乗する前にさまざまなチェック（ポケットの中身を出す、パスポートを提示するなど）を受けなければならないのと同様、体内の細胞にも、似たような機能を備えたタンパク質をコードする遺伝子がある。細胞が分裂という旅に出るに当たって、何らかの

不備がないかをチェックするのだ。

ほとんどの場合、私たちの体はがん細胞との戦いを優位に進めることができる。私たちの遺伝子には長年の経験があるからだ。飛行機を墜落させようとする犯罪者が新たな手法を使えば、それに応じて空港のセキュリティチェックがだんだん複雑になるのと同じように（「靴を脱げ！」「液体の持ち込み禁止！」など）、細胞の抑制機構もいにしえの遺伝子の裏切り者と戦いを重ねるにつれてチェックを厳しくしてきた。一方、がん化する可能性のある細胞は毎回、体内で新たな変異として出現し、宿主の防御を巧みにすり抜けるための遺伝的な準備や知識をもっているわけではない。したがって、ありがたいことにほとんどの場合、細胞の抑制機構はそうした侵略者をたやすく捕獲し、根絶することができる。

だとすれば、人が年をとるにつれて、がんを患いやすくなるのはなぜなのか。これもまた、自然淘汰が冷徹に働いている例だ。淘汰の力は年をとるにつれてだんだん衰える。生物が順調に生き延びて子を残している限り、淘汰は遺伝子の性質に対してそれほど強くは働かないのだ。その結果、その後の人生で病気が入り込む余地が生まれ、体をむしばみ始めることがある。この知見はとりわけ私の家族に起きたことをうまく言い当てている。私の母は２００４年、40歳にもならないうちに大腸がんと診断された。いったんは回復したのだが、その後10年たたないうちに、以前より危険な腫瘍が乳房に見つかった。このときは回復する見通しは暗かった。母は５人の子どもを残し、そのうち２人はすでに子どもをもうけていた。自然淘汰はその冷徹な論理に従って、母を勝者であると認めたのだ。進化生物学者のジョージ・Ｃ・ウィリアムズは正しかった。母なる自然は邪悪な魔法使いの老婆である。

第2部

家族のかたち

集団生活の利点

人間は1人で生まれるわけではない。私たちは仲間といっしょにいるのが好きだし、それだけでなく、仲間が必要だ。社会的なやり取りから排除されていると感じると、脳内で痛みのシグナル（手をやけどしたり骨を折ったりしたときに発せられるのと同種のシグナル）が発せられる。[1] また、孤独は睡眠障害から、免疫機能の低下、死亡リスクの増大まで、さまざまな隠れた副作用と関連がある。[2] 連帯感は私たちのなかにあまりにも深く組み込まれていて、集団生活の利点を客観的に評価するのが難しいほどだ。

しかし、社会性には代償もある。人口密度の高い環境で暮らしていると、病気にかかるリスクが高まるほか、リソースをめぐる競争も激しくなることがある。集団で生活する動物はまた、自分に最適なスケジュールで動ける自由を一部放棄しなければならない。何人かの友人とディナーを食べにいく場面を想像するとわかりやすい。自分は違った時間帯に違うレストランで食べたいと思っていても、1人ではなく誰かといっしょに食べるためには、妥協しなければならない。ホッキョクグマなど、多くの生物にとって、集団生活の代償はあまりにも大きく、個体はたいてい単独生活を送る傾向にある。

それならばなぜ、集団で暮らすのか。集団をつくることで、個体は周囲の環境から受ける困難を緩和することができ、代償を十分に上回る利益を得られることがあるからだ。コウテイペンギンは数千羽からなる巨大な集団をつくって、南極の極寒の暗い冬に暖をとる。この方法の効果は非常に高く、いちばん内側にいるペンギンは暑くなりすぎて、仲間を押しのけて外側に逃げなければならないほどだ。[3] こう

して集団のなかでは常に個体の移動があるため、上空から見ると、コロニーは絶えず流動しているように見える。

集団生活には、捕食者から身を守るという利点もある。東アフリカの広大な平野にすむヌーは大規模な群れをつくって暮らしているが、それは数が多ければ安全だという理由によるものだ。群れから得られる効果としてわかりやすいのは希釈効果である（群れの大きさをNとすると、自分がライオンに捕まる確率は1／Nとなり、Nが大きくなるほど捕まる確率は小さくなる）。それよりわかりにくいが、混乱効果というものもある。これは、群れを襲う捕食者が特定の1頭に狙いを定めにくくなり、狩りの成功率が下がる（狙われる獲物の側からすれば、攻撃をかわしやすくなる）という効果だ。大きな群れには、周囲の環境に目を光らせる個体の数が多いので、どこかに身を潜めた捕食者を見つけやすくなって襲撃を回避できるという効果もあるし、それぞれの個体が警戒にかける時間を減らして、採餌や交尾といった有益な活動に使える時間を増やせるという効果もある。

ミクロの世界に目を向けて細胞の相互作用を観察すると、捕食を避けられるという利点が、自由に動き回る単細胞から多細胞生物に移行した太古の進化を促していた可能性が見えてくる。これがわかるのは、単細胞の祖先から多細胞体制が進化した過程を実験室で再現することができるからだ。[4] 試験管と、単細胞の藻類、そしてきれいな池の水が少しあればよい。そこに単細胞の藻類を食べる捕食者を加えると、それが刺激となり、単細胞どうしが合体して多細胞の群れ、つまり一つの集団を形成する。群れを構成するのは通常、8個ほどの細胞だ。このサイズには、集団形成の代償と利益が見事に表れている。個々の細胞が液体培地に含まれる栄養分を利用できるぐらい小さく、かつ、捕食者からの攻撃を避けら

れるぐらい大きい。

とはいえ、たいていの場合、この種の集団は長続きせず、一定しない。群れの規模は捕食の脅威の大きさに応じて変わり、実験室でつくり出された藻類細胞の集団でさえ、捕食者が取り除かれると、それぞれの細胞が単独行動を再開する。ライオンに食べられないように群れに加わるというのも一つの手ではあるが、メンバーが変わらない安定した集団の一員になることは、それとはまったく違う。

私たち人間からすれば、社会生活は世界でいちばん自然なことのように思えるのだが、安定した社会集団は実際にはきわめて特別なものだと考えてもいいだろう。共同生活の代償と利益が、進化を通じて慎重に評価された結果として生まれたものだと考えることができる。多くの霊長類は社会集団で暮らしているし、人間も例外ではない。とはいえ、人間は安定した家族集団でも暮らしているという点で大型類人猿とも違って独特で、母親は出産のときに他者の助けを借りるという特徴がある。父親やきょうだい、祖父母を含めたヒトの家族の進化は、ヒトが超協力的な種への道のりを歩むうえで重要な第一歩となった。ここでは、ヒトが家族という集団を発達させた理由を探ってゆく。まずは、いちばん大事な家族である母親と父親について見ていこう。

第4章

育児をするのは父親か母親か

あなたの意見には反対です……動物が利己的な動機のみに支配されているという見解には賛同できません。社会性昆虫には母親としての本能や、それ以上のものがあるでしょう。犬はどれだけ他者に尽くしていることか。下等動物が社会本能を備えていることは、私たちが良心を備えているのと同じぐらい明らかだと思います。実際のところ、彼らはほとんど同じだと考えています。まあ、ささいなことですが。

――チャールズ・ダーウィン（１８６０年）[1]

なぜ子どもの面倒を見るのか

以前、進化心理学者のロビン・ダンバーがこんなことを言っていた。子育てで最悪なのは最初の40年

だ、と。ここ6カ月間（パンデミックで学校が閉鎖されたために）自分の子どもたちと親子水入らずの時間を過ごしてみて、ダンバーの言葉の意味がわかってきた。とはいえ、通常の時期であっても、私たち人間は子育てに膨大な労力を注ぐものだ。私たちにとっては当たり前のことだから、子育てが利他主義の一形態で、進化によって獲得した特徴だと言われても、すぐには理解できない。子どもを守ったり、背負って歩き回ったり、母乳を与えたりすることはすべて労力を要する行動だ。私たちの祖先は子育てを何もしなかったが、やがてするようになった。複雑な目と似たように、進化を通じて現れた行動だ。しかしなぜ、私たちはわざわざ子どもの面倒を見るのだろうか？

　ここで、いまとは異なる世界を想像してみよう。その世界では、できるだけ多くの子を残すことで繁殖の成功率を最大限に高めるが、その代わり、子育てはほとんどしない。実際のところ、子の面倒をほとんど見ない生き物の親は多いから、想像力に頼らなくても実例を見るだけでもいい。昆虫などの無脊椎動物、そして多くの魚は単に卵を産み、受精させたら、あとは放っておく。カッコウやコウウチョウなどは、ほかの鳥の巣に卵を産み逃げして、面倒な子育てを他者に押しつける。巣の持ち主はその反抗的なひなを育てるのだ。

　一方で、ブラックレース・スパイダーというガケジグモ科のクモのように何から何まで子の面倒を見る生き物もいる。[2]このクモの母親は心遣いが細やかで、一枚の葉から密閉された巣をつくり、そこで4週間にわたって卵の世話をする。子が生まれると、未受精の卵を食べ物として与え、数日後には、何と自分自身を生きたまま食べさせる。母親は食欲旺盛な子になすすべもなく共食いされる被害者ではなく、自分自身を食べるよう子を積極的に促すのだ。この貴重な食料を得た子はしっかりと体重を増して巣を

離れることができ、その後の生涯で生存率が高くなる。母親はみずからの身をささげることで、子ができるだけ最高のスタートを切れるようにしているのだ。人間で言えば、財産をたっぷりと与えるようなものである。

　このクモの例は極端だとはいえ、子育てはどのような種類のものであっても、もともと繁殖コストが高いものであり、種類によっては代償がさらに高くなる。忘れてはならないのは、リソースは限られているということだ。どの動物も、繁殖と生存に使えるリソースの量は決まっている。こうしたリソースを、銀行口座に蓄えた資金と考えれば理解しやすいだろう。リソースをいま使えば、そのぶん将来ほかのことに使えるリソースが減る。繁殖すれば命が短くなるかもしれないし、いまの子育てに労力を使えば次の子を産めなくなるおそれもある。[*] 親が銀行の「貯金」の一部を使う場面として最も多いのは、労力をかけても、そのぶん子が生存上および繁殖上の利益を受けられる場合だ。

　子育てに最も熱心な親として思い浮かぶ生物の一つは、ミナミキバシコサイチョウだ。私はこの鳥を、カラハリ砂漠で研究しているときに知った。サイチョウはいささか奇妙な風貌をしている。目は狂気に満ち、動きはぎこちなく、カーブを描いた黄色いくちばしが目を引く。調査地にいたサイチョウは人にとても慣れていた。おそらく、常に人間がいるからだろう。保護区の周辺では何十人もの科学者がさま

＊生涯の終わりに差しかかりつつある雌は、将来のために銀行に「貯金」しておく必要はないため、現在の繁殖と将来の繁殖との兼ね合いはそれほど重要ではなくなる。そのため、雌は一般的に生殖可能な期間の終わりに近づくほど、繁殖にかける労力を増やす。

ざまな生物のデータを集めていた。私はサイチョウを研究しているわけではなかったが、見るのは大好きだった。とりわけ繁殖期に見るのが好きだ。サイチョウは交尾の前に、雄と雌が緊密な絆をつくる。[3]雄は雌にちょっとした食べ物を与えるほか、ときどきカラフルな花をくちばしいっぱいにくわえて雌にプレゼントすることもある。雌にとってこの求愛の期間は重要で、その雄が夫と親としての務めを果たせるかどうかを見きわめる機会となる。いっしょに子育てすることになった場合、雌は雄に頼りきりになるからだ。どのサイチョウも同じだが、雌は木の幹にできた洞《うろ》に巣をつくると、その後は巣のなかに閉じこもって産卵する。巣には小さな隙間があり、雄はそこから食べ物を与えて、40日近くも身動きがとれない雌の命を（そして孵化後はひなの命も）支えるのだ。だから雄は、雌と木のなかで生まれたひなにとって命綱となる。子を確実に生き残らせるために親がどれだけの時間をつぎ込むのかが、この事例からわかる。

子育ての負担を誰が背負うか

子育てにある程度の労力を注ぐという行動が進化の上で有利になるのだとすれば、子育ての負担を実際に背負うべきなのは誰だろうか。自然界の傾向のなかでもとりわけ目を見張り、かつ謎めいているのは、見た目で雄と雌を容易に区別できない種でさえも、子育てをしている者に注目することによって、性別の特定をしばしば試みることができるという点だ。いくつか顕著な例外はあるものの、子育てが行なわれている事例ではたいていてい、雌がそのすべてか大部分を担っている。雄は自分の労力が子に大きな

利点を与える場合、つまり子育てをしたために失われる生殖機会を十分に補える場合にだけ、雌のそばにいて子の世話を手伝う。

これはあくまでも全般的な傾向だから、もちろん例外もある。前述のようにサイチョウの雄は子煩悩な父親であるし、完全に雄だけが子育てをする種も少数ながらある。こうした例は卵が体外で受精される魚類でよく見られる。雌は雄のなわばりで卵を産んだあと、そのまま泳ぎ去って、子の世話を雄に任せることができるからだ。[4] 鳥類の場合、両親が子育てをするのがふつうなのだが、たいていは雄よりも雌のほうが子育てに多くの労力をつぎ込む。

ヒトの社会では、平均して母親が父親よりも多くの労力を子育てに費やす傾向にあり、その苦労は子が母親のおなかのなかにいるときに始まる。哺乳類のすべての雌にとって妊娠は負担が大きいが、なかでもヒトの女性はとりわけ大きな代償を払っているようだ。霊長類のほかの種と比べて大きな赤ちゃんを産むうえ、新生児の脳の成長は遅く、脳の大部分は出生後に成長する。そのため、生まれたばかりのヒトの赤ちゃんは、まわりの世界と対峙する準備ができていない段階で生まれてしまったように見える。認知能力と運動能力は比較的貧弱であるし、視覚も聴覚も大人に劣り、食べることも、ぬくもりを得ることも、身を守ることも、大人に頼らなければ何もできない。実際、ヒトの赤ちゃんがチンパンジーの赤ちゃんと同等の認知能力と運動能力を備えた状態で生まれるためには、あと9カ月も母親のおなかのなかにいなければならないのだ。

ごく最近まで、女性がこうした未熟な状態で出産するのは、胎児の体と頭がさらに大きく成長すると、母親の産道を通れなくなるからだと考えられていた。しかし、ここ3〜4年に発表された研究から、そ

れとはまったく違う事情が明らかになった。人間の妊娠期間の終わりを決めているのは、体の構造上の制限というよりも、エネルギー上の制限であるというのだ。妊娠期間が終わりに近づくと、妊婦の基礎代謝は妊娠していない女性の2倍を超え、許容できないほどの高さになる。最近のある研究によれば、妊娠期間に要求される代謝量[5]は、ウルトラマラソンを走っているランナーが経験する代謝量に匹敵するというから驚きだ[6]。したがって、出産は頭も体もさらに大きく成長した赤ちゃんが産道を通れないという理由ではなく、母親がこの代謝上の限界に達したことをきっかけに起きるのかもしれない。

　もちろん、子どもを産んでもそれで終わりではなく、子育てにエネルギーを注がなければならない。子どもは生まれてから何年も、親などの世話人がいなければ食べ物を得られず、身を守ることもできない。出産後も母親は父親より多くの労力を子どもに注ぐ傾向にある。子育ての役割が女性に偏っていることは生物学的な影響というより、文化に根差したものであるとの主張がはやったのだが、生命の系統樹で私たちと近縁な種にざっと目を向けてみると、家父長制のもとで男性が子育てにまったく参加しないことを全面的には責められないことがわかってくる。私たちが属する哺乳類の場合、種の90％以上で子育ての役割を雌がすべて担っている[7]。哺乳類の雌はどれも体内で子を宿し、出産後は母乳で育てる。この期間に雄が役に立つ場面は少なく、それよりも母親を見捨てて、子育てという厄介な役割を押しつける機会のほうが多い。それにには明確な証拠がある。私たちが入手したデータを見る限り、どの人間社会でも、母親の存在は父親の存在よりも子どもの長期的な成長と生存に重要な影響を及ぼしているのだ。

　とはいえ、ヒトは哺乳類のなかでは少数派で、男性も子育てに労力を使うことは確かだ。だが、その範囲にはかなりばらつきがある。たとえば、タンザニア北部のハッザ族とダトーガ族は互いに近くに住

んでいるのだが、居住域が近接しているにもかかわらず、これら二つの集団の男性が行なう育児の手法は驚くほど違う。[8] ハッザの男性は赤ちゃんを抱っこしたり、あやしたり、遊んだりするのにかなりの時間を使うが、ダトーガの男性は育児を「女性の仕事」と考え、子どもの世話どころか、子どもとの交流さえしようとしない。

　ほかの種と同じように、ヒトの場合も通常、父親は育児に力を注ぐことによって、ほかに子づくりする相手を見つけなくてすむようになる。男性は子どもの世話をすることで、ほかの女性を見つけて子どもをもうけるために使うエネルギーを減らすことができるのだ。したがって、献身的な父親である男性は、育児に注ぐ労力が少ないかまったくない男性と比べたときに、ホルモンに何らかの特徴が見られるのではないかと予測できるだろう。

　こうした効果に影響を及ぼすホルモンとして有望なのが、テストステロンだ。[9] このホルモンは一般に子づくりと関連づけられているからである。新しく父親になった男性のテストステロンを操作するのは明らかに倫理上問題があるが、そうした実験はヒト以外の生物で行なわれてきた。すべてではないが、多くのケースで、テストステロンを投与された雄は子づくりへの関心が高まり、育児への関心は低くなった。ヒトで次善の策として実験を行なうとすれば、長期的な研究が考えられる。この研究では、影響を及ぼしていると考えられるホルモンの濃度を異なる時期に測定し、ホルモン濃度の変化が、特定の行動や関心の特徴の変化と関連しているかどうかを確かめる。研究者はこうした手法を用いて、子どもが生まれたときに父親の体内に循環するテストステロンの濃度が下がることを発見した。さらに、テストステロンの基礎濃度が低い父親は子どもの世話にかけたと報告する時間が長く、育児の促進に関連する

脳の領域の活動量が上昇した。男性が育児する習慣がない社会（タンザニアのダトーガ族など）では、父親のテストステロンにこうした変化は見られない。これは、このホルモンが父親の育児行動の調整にかかわっているという研究結果と一致する結果だ。

雌のほうが多くの労力を育児に注ぐ理由

しかしなぜ、母親のほうが育児に大きな労力を注がなければならない事例があまりにも多いのか。単純に考えると、女性が注がなければならない労力が大きいのは、単に生物学的な特徴の違いのせいだと思ってしまうかもしれない。男性は妊娠も授乳もできないから、女性がやらざるを得ないように思える。しかし、視野を広げて動物界全体に目を向けてみると、この説明には説得力がないことがわかってくる。雌が妊娠するという習性は必然的に起きた結果ではない。たとえば、タツノオトシゴの場合は雄が子を身ごもる。鳥類の場合、抱卵（哺乳類の妊娠に相当）を行なうのは雌であることが多いが、ダチョウなどのいくつかの種では、雄が抱卵の仕事の大部分、あるいは全体を担っている。

ヒトの場合も、ほかの哺乳類と同じように、女性が子どもに母乳を与えるが、原理上は男性が授乳することも簡単にできる。男性にはもともとその機構が備わっており、プロラクチンというホルモンを投与されれば、男性でも母乳をつくることができるのだ。しかし、男性は母乳をつくるようには進化しなかった。女性は妊娠や授乳をするから育児に男性より多くの労力を注ぐと言うのは、お金を使いきってしまったからお金がないと言うことに少し似ている。それは循環論法を使った解答だ。私たちが本当に

知りたいのは、雄は原理上、育児をする形質を獲得するように進化することができたにもかかわらず、なぜそうした負担の大きな役割（抱卵、妊娠、授乳）を雌が担うようになったのかということだ。

　雌が雄よりも多くの労力を育児に注ぐ主な理由の一つは、雌はたいてい自分がこの子の母親であると確信しやすいのに対し、雄は自分がこの子の父親であると雌よりも確信しにくい点にある。自分が親だと確信しにくいことは雄の宿命の一つであり、自分の子でない子の育児に労力を注ぐのは、進化の上では大きな代償を伴う失敗になりやすい。

　たいてい雄は自分の交尾相手とライバルが交尾するのを阻止するために並々ならぬ労力を注ぎ、時には嫉妬のあまりライバルの命を奪ってしまうことさえある。ぞっとするようなその一例が、コガネグモだ。このクモはいささか変わっていて、雌は精子を保管する受精嚢《のう》を二つ備え、雄は精子を送り込む「触肢」と呼ばれる器官を二つもっている。通常、雌は雄の触肢を一度に一つしか受け入れない。しかし、ときどき雄は若い雌と無理やり交尾をして、雌の二つの受精嚢に自分の両方の触肢を挿入する。交尾に成功すると、その雄には奇妙な現象が起きる。心臓が自然に止まり、雄は「腹上死」してしまうのだ。これはライバルによる交尾を阻止する究極の戦略かもしれない[10]。雄の触肢は雌の体内で膨張しているので、雌は（ほかの雄も）死んだ雄を引き離すことができない。つまり、雄の死骸がきわめて効果的な交尾栓の役割を果たすというわけだ。雄が自分の子孫を確実に残すためにここまで労力を注がない種では、子が自分の子であるかどうかが不確実であることが、進化の上で育児に力を入れる行動を妨げる強力な要因として働いている。

雌の数と雄の数

雌が育児の大部分を委ねられることが多い理由としてもう一つ考えられるのは、もともと存在する生殖上の限界に直面するという点だ。雄にはこのような限界がないように見える。この限界は雌あるいは雄であることの定義そのものに起因する。どの種にも雄と雌の区別があるわけではないが、雄と雌が存在する種の場合、個体がつくる生殖細胞の大きさを調べることで性別を判断することができる。雌は大きな卵子をわずかな個数だけつくるが、雄は微小な精子を大量につくる。こうした特徴があるからこそ、タツノオトシゴの雄が妊娠するとわかるのだ。妊娠する個体は雌であるに違いないと決めつける循環論法で性別を区別しているわけではない。卵子が受精卵の成長を助けるための栄養分を含んでいるのに対し、精子はたいていの場合、遺伝物質の断片を供給するにすぎない。精子は生殖細胞の寄生体のようなもので、卵子は精子に必要な栄養分をすべて提供する見返りに、遺伝子プールを自由に使える「無料チケット」を手に入れるのだ。

卵子の生成には精子よりも多くのエネルギーを要することが多い。そのため、雌が生成する生殖細胞の数は雄よりも少ない。これはつまり、雄と雌は繁殖の成功をめざすうえで、それぞれ異なる限界に直面するということだ。たとえ話として、雌と雄が生成できるすべての卵子と精子が舞踏会に出席し、異なる性別のダンスパートナーを見つけなければならないとしよう。卵子は数が少ないから、自分が望めば、ほぼ確実にダンスパートナーを見つけられるが、精子の多くは隅っこでただ傍観しているだけの状

態になるだろう。このたとえ話をもとに、実際の世界で繁殖の成功をめざすうえでの限界を考えてみよう。ほとんどの卵子がパートナーとなる精子を見つけられるのに対し、精子の大部分は卵子を受精させることができない。雄の繁殖成功率は主に、どれだけ多くの卵子を受精できるか、つまり雌と交尾できるかどうかに左右される。一方、雌の繁殖成功率は雄と交尾できるかどうかというよりも、生態環境でどれだけの時間とリソースが得られるかという厳しい現実に左右される。ヒトの場合でも、繁殖成功率が最も高い男性がもうけた子の数は、成功率が最も高い女性がもうけた子よりもはるかに多い。男性の場合、最高で１０００人を超える子どもを1人でもうけた父親がいるとの報告があるが、女性の場合、１人で最も多くの子どもを産んだ記録は69人だ。

こうした繁殖上の制限は、雄と雌が祖先から受け継いだ遺伝子を確実に次世代に受け渡すために使う手法に大きな影響を及ぼすことがある。概して、雄の繁殖戦略は質よりも量を重視する傾向にあるはずであり、雌は（これも概して）誰と交尾するかにこだわり、繁殖のための貴重なエネルギーを優れた雄だけに使おうとするはずだ。しかし、自然界で観察された傾向を見ると、それほど明確でない。雄が複数の雌と交尾すること（一夫多妻）と、同じ雌のパートナーとずっといっしょにいること（一夫一妻）のどちらを優先するかは、新しい雌のパートナーの見つけやすさに大きく左右される。この判断に影響する要素の一つが性比、つまり雄の数と比較して雌がどれだけいるかだ。

雌がたくさんいると、雄ができるだけ多くの雌と交尾しようとして（そして子に渡されるほかの雄の遺伝子を少なくするために）、雄どうしの競争が激しくなるはずだ。反対に、雌の数が足りない場合、雄はいったん相手を見つけたら同じ雌といっしょにいるほうが多くの利益を得られるだろう。卵子と精

子が舞踏会に出席したというたとえ話を考えれば、こうした予測のもとになる論理を理解しやすくなるだろう。10個の精子と１００個の卵子がいる舞踏会では、1個の精子がそれぞれの卵子と踊る時間を短くすれば、会が終わるまでにたくさんの卵子と踊ることができる。この舞踏会では、一夫多妻が成功戦略だ。しかし、その比率を入れ替えて、10個の卵子と１００個の精子が出席する舞踏会ではどうだろう。ここでは、次々に相手を替える戦略はおそらくうまくいかない。ダンスの相手を見つけられた幸運な精子は、その相手とずっといっしょにいる（そして、相手のいないほかの精子を近づけないようにする）ことが最善策となる。一か八かほかの相手を見つけようとしないほうがいい。

進化の観点では、雄が交尾相手の雌のそばにいて、ほかの雄との交尾を阻止するようになると、いくつかのことが起きるだろう。雌といっしょにいる雄は、新たな交尾相手を探しにいくのではなく、育児にある程度のエネルギーを注ぐことによって利益が得られることがあるのだ。これは、大量のエネルギーを要する子育てを助けるためではなく、雄が雌のそばにいてほかの雄との交尾を阻止するようになった結果として、父親の育児行動が進化しうるということを示している。系統発生的な分析を広範囲に行なった研究で、２５００種を超える哺乳類の交尾様式と育児行動の進化史を構築した結果を見ると、まず一夫一妻が（雌とほかの雄との交尾を阻止する手段として）出現し、そのあとに雄の育児行動が発達したという順序は全体的な傾向であると考えられる[11]。

レンカクなど、水辺にすむ鳥のなかには、雌の数に対して雄の数が圧倒的に多く、雌は性的役割を逆転させ、雄に対して攻撃性を増し、支配力を強めるものもいる。レンカクの雌は子育てをまったく行なわず、雄の巣に卵を産んだら、細かいことは雄に任せて去っていく。一方で、ほかの雄との競争の激し

さに応じて、雄が子育てに注ぐ労力を調整する種もいる。その一例がモンシデムシだ。[12] 昆虫界の葬儀屋として知られ、ネズミなど、小型の脊椎動物の死骸を埋葬するという驚くべき習性をもつ。埋葬するといっても、死んだ動物の尊厳を保つためではなく、自分の子が生まれてすぐに使える「子ども部屋」にするためだ。モンシデムシは昆虫では唯一、食べ物を与えるという形で子の世話をする。子ども部屋である死骸のなかで生まれた幼虫は、死骸をそのまま食べることができるが、それより効率的な方法として、親がおなかで消化した肉を吐き戻して子に与えることもある。モンシデムシの父親の育児行動を説明するうえで、父親の役割を果たしたいという動機が重要であるようだ。雄はほかの雄との競争に直面した場合、雌と子のそばにいるが、競争がない場合は雌と子をあっさりと捨ててしまう。

ヒトの場合はどうだろう？　モンシデムシの雄の場合はライバルの雄が多ければよい父親になるのかもしれないが、それと同じことがヒトに当てはまるとは限らない。それに、モンシデムシの場合は実験室で性比を人為的に操作することができるが、ヒトに対しては当然ながらそうした実験をすることができない。父親が育児にいそしむ傾向が強まるのかどうかを調べるために男性の数を増やすわけにはいかないのだ。

とはいえ、これまでの歴史で似たような「実験」がしばしば行なわれてきたから、その事実を利用して考察することはできる。オーストラリアでは、19世紀後半に成人の性比が人為的に操作されていた。イギリスの植民地になってまもない頃には、流刑者として送り込まれてくる男女の比率が偏っていたからだ。地域によっては、男性16人に対して成人女性が1人しかいなかった。男性が次々に送り込まれてくる地域では、女性は結婚して養われ、労働に従事しない傾向にあった。こうした結果に対する解釈の

一つとしては、男性の数が多い場合、男性は女性と関係を築くために使う労力を減らすのではなく、増やすように見える点がある。実際のところ、オーストラリアのこうした地域では、現代の男女の役割と態度は過去の性比の偏りに由来すると見ることができる[13]。かつて男性が過剰に多かった地域では、女性はあまり働かない傾向にあり、仕事上の男女の役割について保守的な考えをもっている。

南米のガイアナに住むマクシ族を対象にした比較的新しい研究でも、同様の傾向が見られた[14]。男性が林業や鉱業の仕事に従事するために辺境の地へ移り、女性が都市部での暮らしを好んだ結果、一部の共同体では男性の数が女性よりも少なくなった。男性の数が少ない都市部では、男性は1人の女性との関係を続けることよりも、行きずりのセックスに関心があると答えた。一方、辺境の地域では、男性は不特定多数との関係よりも、1人の女性との関係を重視すると答えた。

多くの研究結果から、男性の数が女性より多い場合、全体的には、男性は身を落ち着けて結婚したいという気持ちが強くなり、夫婦関係の安定性は高まることがわかる。しかし、これから見ていくように、両親が協力して子育てする場合でも、それぞれの親が子どもに注ぐ労力の大きさをめぐって、いさかいが起きることが多い。どちらの親も概して、相手にもっと多くの仕事をやってもらいたいと思うからだ。子育てをめぐるこうした争いを、どのように解決すればよいだろうか？

第5章

働き者の親と怠け者の親

男女の戦いに勝者はいない。敵と親しく交わるケースがあまりにも多い。
——作者不詳

子育ての労力をめぐる争い

オーストラリア奥地の過酷な環境で、キンカチョウという小鳥がたくましく生きている。鳥の多くの種と同様、キンカチョウはつがいの絆が強く、卵がかえると、両親はひなたちがひしめく巣に懸命に食べ物を運んでいるように見える。しかし、そこでは何か困惑するような現象が起きている。子を溺愛する両親に育てられたひなは、母親だけに育てられたひなに比べて、与えられる食べ物が少ない（したが

って体重も軽い）のだ。これはなぜだろうか？

　両親による子育てというのは、争いが起きやすい状況である。どちらの親も助け合って子育てしていても、それぞれの親が育児に注ぐ労力を少なくしたいという誘惑に駆られるもので、食べ物運びを例にとれば、相手が3回行くあいだに自分は2回ですませたいという気持ちを抱く。キンカチョウを対象にした実験で、雌は信頼の置ける雄のパートナーがいる場合、子育てをサボり、きつい仕事を雄に任せることが多くなる。[1] 雌がこうした戦略をとった結果、前述の不可解な現象が起き、両親が子育てをしたほうが、母親だけの場合に比べて子の発育状態が悪くなるのだ。こうした戦略がいわゆる「底辺への競争」を生んでしまうということは、容易に想像がつく。それぞれの親が相手より楽をしようとすれば、そのうち、かわいそうなひなは食べ物をまったくもらえなくなるだろう。このような争いを避けるにはどうすればよいのか。話し合いをできない鳥の両親は、どのようにお互いの仕事量を決め、協力して子を養っているのだろうか。

　理論家の予測によれば、それぞれの親が相手より楽をしようとするのではない。[2] 一方の親が少しだけ手を抜いた場合、もう一方の親は足りない分を補おうとして自分の仕事量を増やすはずだという。しかし（ここが重要）足りない分がすべて補われるわけではない。その理由を説明するために、二種類の親がいるとしよう。「怠け者」と「働き者」だ（私たちの家では「ママ」と「パパ」とも呼ばれている）。怠け者がサボった場合に働き者が不足分をすべて背負おうとすれば、怠け者には手伝おうとする進化上の動機がまったく生まれない。怠け者は子育てを働き者に任せ、ほかの交尾相手を探しにいったほうがよい。しかし、働き者が仕事量を少し増やすだけにして、子育ての不足分を完全には補わなかった場合、

怠け者はいっしょにいて子育てを助けようという動機をより強くする。助けなければ、子が苦しむことになるからだ。驚くべきことに、多くの研究で親鳥はこうした進化モデルの予測に合致することがわかった。片方の親鳥を一時的に引き離すか、片方の親鳥の尾羽におもりを加えて巣に食べ物を運べないようにしたところ、もう一方の親鳥は少しだけ仕事量を増やすが、子育ての不足分を完全に補うまではいかない。話し合いができない鳥は、こうして子育ての労力をめぐる争いをうまく切り抜けているようだ。

　誰が子育てをすべきかという問題をめぐる争いは、雄と雌が現在の繁殖機会のあいだだけいっしょにいる状況で最も顕著になるだろう。その理由はこのように考えるとわかりやすい。雄は雌との繁殖機会が一度しかないと予測される場合、その雄は雌の将来の繁殖能力にはまったく関心がない。言い換えれば、雄は雌がこの繁殖機会ですべてのエネルギーを自分の子の成長に注いでほしいと思っている。雌が将来の繁殖機会で別の雄の子をもうけるためにエネルギーを節約してほしくないのだ。一方、雄と雌がもっと長くいっしょにいると予測される場合、争いは起きにくくなる。こうした状況では、雄はパートナーである雌の将来の生殖能力により強く適応上の関心をもつからだ。

　現実の世界では、誰が最も多くの仕事をすべきかをめぐる争いはどのように繰り広げられているのか。それを評価できる方法としては、雄と雌が互いに相手をうまく操って、子育てでより多くの仕事をやってもらう様子を記録するというものがある。モンシデムシの雌はパートナーの雄を狡猾に操ることができる。この甲虫は子育てに熱心で、おなかで消化した肉を吐き戻して子に与える。子育てがあまりにきつい場合、働き者の雌は一時的に生殖能力をなくす（同じ現象は母乳で子育てするヒトでも起こることがある。これはプロラクチンというホルモンの分泌によるもので、授乳性無月経と呼ばれる）。にもか

かわらず、雄は疲れきった雌と交尾しようとせがむことがある。交尾は雌にとってエネルギーを消費する行動だ。一時的に生殖能力をなくしているときに雄がせがんでこないようにするために、雌は強力な性欲抑制剤として機能する化学物質を分泌して、雄に交尾する気をなくさせる。[3] その副次的な効果として、雄は子育てにもっと専念するようになる。雌にとっては一挙両得だ。

人間社会の配偶システム

多くの人間社会では、一夫一妻がふつうだから、男女間の争いは最小限に抑えられていると思う人がいるかもしれない。しかし、これからお伝えするように、いくつか注意が必要だ。まず、現代の集団での観察結果にもとづいてヒトの祖先の状況を推定する際には慎重にならなければならない。現在の慣行は過去の状況を導くうえで信頼できるガイドになるとは限らないからだ。また、ヒトの配偶者探しに関する予測をどの人間社会にもとづいて立てるべきかがはっきりしない。結婚や生殖にまつわる慣行は文化によってかなりばらつきがある。一夫一妻がふつうだとはいえ、一夫多妻（男性が複数の妻をもつ）もよくあるし、少数ながら一妻多夫（女性が複数の夫をもつ）の社会もある。最後に、生涯にわたって男性と女性の関心事を一致させることに関して言うと、一夫制（女性は生涯で1人の男性としか性関係をもてない）と連続単婚のあいだには非常に重要な違いがある。後者の場合、それぞれの繁殖機会で男性と女性は一夫一妻となるが、離婚や配偶者との死別のあとには新しい相手を得ることもあるから、男性と女性が求める適応上の利益が完全に一致するとは必ずしも言えない。

ヒトの祖先の状況についてさらなる知見を得るには、解剖学的な特徴を調べるという方法がある。男女の体のつくりの違いはその背景にある配偶システムを反映していることが多い。たとえば、ゴリラは一夫多妻の社会にすみ、群れを支配する1頭の雄が生殖能力のある雌のハーレムとの関係を守る。こうした種では、雄が雌よりも大きい傾向があるほか、ライバルと戦うための武器となる器官をもっている場合もあり、それによって競争を勝ち抜くことができる。繁殖の成功が激しい競争に勝つことよりも、雌のパートナーに選ばれることにかかっている場合、雄は鮮やかな色と装飾を身にまとい、印象的な求愛行動をとって雌の関心を引くように進化することもある（クジャクの雄がその例）。

　精巣の大きさを調べると、配偶システムに関するもう一つの重要な手がかりを得ることができる。単刀直入に言うと、雌が乱婚（複数の雄と交尾する）である場合、雄は体の大きさに対して大きな精巣をもつ傾向が見られるのだ。精巣が大きいほど多くの精子がつくられるので、その持ち主である雄は交尾の競争で効率的に戦うことができる。ほかの大型類人猿の精巣の大きさを調べた研究で、これがわかる[4]。ゴリラの場合、一つの集団にいるすべての雌が支配的な雄（シルバーバック）と交尾する。精子どうしの競争があまりないというこの状況から予測できるように、ゴリラの精巣は体の大きさに対する比率が小さい。一方、チンパンジーの場合、雌は乱婚の傾向が強く、発情期に多くの雄と交尾する。ゴリラの精巣がクルミだとすれば、チンパンジーのそれは鶏の卵だ。大きな精巣をもつチンパンジーは、ゴリラの２００倍近い数の精子をつくることができる。

　こうした解剖学的な特徴を利用すれば、ヒトの祖先の配偶システムについてある程度の推論が可能になる。それは、男女間で争いが生じる余地がどの程度あるかを予測するうえで役立つはずだ。男性は概

して女性よりも大柄で頑強だが、アカシカの角のような武器は備えていないし、ゴリラのシルバーバックのような二形性をもっているわけでもない。このことから、男性の体の大きさや強さに対しては何らかの淘汰が働いてきたものの、ヒトの祖先の男性はゴリラのような習性をもっておらず、ほかの男性から女性のハーレムを守るようなことはしなかったと示唆される。一方、男女間での体の大きさの相違に関する特徴は、どちらかと言えば、主に一夫一妻制をとる種に近い。一夫一妻制の種ではたいてい、体の大きさと外見の両方が雌雄のあいだでよく似ている。現代のヒトは乱婚の傾向が強い祖先から進化したわけではないとはいえ、ヒトは生涯にわたって一夫一妻を守るというよりも、いささか波乱に満ちたものだっただろう。

精巣の相対的な大きさを見ると、ヒトの精巣はゴリラとチンパンジーのあいだに位置するが、ゴリラの精巣にはるかに近い。このデータから、ヒトの祖先のなかでは精子どうしの競争はチンパンジーの場合よりも重要性が低かったものの、ヒトの女性は一生のうちに複数の男性と性関係をもっていただろうと推定できる。一つの結論として、ヒトの祖先は一夫一妻制をとっていたが、連続単婚だったと考えるのが妥当だろう。連続単婚制では、男女の関心は生涯にわたって完全に一致するわけではなく、子育ての仕事をめぐってある程度の争いがあったと考えるべきだろう。

母親と胎児の争い

男女間の争いはときおり、何よりも親密な関係にも生じることがある。それは妊娠中の母親と胎児の

あいだで起きる争いだ。妊娠は母と子が絆を築く特別な時期だと見られている。それはまだ、育児という本当のバトルが始まる前の時期だ。胎児は夜通し泣いたり、かんしゃくを起こしたりするなど、幼い行動をとって、両親の日常生活を妨げるようなことはしない。しかし、妊娠を子との絆を形成する時期と見るのは、バラ色のレンズを通した見方にすぎない。出産を経験した女性の多くにできる妊娠線が、急成長する胎児を宿すことの代償を物語っている。体の表面に現れるこうした傷痕はまた、体の奥深くで起きる争いも物語る。胎児のゲノムと母親のゲノムのせめぎ合いだ。

　多くの女性と同じように、私は第一子を授かったとき、定期的に通院して血糖値を調べる検査を受けなければならなかった。これは妊娠中に受けた検査のなかでも、辛い検査の一つだった。検査の12時間前から何も食べられず、病院に来ると、ブドウ糖の入ったシロップのような生ぬるい液体を飲むように言われる。私はそれを、できるだけ一気に飲み込んだ。そして1時間後、看護師が私の指に針を刺して採血し、ブドウ糖を摂取したことによって血糖値がどのように変化するかを調べる。待合室にいたほかの女性の1人は、ブドウ糖の最後の一口を飲み込んですぐに吐いてしまった。その女性は家に帰されて、別の日にまた最初からやり直さなければならない。

　不快ではあるのだが、この検査は妊娠糖尿病を検出するうえで重要だ。これは妊娠に伴って発症する深刻な病気で、女性は血糖値を自分で調整することができなくなり、その結果、赤ちゃんが異常に大きく成長し、場合によっては命にかかわることがある。妊娠糖尿病が起きる原因として考えられるのは、成長する胎児の体内で母親と父親の遺伝子が争っていることだ。胎児のそれぞれの細胞には、母親に由来する遺伝子と父親に由来する遺伝子が含まれている。こうした遺伝子のなかには、どちらの親に由来

するかを伝えるマーカーが含まれているものがある。「刷り込み遺伝子」と呼ばれるこうした遺伝子は、遺伝子発現を制御して、ある特定の遺伝子の効果をどのぐらい出すかを決めることができる。

体内のすべての細胞が同じゲノムをもっているにもかかわらず、それぞれの細胞は体のどこに位置しているかに応じてまったく異なる機能を担っているのはなぜなのか。その理由は遺伝子発現から説明することができる。口のなかの細胞はアミラーゼ（唾液に含まれ、複雑な構造をした炭水化物を単純な糖に分解する酵素）を生成しなければならないが、皮膚を構成する細胞はよだれを出してほしくない。すべての遺伝子が体内のすべての細胞や器官で同じように発現するわけではなく、遺伝子はそれが含まれる細胞が体のどこにあるかに応じてスイッチを入れたり切ったりできる。つまり、遺伝子が機能するかどうかをコントロールできるのだ。

ここで興味深いのは、体内のすべての遺伝子が発現の有無と発現する場所に関して同意しているわけではないことだ。胎児のなかでは、母親に由来する遺伝子と父親に由来する遺伝子が、母親から胎児に供給される栄養分の量をめぐって争うことがある[5]。どちらの遺伝子も胎児が母親からある程度の栄養分を受け取るべきだという点では同意しているが、その量をめぐって意見の隔たりがある。母親と胎児（母親由来の遺伝子と父親由来の遺伝子と言ってもいいだろう）のこの争いを概念的に説明するには、綱引きにたとえるのがわかりやすい。幼い子どもがいる家庭では、子どもにテレビを何時間見せるべきかをめぐる駆け引きがあるだろう。テレビの時間を少しぐらい与えれば、そのあいだ静かで平和なひとときを過ごすことができ、仕事をいくつか片付けられる。しかし、子どもは数分ではなく、3時間テレビを見たいと言うかもしれない。争いの対象となるのはあなたが同意しない範囲であり、子どもはその

範囲内で親が見せたい時間よりも長くテレビを見ようと、あれこれ方策を練って親を説得しにかかる。これと似たような争いの範囲が、胎児の母親由来の遺伝子と父親由来の遺伝子にも存在する。父親由来の遺伝子は、母親由来の遺伝子が供給したい量よりも多くの栄養分を求めるのだ。

胎児の遺伝子どうしで争いが起きる理由を知るには、遺伝子の視点で考えてみるとよい。母親由来の遺伝子は現在の胎児の生存を気にかけるだけでなく、その母親が将来もうける子どもにおいても何らかの役割を果たすことになる。だから、母親が二度と子どもを産めなくなるほど栄養分をしぼりとるわけにはいかないのだ。一方、父親由来の遺伝子は母親が将来産む子どもに必ずしも関心があるわけではないので、母体の状態よりも現在の胎児のことを気にかける。したがって、父親由来の遺伝子は母親への要求を強めるように選択され、胎盤内の栄養分の伝達にかかわる領域を選択的に発現させる。これらの遺伝子がコードしているのは、母親の血液に含まれる栄養分の濃度を上げるホルモンだ。そのホルモンは脳の領域を改変することで母親の行動を操作し、出産後に子どもをもっと世話したいと思わせることもできる。

この争いの最前線となるのは、母親と胎児とのあいだで栄養供給の接点となる胎盤だ。胎盤の形態は哺乳類でも種によって大きく異なる。主に異なるのは、胎盤の細胞が母体に侵入する度合い（浸潤性の高さ）である。馬などがもつ上皮絨毛《じゅうもう》性胎盤は、胎盤の細胞と母親の細胞の境界にきちんと従うのだが、それに対し、ヒトやほかの霊長類がもつ血絨毛性胎盤は、子宮内膜に侵入するだけにとどまらず、母親の血管にさえも入り込む。胎盤の細胞は母親というよりも胎児に起源をもつため、母親ではなく胎児の都合に従って働く。ヒトの場合、胎盤の細胞は母親の血液にじかに漬かっている。これは、母親は

胎児が受け取る栄養分を制御することができないということだ。ヒトやほかの類人猿では、胎盤自体が受け取る栄養分の量を決めることができ、母親は胎児に与える栄養分の量を制御できない。このように胎児に栄養分の支配権を与える性質は、生涯でもうける子の数が少なく、子の質が高い種において進化上の妥協として発達したのかもしれない。胎児は母親の血液が供給する物質を自由に取り込めるので、必要な栄養分を受け取りやすく、母親の体内で健全な大きさまで成長することができる（これはまた、ヒトのように脳を大きく成長させる必要性と特に関連があるのかもしれない）。しかし、母親の側からすれば、与える栄養分を制御できないというマイナス面がこれには伴う。

　母親は栄養分に対する制御を失ったことにより、胎児への栄養供給を増やそうとする父親由来の遺伝子の働きの影響を受けやすくなった。こうした遺伝子は通常、ホルモンのコーディングに従って機能するため、遺伝子発現の違いに応じて母親の血液中で循環するホルモンの濃度が変わってくる。たとえば、ヒトの胎盤のラクトロゲンはインスリンの作用を阻害する。それによって母親の血液中のブドウ糖濃度が上昇するほか、母親自身がブドウ糖を利用する能力が低下する。これはつまり、胎児が吸収できるブドウ糖が増えるということだ。ホルモンのなかには母親の血圧を上げるものもある。これによって、栄養豊かな血液が胎児に運ばれるスピードが上がる。何もせずに放っておくと、こうしたホルモンの作用で、母親が何らかの疾患を患うことがあるほか、母親の命が危なくなることもある。血糖値が上昇すると妊娠糖尿病になるリスクが高まるうえ、胎児の成長の抑制がきかなくなり、出産時に問題を引き起こすおそれがある。ホルモンの作用で母親の血圧が上がると、母親は子癇《しかん》前症になりやすくなる。これは女性が妊娠中に患う合併症のなかでも、とりわけ重いものだ。

ヒトががんになりやすい理由

妊娠に伴うリスクであまり知られていないのは、母親ががんを発症しやすくなることだ。具体的には、自分が妊娠していると思っている（しかし本当は妊娠していない）女性や中絶してまもない女性が悪性脱落膜腫（胎盤の組織が子宮内で増殖し続けた場合に起きるがん）になる。そのまま治療せずに放っておくと、あっという間に命にかかわる状態にまで悪化するおそれがある。栄養芽層（母体の子宮に侵入した胎盤の細胞）には転移性のがん細胞と似た特徴が数多くあり、急速に増殖し、組織内に侵入し、プログラム細胞死を実行する命令を無視する傾向がある。胎児がつくるヒト絨毛性ゴナドトロピン[6]（尿を使う妊娠検査薬で二番目の青い線を出すホルモン）は腫瘍細胞によっても生成されることがあり、ヒトのがんの最大30％に存在する。浸潤性がある栄養芽層はときどき母体の誤った組織を乗っ取ってしまい、それが子宮外妊娠につながることがある。[7] 子宮外妊娠は受精卵が子宮の外に着床して成長してしまう現象で、ファロピウス管（卵管）内で最もよく起きるが、母体の卵巣や腹腔、腸、さらには、きわめてまれに以前の帝王切開の傷痕で起きることもある。栄養芽層はがん細胞との類似点があまりにも多いため、子宮外妊娠の治療には、がん治療によく使われる化学療法薬、メトトレキサートが用いられることがある。

ほかの哺乳類と比べると、ヒトは特にがんになりやすい。これは部分的には、ヒトの寿命がほかの哺乳類より長いこと（年をとるにつれてがんになりやすくなる）と現代的な生活習慣（高カロリーの食生

活と、大気汚染やたばこの煙といった発がん性物質への曝露）に起因する。ほかには、あまり目立たないが胎盤もリスク要因の一つである可能性がある。ヒトのような浸潤性の胎盤はもともと哺乳類の祖先に備わっていたが、馬やほかの有蹄類など、一部の種では二次的に失われてきた[8]。胎児が利用できる範囲が狭まったことは、雌が転移性（浸潤性）のがんから自分の身を守るために受けた淘汰の副次的な影響だったのかもしれない。胎盤の細胞はがん細胞と似たような機能をもつために、その淘汰の副次的な影響を受けて機能を失ったという説だ。この説から予測されるように、最近の証拠によると、浸潤性の低い胎盤をもつ種では転移性のがんはあまり見られない。その結果、ヒトは受け入れがたい状況に追い込まれた。貪欲な胎児にできるだけ多くの栄養を与えるためには浸潤性の胎盤が必要だが、胎盤の細胞への扉を開けたために、がん細胞を含めたあらゆる種類の浸潤性の細胞から身を守る生来の能力を弱めてしまったのだ[9]。

赤ちゃんの夜泣きに込められた意味

赤ちゃんは生まれたあともしばしば、親が与えたい量より多くのリソースを求め続ける。新生児をもつ親の悩みのなかで最も多いのは睡眠不足である。これはあらゆる文化に共通する悩みのようで、欧米の子育てがほかの地域と異なることに伴う現象ではなさそうだ。生まれたばかりの子どもは頻繁に夜泣きをして、母親（あるいは父親）に授乳をせがむ。これはごくふつうの行動だと思うかもしれない。子どもは乳を飲みたいことを親に知らせ、親はその要求に忠実に応えているだけだろう、と。両者のやり

たいことを等しく満たす行動だ。しかし、よく調べてみると、赤ちゃんの夜泣きにはいくつか興味深い特徴があることがわかってきて、もっと深い意味が込められていることが示唆される。

女性は頻繁に授乳していると、一時的に不妊になることがある。授乳性無月経と呼ばれる現象だ（前述）。したがって、日常的に授乳している女性は妊娠しにくくなり、今の子は母親の労力を独占して、より長い期間世話をしてもらうことができる。[*] 夜間によく目を覚ます赤ちゃんは平均して、母親から絶え間なく世話してもらえる期間が長くなると予測される。このことから、ヒトの赤ちゃんは頻繁に夜泣きして授乳をせがむことによって、まだ生まれていない将来のきょうだいに対抗しているとも考えられる。この仮説が正しければ、夜泣きに関連する遺伝子は父親由来であるとも考えられそうだ。これは、母親の栄養を削りとって胎児に供給することに関連する遺伝子が父親由来と考えるのと同じだ。それはなぜか？　胎児がもつ父親由来の遺伝子は、母親由来の遺伝子に比べて、母親が将来もうける子どもへの関心が低いからだ。

これは突飛な仮説ではあるが、こうした考えを支持する証拠はいくつかある。15番染色体のゲノムの一部が欠失することによって生じる遺伝子疾患に、プラダー・ウィリ症候群とアンジェルマン症候群が

＊小規模な社会に関する古い人類学的な研究には、双子が生まれた場合や、母親がまだ授乳中に新しい子を産んだ場合に、新生児が殺されることがあるという記録がいくつかある。現代の工業化社会に暮らしていれば、母親が極度の栄養不足に陥る心配をする人は少ないだろうが、不安定で余裕のない生活を送っている人にとって、栄養上の制約で、母親が年長の子の面倒を見ながら新生児を育てることまではできない場合もある。

ある。[10] プラダー・ウィリ症候群の場合、欠失した遺伝子は父親由来のものであるため、プラダー・ウィリ症候群の子どもはゲノムの当該領域で母親由来の遺伝子だけが発現していることになる。興味深いことに、プラダー・ウィリ症候群の子どもは母乳をあまり飲まず、泣き声が弱く、よく眠る。一方、アンジェルマン症候群は多くの面でこれとは反対の特徴をもつ疾患だ。欠失しているのは母親由来の遺伝子で、その結果、父親由来の遺伝子が発現している。アンジェルマン症候群の子はあまり眠らず、夜中によく起きて母乳を求める。これら二つの症候群は、ほかにも多くの深刻な障害や問題を患者にもたらす。このことから、綱引きのたとえを思い起こす。これらの疾患のように、どちらかの親に由来する刷り込み遺伝子が欠失している状態は、綱引きのどちらか一方のチームが突然ロープを放した状況に似ている。それまで多かれ少なかれバランスを保っていた争いが、大混乱に陥ってしまいかねない状況だ。

母親の体内で起きるきょうだい間の争い

胎児が母親の労力を操作したいときに利用できる、さらに風変わりな方法がもう一つある。子宮のなかの胎児が、母親と流動的に細胞を交換するのだ。私たちのおよそ半数、あるいはひょっとしたら半数以上の人は、ほかの人に由来する細胞を体内に含んでいる。私は女性だが、男性のY染色体を含んだ細胞をもっている可能性は十分にある。それは、私の2人の息子の体内にある細胞とまったく同じ遺伝情報を含んだ細胞かもしれない。同様に、2人の息子の体内でも、どこかでいくつかの私の細胞が泳ぎ回っているかもしれない。私は自分の子どもに由来する細胞のほかにも、自分の母親の細胞や、ひょっ

としたら母方の祖母の細胞もおそらくもっているかもしれない。私たちはキメラなのだ。

私の体内で2人の息子の細胞は何をしようとしているのか？　「マイクロキメリズム」と呼ばれるこうした現象の研究はまだ始まったばかりで、わかっていないことが山ほどある。[11] 前に産んだ子の細胞が、きょうだい間の争いを調停しているかもしれないと指摘する研究者もいる。現在の子どもに投入する労力を増やし、将来の子どもに投入する労力を減らしているというのだ。初期段階のデータはきわめて示唆に富んでいる。胎児細胞は母親の乳房の組織に移動することがよくあり、そこで子どもに供給される母乳の量を増やしている可能性がある。齧歯類《げっしるい》の研究では、胎児細胞は母親の脳にも移動し、新しいニューロンの成長を促しているほか、それによって雌の行動や子との接し方に影響を及ぼしている可能性があることがわかった。ほかの研究では、以前子どもを産めた女性がその後に妊娠できなくなる現象は、子癇前症と同じように、年長のきょうだいに由来する胎児細胞が母親の体内に存在することと関連していることが明らかになった。このことから、胎児細胞は母親から引き出す栄養分を増やし、将来のきょうだいとの争いを回避する役割を果たしている可能性があると考えられる。

この現象に関する研究はまだ始まったばかりだから、あまり多くを語りたくはない。しかし、これはあまりに突拍子もない考えだから、触れておく価値はある。5年後か10年後に、マイクロキメリズムと、異なる個体に由来する多くの細胞が一つの体のなかでどのように作用し合うかを記した一冊の本を読めるようになっても、私は驚かない。

まとめると、こうした傾向から、協力と争いには概して密接な関係があることがよくわかる。夫と妻の絆、そして特に母と子の絆は献身的で侵すことのできないものと見られることが多いが、こうした最

も緊密な関係でさえも策略や争いとは無縁ではなく、それぞれの側の遺伝子が自分に有利になるように状況を変えようとする。このような争いは現実にある。争いの当事者どうしだけでなく、利害がだいたい一致した個体どうしにもあるのだ。

ここまで、子どもがさまざまな方法で親に苦労をかける事例に着目してきた。しかし、ここで話を終えてしまうと明らかに誤解を招いてしまうだろう。次の章では、子が家族の役に立つ重要な一員となる種を紹介していく。それらは「協力的繁殖」を行なう種であり、ヒトもそこに含まれている。

第6章

人類の家族のあり方

或るひとつの性質が世界中の人間を血縁にしている。

——ウィリアム・シェイクスピア『トロイラスとクレシダ』（1602年[1]）

子が親の手助けをする種

親が子の世話をすると考えるのは自然ではあるが、一部の種では子がそのお返しをする。このことは、あまり知られていないかもしれない。こうした家族の形態は「協力的繁殖」と呼ばれ、アリ、ハナバチ、カリバチ、シロアリ、甲殻類、哺乳類、鳥類、魚類など、さまざまな動物の進化で何度も見いだされてきた形態だ。この選ばれた多様なグループには、ヒトも含まれている。ヒトの母親は年少の子の面倒を

見るときに年長の子の手助けを得られると期待できるのだ。そして、ヒトは類人猿で唯一この行動をとるという点で独特である。

現代の工業化社会に暮らしている人々は、ヒトが協力的繁殖を行なうと言われると意外に感じるかもしれない。たいていの人は比較的小さな家族で暮らし、年長の子が年少の子の面倒を見られるようになる前に子づくりをやめてしまうからだ。私は珍しく大家族で育ったので（6人きょうだいの最年長だ）、子育ての補佐役としての真価を発揮できる機会はたくさんあったのだが、この役割をいつもうまくこなせたわけではなかった。私の母からよく聞かされるのは、母が家事をしているあいだに弟の面倒を見るよう6歳の私に言いつけたときの話だ。子どもの頃の私は本の虫で、ストーリーに夢中になると、まわりで起きていることに気づかなくなった。数分後に母が戻ってくると、弟はドッグフードが入った皿をまんまと見つけ、ドッグフードを居間のカーペットに塗りたくっていた。叱られると（「ニコラ！　弟を見ててって言ったでしょ！」）、私は本で顔を隠し、上から目だけを出して、こう答えたのだった。
「しばらくのあいだ見てたけど、本のほうが面白くなったの」

人類の祖先が暮らした過酷な環境

視野を広げて、世界中の人々を見てみると、親の役に立たない子どもはふつうというよりもむしろ例外だということがわかってくる。子どもは7歳頃から14歳頃までは、弟や妹の面倒を見る手伝いをよくする。狩猟採集民の場合は、子守りをするだけでなく、食べ物を探しにいって野営地まで持ち帰り、家

族と分け合うこともする。実際のところ、人間の子どもたちは、きょうだい、おば、おじ、いとこ、祖父母といったほかの親族に囲まれて育ち、どの親族も子育てを手助けすることがあるのだ。こうした状況はほかの大型類人猿とはかなり違う。大型類人猿の子はほぼ母親だけに育てられ、ほかの親族と特別な絆をつくらない傾向にある。

　協力的繁殖を行なう種の分布を世界地図に書き加えてみると、その分布が地球上でも特に過酷な地域に集中することがわかる。[2] アフリカの砂漠にはミーアキャットとデバネズミ、オーストラリアの奥地にはマミジロオーストラリアマルハシとハイイロツチスドリ、中米と南米にはミゾハシカッコウとワタボウシタマリン、といった具合だ。初期人類*の場合も分布は似ている。人類は誕生以来、地球上でも特に過酷な環境にすんできた。ホモ属の最初期の人類は２８０万～１５０万年前のどこかの時期（地球の歴史を1年にたとえれば12月31日の午後6時頃）に東アフリカの大地溝帯に暮らしていた。大地溝帯は地殻に形成された断層線で、それを境に二つのプレートが分裂している。人類の進化史を再構築するうえで最も重要な化石の多くはこの地域から産出してきた。過去１０００万年で、この地域は平らな熱帯雨林から、急峻な山地と広大な盆地が分布する険しい地形へと変貌を遂げた。[3] その盆地には「アフリカ大湖沼」と呼ばれる湖沼群ができ、プレートが分裂するにつれて東アフリカ高原が形成され、気象パターンに変化をもたらした。かつて密林に覆われていた地域が、だんだん乾燥して荒野となったのだ。こうした乾燥化の進行に加え、ゆっくりとしたプレートの分裂によって形成された盆地で大湖沼の出現

＊ここではホモ・サピエンスを含め、ホモ属のすべての種を含む。

と急速[*]な消滅が繰り返されることに伴う、激しい気候変動もあった。

こうした初期の環境は人類の生存を脅かすさまざまな脅威をもたらした。まず、食料を手に入れるのはおそらく非常に困難だっただろう。たまにしか雨が降らない乾燥地帯では、食料を積極的に探し回らなければならない。人類の食物は果物と植物（地面から掘り出す必要のあるジャガイモに似た塊茎類も含む）、肉（狩りをして動物を殺さなければならない）であると考えられている。[4**]こうした食生活には危険が伴ううえ（地中の塊茎類は見つけにくいし、大型動物を仕留めようとすると反撃に遭うこともある）、狩猟や採集の技術を習得するには時間がかかる。こうした環境で生き延びていくためには、チームワークと、他者から技術を学ぶ能力が欠かせない。

人類の祖先が居住していた場所は危険でもある。大型の草食動物（食料！）が生息していただけでなく、獰猛な肉食動物が勢ぞろいしてもいたからだ。初期のホモ属の人類は現代のヒトとよく似た見かけをしていたかもしれないが、当時のサバンナをうろついていたサーベルタイガーや巨大ライオン[5***]の目には、おそらくランチの食べ物のように映っていたのではないか。この頃までに、人類は地上で暮らすようになっていて、だんだん開けていくアフリカの草原では危険に直面したときに身を隠すのが難しくなっていただろう。

とはいえ、私たちに有利に働く要素が一つあった。それはお互いの存在だ。

ヌーの群れについて前述したように、数の多さで身の安全を守るという行動は希釈効果と混乱効果だけから出現することがある。しかし、ヒトはおそらくその行動をさらに一歩進めたように思える。ヒトは襲ってくる捕食者を追い払うことを学んだのだ。チンパンジーやボノボといった、ほかの霊長類の観

察結果はこの仮説を支持している。地上にすんでいたり、不毛の地に生息していたりして、捕食者に襲われるリスクの大きい霊長類は、ほかの種に比べて集団の規模が大きく、集団内の雄の数が多い傾向にある[6]。さらに重要なのは、こうした集団では雄が捕食者に反撃するだけでなく、捕食者を抑え込むことさえある点だ。たとえば、チンパンジーは日常的に捕食者を攻撃するし、ヒョウを追い詰めて殺す場面も目撃されている。人類の祖先もおそらく同様の行動をとっていただろう。

　進化の過程で樹上生活をやめて地上に下りたことで、人類は捕食者ともっと効率的に戦えるようになった。二足歩行をしているため、手で武器などをもてるようになったのだ。腕でぶら下がって枝から枝へと移動する必要はなくなり、筋肉組織は石やその他の投射物を遠くに投げるのに特化できるようになった。こうした適応は捕食者を追い払ううえで役立っただけでなく、初期の人類がうまく腐肉をあされるようにもした。捕食者を肉のそばから追い払って、その獲物を横取りすることもできるようになったのだ。

　こうした能力を獲得したあと、人類自身が捕食者になることはそれほど難しくなかった。この能力が発達した頃にホモ・サピエンスはアフリカ大陸を出て大移動を始め、その後、きわめて急速に地球を支

---

*地質学的な時間で急速という意味。湖は20万～40万年周期で出現と消滅を繰り返したと考えられている。

**チンパンジーを含めたほかの類人猿は主として菜食だ。チンパンジーはほかの動物を狩ることもあるのだが、肉が摂取カロリーに占める割合は5％しかない。それに比べ、現代の狩猟採集民の場合、肉は摂取カロリーの50％以上を占める。

***近年見つかった化石から、更新世のライオンの種は現代のライオンよりかなり大きかったことが示唆される。

配していった。それは、地球の歴史を1年にたとえれば11分ほどの出来事だ。世界に拡散するなかで、ヒトがすみついた土地では大型動物が次々に絶滅した。[7] ヒトが食物連鎖の下位から最上位へと躍り出たことがわかる出来事だ。

　このように初期の人類進化を駆け足でたどってみると、一つの単純な結論が導き出される。私たちは生き延びるために協力しなければならないということだ。この結論を利用すれば、東アフリカの大地溝帯で人類とともにほかの類人猿がすんでいたという化石記録がほとんどない理由を説明できる。大型類人猿が大地溝帯のような環境ではなく、もっと季節変化が少なくて食物が豊富な環境にすんでいるのは、極端な協力行動をとらなくても生き延びることができるからだ。仮にヒトがチンパンジーに近かったら、私たちもまたホモ属の化石記録のデータとしてのみ存在し、出現しては絶滅していった種の痕跡としてしか残らなかったかもしれない。

核家族の問題点

　他者と協力することの利点を考えれば、協力的繁殖を行なう種の割合が比較的小さいのは意外に思えるかもしれない。たとえば、協力的繁殖を行なう両生類や爬虫類は知られていない。昆虫類、クモ類、哺乳類、魚類の場合はすべての種の1％以下、鳥類の場合は8％前後だ。[8] 協力行動を習得するのは難しく、そうした種が繁栄するためには、条件が整わなければならない。繁殖を助ける「ヘルパー」が最も出現しやすいのは、雌が一夫一妻制をとり、1回の繁殖で複数の子を産める種だ。[9] 一夫一妻制でヘルパ

ーが有利になるのは、ヘルパーは異父（異母）きょうだいではなく、実のきょうだいの誕生を手助けすることになるからである。同様に、雌が1回に1匹ではなく複数の子を産むほうが、ヘルパーが母親の繁殖の成果を高める余地が大きい。

この点で言うと、ヒトは例外的な存在だ。ヒトは1度に1人しか産まないことが多いし、ヒトの繁殖スケジュールは子の数よりも質を優先しているように思える。前述したように、1人の子を身ごもるだけでもヒトの女性には代謝上の重荷がのしかかるから、（協力的繁殖を行なうほかの霊長類のように）双子を産む確率を高める変異を受ければ、それぞれの胎児が受け取る栄養分が減るか、胎児は妊娠した母親が与えきれないほどの大きな栄養や労力を要求するだろう。私たちは助けを利用するうえで異なるルートを選択した。1度に産む子の数を増やすのではなく、単に出産の間隔を短くしたのだ。現代の狩猟採集社会では、出産時に助力が得られる母親は、子どもが離乳したらすぐに次の子を妊娠することができる。ヒトに近縁の類人猿よりおよそ2倍も速く繁殖できるということだ。チンパンジーの場合、出産の間隔は6年ほどあるが、狩猟採集民の女性は3年ほどの間隔で出産（および子育て）することができる。したがって、協力的繁殖を行なうことにより、ヒトの母親はきわめて質の高い子どもを比較的多く産めるようになり、子どもの質と数のどちらかを犠牲にしなければならないという問題を解決することができた。

協力的繁殖を行なうというヒトの性質は、人間の社会と子育ての規範を理解するうえで重要な点を伝えている。社会的な生活様式をもっているということは、ヒトが地球上に出現してからほとんどの期間、母親は広大な社会的ネットワークに組み込まれ、子どもは父親、年長のきょうだい、おば、おじ、祖父

母といった複数の保護者に育てられてきたことを意味する。[10]現代でも多くの人間社会ではこのような暮らしが見られるものの、多くの工業化社会では、大規模な拡大家族の役割は、学校や保育所といったより公的な施設が（ある程度）担うようになった。育児を担う公的な施設は協力的繁殖を行なうヒトの性質を論理上拡大したものであり、そもそもこうした施設が存在するのは、ヒトが協力的繁殖を行なうという事実があるからだろう。

子が常に母親のそばにいるほかの大型類人猿とは異なり、ヒトの子どもは母親よりもほかの保護者と多くの時間を過ごすことがよくあり、1人の保護者とだけ絆を形成する必要はなく、複数の個人に面倒を見てもらうこともできる。面倒を見る個人のなかには、ほかの子どももいることがある。こうした見方は、核家族という欧米人の理想とは対極をなす。[11]核家族では、両親が拡大家族からの助力をほとんど受けずに子どもを育てる。子どもの数が少なく、子どもどうしの年の差も小さい傾向があるため、年長のきょうだいはまだ親に依存していることが多く、下の子の面倒を見られない。

この点に関しては、ヒトの進化史にきちんと目を向けなければ、有害な結果を招きかねない。欧米のモデルは模範的な事例の基準として使われることが多く、育児をどのように行なうべきかについての方針決定や、その方針に従わなかった場合にどのような害を子どもに及ぼすかを伝えるのによく使われる。この分野でもよく知られている考えの一つが「愛着理論」だ。[12]この理論では、子どもの健全な発育は、主要な養育者（たいていは母親）と親密な関係を築けるかどうかにかかっているとされる。この理論に従うと、子どもに無関心あるいは鈍感な母親（または子どもを保育所に預ける母親）は子どもの発育の過程を変える可能性があり、「不安定な愛着スタイル」として知られるものを子どもに植えつけて、広

範囲に悪影響を及ぼすおそれがあるという。

これが暗に導き出すのは、子どもを社会に順応しやすく育て、成人してからまっとうな関係を築くことができ、社会の役に立つ一員に成長させるのは母親の責任だという結論だ。したがって、子育てがうまくいかないと、母親が責められることになる。愛着理論で問題なのは、核家族は親の1人が育児を担当してもう1人が働くことに重点を置いているが、これはさまざまな文化のなかでも、広い視点で歴史や進化を考えた場合にもきわめて珍しいということだ。母親は子どもにとってかけがえのない唯一の養育者であるという考えは、現代の欧米の文化的なイデオロギーであり、科学的な根拠のある義務ではないのである。

この見解を裏づける確かなデータがある。1991年から2007年にかけて、アメリカの国立小児保健発達研究所が1000人を超える子どもを対象に調査した[13]。調査はそれぞれの子どもが生後1カ月の頃から9年生〔日本の中学3年生〕になるまで続けられた。そのなかには保育所に通った子もいれば、母親にだけ育てられた子もいる。この調査の主な結論ははっきりしている。保育所に通った子どもと、家で一方の親に育てられた子どもとで、発育に差は認められなかったのだ。同様に、2003年から2006年にかけて1400人を超すフランスの子どもを対象に行なわれた研究では、優れた保育所に通った子どもは、母親だけに育てられた子どもよりも感情と品行に関する問題が少ないことがわかった[14]。これはひょっとしたら、保育所に通った子どもは同年代の子どもやほかの大人と交流する機会が多かったからかもしれない。これらの研究は母と子の絆の重要性を軽視するものではないし、子どもの健全な情緒的発達を確実にするうえで母親が何の役割も果たしていないと言っているわけでもない。

これらの研究は育児をもっと広い視点でとらえ、複数の養育者や関係を取り入れるように促すものだ。それは、ヒトがきわめて社会的かつ協力的な種として進化してきた長い歴史をもっと踏まえて考えるということである。

第7章

助け合い、教え合う動物たち

私は単純に、どうして紳士がみんな鳥類学者にならなかったのかと不思議がったのを、おぼえている。

――チャールズ・ダーウィン『ダーウィン自伝』（1876～81年[1]）

カラハリ砂漠に生きる社会性の高い鳥

協力的繁殖の仕組みをもっと理解しようと、私は20代前半に砂漠で鳥を追いかけて過ごした。鳥なら何でもよかったというわけではない。興味をもっていたのは、シロクロヤブチメドリという特定の種だ。黒と白のぽっちゃりした鳥で、アフリカ南部のカラハリ砂漠できわめて社会性の高い集団をつくって暮

らしている。私は幸運にも、この鳥の行動をいち早く詳細に研究した1人となった。研究の目的は、協力にもとづいて築かれた社会で避けられない争いについて理解することだった。

鳥の社会的な関係のなかでも圧倒的に多いのが「つがい」だ。1羽の雄と1羽の雌がいっしょになって、ひなを育てる。多くの種にとって、この関係は打算的なもので、必要な期間しか続かない。ひなが巣立てば関係は解消だ。だが、シロクロヤブチメドリはほかの鳥とは違い、社会的な暮らしを一生続けていく。この鳥は食べ物探しも、睡眠も、遊びも、仕事も何もかもいっしょに行なう。集団の大きさはさまざまで、仲良しの3羽で暮らすこともあれば、最大14羽からなる大きな集団もよく見られる。それぞれの集団で、1組の雄と雌が繁殖する権利を独占している。その他の個体はヘルパーの役割に追いやられ、優位にあるつがいの子に食物を与えたり、子を守ったりするなど、子育て全般を担うのが主な役目だ。

私の調査地は南アフリカ共和国北部にあるクルマン川保護区だった。[2]私の博士課程の指導教官であるティム・クラットン＝ブロック教授によって設立された保護区で、動物の行動を長期的に研究するためのフィールドとしてのみ使われていた。この保護区があるのは辺境にある農地で、この一帯は見た目とは違って「グリーン」カラハリと呼ばれている。実際には、クルマン川は茶色い砂で覆われた河床が見えているだけで、水が流れるのはおよそ20年に1回しかない。カラハリ砂漠の砂には何種類かの陰影が見られる。河床の近くでは黒ずんだ茶色だが、そこから離れて砂丘に近づくにつれて徐々に麦わら色になり、最後には深い黄土色へと変わる。名前とは違って、緑豊かな場所とは言えないが、独特の美しさはある。

カラハリ砂漠はどうにか生きていくだけでも厳しい環境で、協力は例外というよりも当たり前のことのように思える。研究の対象としていたシロクロヤブチメドリは、オオミミギツネ（かわいらしい灰色のイヌ科の動物で、こっけいなほど大きな耳をしている）、社会性のあるクモ（綿毛のような巣をつくる）、ミーアキャット、スズメハタオリドリ、アリ（多数の種）、シャカイハタオリなど、社会性のあるほかの数種と生息地を共有していた。シャカイハタオリは巨大な巣をつくり、そのなかには多数の小さな空洞があり、それぞれの空洞がつながり合っている。鳥のマンションのようなものだ。新参者は既存の巨大な巣に自分の小さな空洞を「建て増し」する。しかし、巣はあまりにも巨大化すると、やがて重力に負けて丸ごと崩壊してしまう。こうした社会性のある生物はさまざまな違いがあるとはいえ、共通する関心をもっている。それは天気だ。砂漠では、雨が降るかどうかが生死を分ける。

　夏の時期に、最初に雨の気配を感じるのは北西の風が吹いたときだ。湿った土とはるか遠くで降った雨の独特なにおいが運ばれてくる。暗い雲がだんだん集まり始め、やがて猛烈な嵐が訪れる。数えきれないほどの雷鳴がとどろき、空は生き返ったように無数の稲妻に染まる。灌木の茂みで焼けこげた木々が、雷の激しさを物語っていた。雷は同じ場所に二度と落ちないと言われるが、私たちがすんでいた家には何度か落ちた（よく電話が通じなくなったし、そのとき電源につながっていたコンピューターなどの機器が壊れてしまったこともあった）。

　嵐が過ぎ去ると、砂漠は生命に満ちあふれる。赤い砂は黄色の花々のカーペットで覆われ、草が脚をくすぐり、生きるだけで精一杯の暮らしから解放された動物たちは子づくりに励むことができるようになる。砂漠に雨が降ることは、そこにすむ生物にとって朗報だ。雨が降れば食べ物が得られる。しかも、

食べ物は一気にやってくる。まず出現するのはイモムシ。大雨が降ると、数日のうちに何千匹もが現れる。イモムシは常に上をめざす使命を帯びているかのようだ。野外では木に登るのだが、私たちの脚や髪の毛、夕食のテーブルにまで登ってくるから、ひっきりなしにつまみ上げて取り除かなければならない。当然ながら、数週間後にはガの大群に襲われることになる。家の外では、ベランダの照明のまわりにものすごい数のガが集まって飛び回る。屋内の明かりを消し忘れて、共用の家屋のドアを開けようものなら、とんでもない災難に見舞われる。ガの大群が室内に押し寄せ、はためく翅からまき散らされた鱗粉でみんな息ができなくなるのだ。

しかし、砂漠の雨は気まぐれで、たまに嵐が来ても、そのあとは長い干ばつに見舞われる。砂漠の生命はいつ死んでもおかしくない不安定な存在だ。条件がよい時期には絶好調だが、悪い時期にはどん底に突き落とされる。こうした過酷な極限環境では、他者と協力して生きることで厳しい環境の影響を和らげることができる。単独で生きるのではなく、チームの一員として他者と連携することが、よい時期の恩恵を享受し、悪い時期をいっしょに乗りきる助けとなるのだ。

チメドリが砂漠で直面する危険

人間は砂漠の生き物ほど降水に影響されることはないが、私たちの調査地に暮らす人たちにとって、ごちそうを食べられるか、ひもじい思いをするかというのは切実な問題だった。調査地には、シロクロヤブチメドリの研究者だけでなく、ミーアキャットの長期的な行動研究というはるかに大きなプロジェ

クトにかかわる十数人のボランティアと数人の科学者もすんでいた。私たちの場合、食べ物を手に入れられるかどうかは、雨ではなく、たまの買い出しにかかっていた。調査地の保護区からいちばん近い町までは、未舗装の道路を通って車で3時間かかり、たいていは1カ月に1回しか買い出しをしなかった。そのときに、二十数人の住人を養えるだけの食料を購入する。そこで手に入れなければ、その後1カ月は手に入らない。野菜と果物はいつも最初になくなるか、暑さで傷んでしまう。チョコレートとビールは長く残ったためしがない。月の終わりが近づくと、主に缶詰や乾物でつくった食事を食べるしかなくなってしまう。そのなかでも、みんなに嫌われていた悪名高い料理が「チージー・スパッフ」だ。ちょっとラザニアに似た料理で、乏しい残り物の食材で夕食をつくる当番になった昔のボランティアが、苦肉の策として考案したものらしい。

一方、シロクロヤブチメドリは、人間がさいわいにも免れている危険に直面する。食べ物探しに苦労するだけでなく、ほかの誰かの獲物になる事態を避けなければならないのだ。砂漠はただ砂だけが広がる開けた空間で、天敵から身を隠せる場所がほとんどない。チメドリは地面の上で食べ物を探すから、とりわけ無防備だ。くちばしを使って砂を掘り返し、地面のすぐ下に隠れている小さな無脊椎動物を追い出して捕まえる。「頭を下げて、尾を上げる」という手法を使うため、とりわけクロワシミミズク、コシジロウタオオタカ、ゴマバラワシといった猛禽類による空からの襲撃に弱い。コシジロウタオオタカは脚とくちばしが鮮やかなオレンジ色をしていて、ひときわ目立つ。不毛の地を走る道路に沿って何百キロも続く木の柵の支柱に止まり、無防備な獲物の出現を待っている姿をよく見かける。ゴマバラワシはさらに手ごわい天敵だ。両翼を広げた幅が2メートルにも達する大型の鳥なのだが、私は遠くにい

るのを双眼鏡で目撃したことしかなく、そのときは灼熱の大地の上を舞う黒い点にしか見えなかった。私たちの調査地ではあるとき、行方不明になっていた支配的な雌の首輪がゴマバラワシの巣にあることが、首輪についた発信器の位置からわかった。その巣には、発信器つきの首輪だけでなく、調査地にすむダイカー（小型のアンテロープ）の骨もあった。これは、ゴマバラワシのような頂点捕食者がかなり大きな獲物も捕食できることを物語る。

チメドリ調査の方法

天敵を恐れるシロクロヤブチメドリは私たちに対しても不信感をあらわにし、その警戒心は行動を観察するうえで当初、大きな障害となった。１００メートル圏内に近づけたことはほとんどなく、その前にチメドリは私たちを見つけ、甲高い警戒の鳴き声を上げて逃げてしまう。そうやっているうちに、チメドリに存在を受け入れてもらえる方法がわかってきた。いちばんうまくいったのは、巣を見つけ、鳥が給餌に訪れているあいだに、ある程度離れた場所に座ってじっとしていることだ。野生動物に自分の存在に慣れてもらうのは、時間がかかる、退屈このうえない作業だ。砂にまみれて何時間も座り、ときどき少しだけ近づいて、鳥を怖がらせないように距離を詰めていく。もしこの作業を行なうことになったら、座る場所に気をつけることは必須だ。私はうっかりアリの巣の近くに座ってアリの活動をじゃましてしまい、その後の3時間、怒ったアリに攻撃され続けたことがよくあった。そんなときでも動くのは御法度。立ち上がるたびに、チメドリは私の存在に驚いて逃げてしまい、数分間は帰ってこない。

そうなると、それまでの苦労が一瞬にして水の泡になる。チメドリが私の存在を気にしなくなるまで、できるだけ周囲に溶け込むのが私の使命だった。

じっと座って過ごすこと数日。十分に近づいたところで、餌のミールワーム（ゴミムシダマシの幼虫）をチメドリのほうへ投げる実験をやってみた。チメドリが食べ物を探して地面をくちばしで突いているときに、そのすぐそばにミールワームを落とす。狙い通りにミールワームを投げ、チメドリがそれを食べたところで（この二つを同時に達成できることは思っていたより少なかったが）、私は口笛を吹く。おいしい餌とうねりを利かせた口笛を結びつけ、そして私たちの存在が脅威でないこととも結びつけるよう、チメドリを訓練するのが目的だ。こうして数カ月かけて、私たちはチメドリの信頼を勝ちとり、近くで自然な行動を観察できるようになった。口笛を使った訓練もうまくいった。広大ななわばりで何時間もかけてチメドリの集団を探す必要がなくなり、口笛を吹いておいしいミールワームを与えるだけで、集団全体が私たちのところまで飛んできてくれるのだ！　私たちはまた、水をあげる代わりに携帯用のはかりに乗るようチメドリを訓練した。チメドリは、水筒の蓋から上等なワインでも飲むかのように水を飲んでくれる。その姿がおもしろい。鳥の体重を量ることで、鳥の長期的な体調の変化がわかり、健康な個体とそうでない個体を見分けることができる。

シロクロヤブチメドリに関する私たちの研究の目的は、この鳥の協力的な暮らしを調査し、結びつきの強い家族集団でどの個体が何をしているかを明らかにすることだった。しかし、まず解決しなければならない問題があった。それは、人間の目にはどの個体もそっくりに見えることだ。個体の行動を記録するためには、それぞれの個体を見分ける必要もある。私たちが使ったのはよくある手法だ。集団内の

すべての個体に色つきの足輪をつける。1羽につき四つの足輪を使うが、その色の組み合わせはそれぞれ固有だ。個体に固有のＩＤをつければ、行動の記録をとることができるほか、それぞれの個体にニックネームをつけて研究者のあいだで議論しやすくすることもできる。たとえば、集団で最も長くリーダーの座にいた雌の1羽は、右脚に白（ｗｈｉｔｅ）と赤（ｒｅｄ）の足輪、左脚に白（ｗｈｉｔｅ）と金属（ｍｅｔａｌ）の足輪をつけている。したがって、この雌のＩＤはＷＲ―ＷＭで、ニックネームは「ワンダー・ウーマン」とした。

プロジェクトを始めるとき、私たちは成鳥を1羽1羽つかまえて、足輪をつけなければならなかった。この手順で私たちとチメドリとの関係が損なわれ、私たちに対する不信感が再燃することは避けられない。時にはその不信感を二度と解消できないこともある。そんな事態を避けるため、集団内のすべての成鳥に足輪をつけたあとは、その集団の巣を定期的に観察し、成鳥を1羽1羽つかまえて足輪をつけるのではなく、まだ巣にいるひなに足輪をつけた。ひなに足輪をつけるようにすれば、成鳥の不信感を再燃させないようにすることができる。しかしその一方で、私たち自身の安全が大きな危険にさらされるという問題がある。シロクロヤブチメドリの巣にたどり着くためには通常、アカシアの木に立てかけた10メートルのはしごを登り、最後の段でつま先立ちになって、とげだらけの枝にある巣からひなを捕まえなければならない。そのとき、巣のなかを見られず、手探りでひなを捕まえなければならないことも多い。はしごから転落する危険は常にあるのだが、それに加え、巣に手を入れたときにひなではなく毒ヘビをつかんでしまう危険も同じぐらい大きい（特に、給餌しにくる成鳥が近くにいないときに私たちが巣に到着し、ひなが生きているかどうかがはっきりしない場合）。

仲間どうしで協力して見張りをする

私たちが怖がらせずにチメドリを観察できるようになると、チメドリが自分自身（そしてか弱いひな）を危険から守るためにどれだけの労力を注いでいるかが、すぐにわかってきた。正直に言うと当初、私はチメドリが捕食者に対して過度に警戒しているとの印象をもっていた。チメドリはよく、上空を飛ぶ飛行機や、私が双眼鏡を使ってもほとんど見えないほど遠く離れた猛禽類など、説明がつかないような脅威に対して甲高い声で警告する。しかしある日、集団内の1羽があっという間に捕食されるのを目の当たりにした。私がデータを集めていたのは「ソックス」と呼ばれる集団で、そこのつがいはヘルパーなしで2羽のひなをちゃんと巣立ちさせたことがあった。親鳥はおなかをすかせて鳴くひなたちに十分な食べ物を与えようと、懸命に採餌して忙しそうだった。チメドリも私もそれぞれ作業に気をとられていたため、キイロマングースが巣のある場所までまんまと登ってくるのに気づかなかった。マングースは突然、とげだらけの茂みから飛び出して、ひなの1羽を捕まえた。一瞬の出来事だった。

もっと大きな集団では、チメドリは交代で見張りをして捕食者に目を光らせている[3]。見張り役は木の枝や柵の柱といった高い場所に止まり、危険が迫っていないか周囲を見渡す。ちなみに、ミーアキャットも似たような行動をとるのだが、研究プロジェクトのボランティアは、ミーアキャットを頭の上に乗せた状態で自分が見張り役になって立っている写真を撮るのが通過儀礼になった。話を戻して、チメドリは見張りをしているとき、「コッコッ」という低い声で鳴く。それは、採餌している集団の仲間たち

に安全で何も心配がないことを知らせる「見張りの歌」だ。[4] しかし、危険を察知すると、見張り役は警戒の鳴き声を上げる。鳴き声は捕食者の種類によって異なる。それを聞くと、集団の仲間たちはすぐに逃げて安全を確保する。

仲間どうし協力して交代で見張りをしているからかもしれないが、チメドリは捕食者を見つけるのが私よりもはるかに早い。しかも、捕食者のなかには私にとっても避けなければならない動物がいる。だから、私は砂漠を1人で歩き回っているときよりも、チメドリといっしょにいるときのほうがはるかに安心だった。よく覚えている出来事が一つある。あれはうだるように暑い午後で、チメドリのなわばりで口笛を吹いても1羽も現れず、とぼとぼ歩き回っていたときだった。その数日前に、まとまった雨が降った。チメドリはふだんの食べ物がたくさんある時期にはいつも、ミールワームをもらえる口笛にあまり反応しなくなる。その日は暑いだけでなく、砂漠では珍しく蒸し蒸ししていた。強烈な日差しを浴びて、湿った砂が湯気を上げているようだった。私たちはこうした日を「ヘビっぽい天気」と呼んでいた。蒸し暑いと、ヘビが隠れ場所から出てきて、日中に狩りをしようと動き出すからだ。私は木ばかり見て、おなじみの白黒の鳥がいないか探していた。そのとき、足元の茂みでカサカサという小さな音がした。30センチも離れていないところにいたのは、ケープコブラだ。すでに鎌首をもたげ、頸部のフードを広げている。危害を加えられると警戒して、いつでも攻撃できる状態だ。ケープコブラを怒らせるとまずい。警戒心が強いうえに、猛毒をもつという、二つの危険な性質を併せもっているからだ。私は動きを止め、ゆっくりと後ずさりした。コブラは警戒を緩め、逃げていった。

チメドリは私よりもはるかに勇敢で、ヘビを見ると攻撃することが多い。ヘビのまわりに集まり、耳

障りな大きい鳴き声を上げて、なわばりからヘビを追い払おうとするのだ。マングースやフクロウといった、ほかの危険な天敵を見た場合も、同じように取り囲んで攻撃する。前述のヒトの場合と同じように、チメドリもまた仲間と協力することでうまく生きている。

親鳥による危機回避とひなの「ゆすり」戦法

チメドリは採餌中にも天敵に目を光らせる必要があるのだが、それよりはるかに危険なのは巣にいるときだ。チメドリの巣はたいてい、とげだらけの木の上につくられるものの、カップのように上が開放された構造をしているため、到達しにくいという特徴を除き、身を守れる特徴がほとんど見られない。巣のなかにいるひなが1羽残らず捕食されてしまうこともよくあった。とりわけ危険が大きかったのは夜中で、毎晩抱卵している最も優位の雌は卵とともに犠牲になる。こうした深刻な危険があるため、チメドリはひなの死を減らすために仲間の協力を得て行なう奥の手をいくつかもっている。この研究が私の博士論文のもとになった。ヘルパーの数が十分でない集団は、巣の防御と天敵の撃退に使える時間が少ない。そのため、小さい集団はかなり早い時期にひなに巣立ちを促す[5]。ひなはまだ成長の途中で、飛べないにもかかわらずだ。か弱い存在ではあるのだが、ひなは巣のなかにいるよりも外にいるほうが安全である。ひなを守りやすい大きな集団では、ひなに数日余分に貴重な時間を与えてから、巣立ちを促している。

チメドリが協力し合ってひなを守る方法のうち、もっと手の込んだ方法の一つが、給餌の際に単独で

はなく、つがいで巣を訪れることだ。[6] 当初はこの行動に困惑したのだが、やがて私たちは、これが天敵から巣を隠すための賢い方法であることに気づいた。その理由はこうだ。チメドリのひなは大部分の時間を、巣のなかでひっそりと隠れて過ごしている。しかし、親鳥が食べ物を持ち帰ってくるたびに、おなかをすかせた3羽のひなが巣から顔を出し、大きな声で鳴いて一口の食べ物をせがむ。このように鳴けば、給餌のたびに巣の位置を天敵にわざわざ知らせている可能性がある。「ここの巣にひながいますよ！」とみずから宣伝しているようなものだ。親鳥はひながうっかり自分たちの居場所を天敵に教える回数を増やすことなく給餌活動を維持していくために、巣に食べ物を持ち帰るタイミングを合わせるという巧みな手法を発見した。食べ物を見つけた片方の親鳥は木の枝に止まり、必要に応じて数分待ってから、もう片方の親鳥と合流し、いっしょに巣へ向かう。この協力によって、ひなが騒がしく鳴いて食べ物をせがむ（危険をはらんだ）1回の行動につき、二口分かそれ以上の食べ物を届けることができるのだ。

　ひなが巣立ちすると、さらに興味深い行動が見られる。チメドリの子は巣立ちしたあとも、数週間は食べ物を親に頼りきっている。ひなは巣にいるときにはほとんどの時間をじっと隠れて過ごし、親鳥が食べ物を持ち帰ってくると一気に活気づく。しかし、巣立ちしたあとの子は親の後ろについて地面を歩き、親が食べ物を探しているあいだ、大きな声でひっきりなしに鳴く。うんざりした親鳥を見ていると、同情を禁じ得ない。ときどき、いらいらを募らせたように見える親鳥が、うるさいひなの上に乗り、その頭を思いっきりつついて、黙らせることがある。博士課程の学生が率いた研究で、チメドリのひなはかなりずる賢く、天敵に襲われやすい自分の存在を利用して、もっと食べ物をくれるよう親鳥に強要す

ることがあることがわかった。おなかが満たされると、ひなは満足そうに、天敵に襲われにくい木の上に止まる。しかし、親鳥がなかなか食べ物をくれないと、ひなは地面に降りて身を危険にさらす。すると、親鳥はそうしないときより高い確率で食べ物をくれるのだ。こうした「ゆすり」戦法はイスラエルの著名な生物学者アモツ・ザハヴィ（ちなみに、彼はネゲヴ砂漠で別種のチメドリを研究した）によって最初に予測された。[7]ひなが天敵に最も狙われやすい地面に舞い降りてみずからの身を死の危険にさらす行動は、空腹であることの確かな合図であり、親鳥が観念して食べ物を与える確率を高める。

教示行動をする種

チメドリの援助行動のなかでも、私が特に興味をもつようになったのは教示行動だ。教示行動は、まさに人間らしい活動の一つであると私たちは考えている。一見わかりにくいかもしれないが、教示は協力の一形態である。教師はわざわざ手間をかけて、生徒が大切な技能や重要な知識を習得する手助けをする。学ぶ機会を提供するにしろ、積極的に指導したりフィードバックを与えたりするにしろ、他者が何かを学ぶ手助けをするという過程は、教室のように格式張った場所で見られるとは限らず、地球上のあらゆる社会や文化で見られる。教示行動は読み書き能力の習得などに使われるだけでなく、累積的な文化、言い換えれば、社会や技術が時間とともに複雑さを増していく傾向の出現においても重要な役割を果たしている。このように文化が蓄積されていく効果は、それぞれの世代がゼロから技術を発明し直し、重要な事実や知識を再発見するという行為を繰り返すのではなく、前世代の成果を重んじることが

できる場合にのみ得られる。実際のところ、教示行動はよく知られているように人間社会の進化にとってあまりにも重要で、２００６年以前には、ヒト独特の特徴であると考えられていた。地球上のほかの生物とヒトを分ける行動の一つであると。

しかし今は、そうではないことがわかっている。

事実、動物界において教示行動の例は枚挙にいとまがない。しかし、それは必ずしも私たちが想像するような場面に現れるわけではない。ヒトと似たような行動をとる生物を思い浮かべるとき、私たちは大型類人猿に目を向ける傾向がある。確かに、若いチンパンジーは新しい技能やこつ（石器を使って硬い木の実を割る方法など）を母親から学ぶのはうまいのだが、母親の側で積極的に教えていることを示す具体的な証拠はないのが現状だ。

なぜ証拠がないかを理解するためには、教示行動とは何か、そして教示行動の目的は何かをもっと広い視点で考える必要がある。教示行動とは援助行動の特殊な形だ。あらゆる種類の援助行動と同じく、誰かに何かを教える行動には代償が伴う。教示行動はその労力の利益が代償を上回る場合に進化で残っていく可能性が最も高い。チンパンジーの場合、教示行動の明確な事例がないのは、おそらく単にそれが理にかなっていないからだろう。若いチンパンジーは社会生活を通してたくさんのことを学ぶ[8]。観察したり、実際に自分でやってみたりしながら学習し、他者から積極的に指導を受ける必要はないようだ。石を使って木の実を割る技術や、棒を使ってシロアリを巣から釣り上げる技術（どちらもチンパンジーの教示行動の例として提唱されてきた）は、試行錯誤を通じて自主的に獲得することができ、ときどき技術の使い方を誤っても若いチンパンジーに危険が及ぶことはほとんどない。教示行動によって生じう

る利益にも疑問の余地がある。木の実もシロアリも、チンパンジーの食生活のなかで占める割合はそれほど大きくない。チンパンジーがふだん食べているのは果実と葉であり、それらを食べるために特殊な技能は不要だ。母親が労力を注いで教える代償が、子の生存や繁殖の成功率を高めるという明確な形で報われるとは考えにくい。

教示行動をこのような視点で考えてみると、自然界で最も説得力のある例がヒトに最も近い現生の種には見られず、教示行動の代償に対する利益の比率が最も高い種に見られる理由を理解しやすくなる。初期のヒトは、チンパンジーのように果実や葉といった手に入れやすい食物から一日のカロリーの大部分を摂取するのではなく、もっと複雑な技術を用いて、簡単には手に入れられない食物（地中に埋まった塊茎類、硬い殻に入った木の実など）や狩猟に頼っていた。こうした複雑な採餌技術は、学習するために多くの時間や能力を要し、観察だけでは簡単に習得できない。習得が難しい採餌技術が生存に欠かせないという条件が、ヒトとほかの大型類人猿の重要な相違点であるとも考えられる。ヒトが技術や知識を熱心に教えるのに、近縁の類人猿はそうではない理由は、この条件から説明できるかもしれない。

実際、ヒトだけが教示行動をとる特別な存在だといううぬぼれを打ち砕いた最初の種は、霊長類でも、哺乳類でも、鳥類でもない。それはアリだった。

知識を教え合うアリとミーアキャット

２００６年、ナイジェル・フランクス教授の研究チームが科学界を驚かせる発見をした。ムネボソ

アリ属のアリが、食物のありかや新しい巣の場所への最短ルートを互いに教え合うというのだ[10]。アリはほかのアリを運ぶことができるから、知識のある個体が何も知らない個体を目的地まで運ぶほうがはるかに速い。しかし、そうすると、運ばれているほうのアリは道順を覚えることができない（後ろ向きに運ばれているため）。道順を覚えるためには、目的地まで自分で歩き、その途中で小さな周回を繰り返しながらさまざまな目印の位置を記憶しなければならない。先頭を歩くアリが教師役となり、教えられるほうのアリを待ちながら、ゆっくり進む。教えられるほうのアリは途中で何度もルートを外れながらも、目的地にたどり着く。いったんルートを覚えたら、今度は教えられたアリが教師役を務めることができる。

今では、ほかにもいくつかの種で説得力のある教示行動の事例が確認されているが、そこで目を引くのは、ヒト以外の霊長類の事例がまったくないことだ[11]。アリに続いて見つかった二つ目の事例は、ミーアキャットのものだ。ミーアキャットはマングース科の一種で、きわめて協力的な性質をもち、シロクロヤブチメドリと同様、カラハリ砂漠で拡大家族の集団として暮らしている。協力的繁殖を行なう多くの種と同じく、繁殖活動は主に優位にあるつがいだけが担い、下位にいるヘルパーの援助を受ける。その援助の一つが教示行動だ。ミーアキャットのヘルパーは、サソリなどの危険な獲物の扱い方を子に教える。その際、まだ生きているが攻撃能力を失った獲物を子に与えて練習させる。うまく扱えば、サソリは良質な食べ物になる。しかし、扱い方を間違えると、命にかかわることがある。その毒針には、人間でさえも死んでしまうほどの猛毒が含まれているからだ。子がサソリの扱い方を練習できる機会は少なく、危険が伴う。どうすべきかを学ぶためには、誰かに教えてもらわなければならない。

ミーアキャットはまさにそれを行なっている。まだ幼い子は、仕留めたばかりの獲物を与えられ、技能がなくても食べることができる。しかし、子が成長すると、ヘルパーは難易度を上げ始める。動けなくなったヤモリや、尾を切断したサソリなどだ。最終的に、ヘルパーは無傷の生きた獲物を子に与える。こうしたミーアキャットのレッスンは、子が危険をはらんだ活発な獲物の扱い方を比較的安全に練習できる機会となるが、その実施には代償が伴う。生きた獲物を子に与えるまでに時間がかかるうえ、獲物を逃してしまう可能性が高くなるからだ。ヘルパーの目標が子にできるだけ多くの獲物を食べさせるだけならば、死んだ獲物を与えるほうが効率的だろう。子が狩りの能力を磨く機会を与えられるという利益が、代償を上回るのだ。

どうやって子に教えるのか

教示行動は、教えられる側にまったく知識がない場合にのみ価値がある。自分がやっていることをよくわかっている者に労力をかけて教える意味はないからだ。それでは、教える側は教えられる側がもっている能力や知識をどのように推定するのだろうか。人間の場合、教示行動では言語および他者の心を類推する能力を利用して、教えられる側の能力や知識を知ることが多い。こうした能力は「心の理論」に分類される認知機構の一部である。長いあいだ、動物の場合も教える側にこうした認知能力が必要であるとの想定があったために、ヒト以外の生物で教示行動の事例を探る研究が進まなかった。これまで紹介してきた事例のなかには、認知能力を備えた種や、特別に頭がよいと見なされている種のものは一

つもない。ミーアキャットの研究者であるアレックス・ソーントンとケイティ・マコーリフが巧みに指摘しているように、ミーアキャットのヘルパーはきわめて単純な発見を利用して、子に与えるレッスンを組み立てている。[12] 子の能力をいちいち把握するのではなく、単に子の年齢に合わせてレッスンの難易度を調整しているのだ。ヘルパーは子の年齢を推定する際に、食べ物をねだる鳴き声が年齢とともに変わるという特徴を利用している。これを実証するため、ソーントンとマコーリフは食べ物をねだる子の鳴き声をスピーカーで再生する実験を行なった。ミーアキャットはじつはだまされやすい動物なのか、ヘルパーはしばしば鳴き声を流しているスピーカーの前に駆けつけて、食べ物を置くことが多かった。年長の子の鳴き声を聞いた個体は、あまり傷ついていないサソリをもってくる傾向にあったが、年少の子の声を聞いた個体は死んだサソリや毒針を取り除いたサソリをもってくることが多かった。これで、ミーアキャットが教示行動をとることは確かだが、そのやり方は人間とは明らかに違っていることがわかった。もっと広い目で見ると、生態系においてそれが有利ならば、多くの種はヒトと同じ行動に行き着くことを、私たちは発見した。ただし、その行動に至る認知経路はまったく異なる。

　ほかの事例からは、説得力のある事例を探す際に教示行動の有用性を考慮することの重要性が浮かび上がる。チーターはおそらく、ミーアキャットとほぼ同じ方法で子に教える。これは、おとなのチーターが狩りに成功できるようになるための条件が厳しいことと、獲物を仕留める際のリスクの高さを考えると納得がいく。ヌーやガゼルの蹴りをまともに受ければ、重傷を負うかもしれないし、命を落とすおそれもある。群れで狩りをするライオンとは異なり、チーターは単独で行動するのがふつうで、他者が仕留めた獲物をあさることはない。食べたいときには、狩りをしなければならない。加えて、チーター

はそれほど大型でも強靱でもなく、力任せに獲物を仕留めることはできない。チーターは獲物の頸部にかみつくと、そのまま獲物が窒息するまで必死にしがみつく。時には10分あるいは20分もそうしていることがある。これほど正確な技術を要する狩りの技術を習得するには練習が必要だ。このためチーターは、ミーアキャットと同様、母親が子に学ぶ機会を与える。半殺しの獲物を子に差し出すのだ。猫を飼っている読者なら、不本意ながら似たようなレッスンを受けた経験があるかもしれない。愛猫が半殺しのネズミをキッチンにもってきて放すのも、おそらくこうした教示行動の表れだろう。

チメドリの教示行動

チメドリを研究していた頃、教示行動は私が最初に観察した行動の一つだった。[13] ただし、当時はそれに気づいていなかった。そのとき私は人間の存在に慣らしたばかりの集団の巣で、給餌行動を観察して、どの個体がどれくらいの量の食べ物をひなに与えているかを記録していた。ひなが生後11日前後になった頃、成鳥がゴロゴロと喉を鳴らすような声を上げることに気づき始めた。その数日後に再び巣を訪れると、ひなは成鳥がゴロゴロという声を出すとすぐに激しく反応するようになっていた。成鳥が同じ木の低い枝にいて、ひなから見えないときにもだ。このとき初めて私は、ひながゴロゴロという声と食べ物をもった成鳥の到着を結びつけるように学んだ可能性を示す手がかりを得た。それが正しければ、これは鳥類で初めての教示行動の事例となる可能性があった。しかも、成鳥はひなが自分の鳴き声と給餌を条件反射で結びつけるようにしたということになる！

とはいえ当然ながら、除外しなければならないほかのシナリオは複数あった。まず思いつくのは、ゴロゴロという鳴き声に対するひなの反応は学んだものではなく、単に成長の決まった段階で出現した特徴であるという説明だ。ひなが何も学んでいなければ、これは教示行動には当たらない。これは実験してみると面白いのではないか。そう考えた私は、私自身がひなに教える実験をいくつか行なってみた。私の仮説はこうだ。ひなが鳴き声に反応することを学んだのだとすれば、追加のレッスンをすることで習得が早くなるはずである。仮説が間違いで、鳴き声への反応が成長の決まった段階で出現するものだとすれば、私がどれだけレッスンを追加しても状況は変わらないだろう。

　実験を始めるに当たり、私はまず成鳥のゴロゴロという鳴き声を録音した。これを、ほうきの柄の先にセロハンテープで貼りつけた小さなスピーカーを通じて、ひなに聞かせるのだ（なんてハイテクなんだろう！）。これで、巣とだいたい同じ高さで鳴き声を再生できる。レッスンは、給餌のたびにゴロゴロという鳴き声をひなに聞かせる形で行なう。実験対象として6つの巣を決めた。私は鳴き声を聞かせるレッスンを成鳥よりも早く、生後9日から11日にかけて行なった。対照群として使う6つの巣でも手順はほとんど同じだが、鳴き声は給餌のときに聞かせるのではなく、ランダムに聞かせた。ひなたちが11日目に鳴き声の録音に対してどんな反応を見せるかが、今回の実験の目玉だ。私は「追加のレッスン」を受けた集団のひなが、巣から食べ物をせがむ反応を見せると予想した。一方、対照群のひなは鳴き声と給餌を結びつけるように学んでいないため、鳴き声の録音に対して反応しないと予想した。実験の結果は、私の予想どおりだった。これはチメドリのひなが鳴き声と給餌を結びつけるように学んだことを示唆している。そして、それを教えたのは成鳥だ。

とはいえ、チメドリの事例はちょっと不思議だ。ミーアキャットやチーターの場合、獲物の扱い方を学ぶことは生存に欠かせない能力だから、レッスンの価値ははっきりしている。しかし、チメドリのひなが成鳥の鳴き声と食べ物の到着を結びつけるように学ぶことの利点は、ミーアキャットやチーターの事例よりもはるかに不明瞭だ。私はその後、このレッスンが巧妙な策略であり、成鳥が子をだますために使われていることを発見した。前に説明したように、成鳥はひなに巣から飛び降りるよう促さなければならず、小規模な集団では大規模な集団よりも数日早くひなに巣立ちを促す。このとき問題になるのは、ひなが巣を離れたがらないということだ。そこで成鳥は、ひなが食べ物の到着と結びつけるように教えられたゴロゴロという鳴き声を利用する。成鳥はひなに巣立ちを促すために、巣から少し離れた場所に止まって、あのゴロゴロという鳴き声を出す。このときは、食べ物をもっているわけではないが、ひなはそれを知らない。ごちそうをもってきたことを知らせる成鳥の声を聞いて、ひなは巣の端まで登り、やがて思いきって飛び降りる（ひなは巣立ちのときはまだ飛べないので、かなりの高さから落下することになる）。ひなが巣から出たあとも、成鳥は引き続きこの「悪意のない嘘」を使って、ひなを自分に従わせ、夜のねぐらとなる木に連れていったり、天敵から遠ざけたりする。[14] このように、教示行動もまた、チメドリが天敵に囲まれた環境で生存し、子を守るためのさまざまな適応の一つであることがわかった。

苦労した研究が明らかにしたこと

こうした研究は苦労の連続で、何時間もとぼとぼ歩き回らなければならないし、観察するのはたいていつまらない行動で、忍耐力を要する。しかし、この惑星にすむほかの生物について詳しく知ろうと思ったら、知るために時間を費やさなければならない。もし宇宙人が人類の行動研究の一環として、野外調査をしている私の過去数時間を観察していたとすれば、人類は自分の子どもをほとんど無視して光る画面を熱心に見つめる、動きの少ない生物であると結論づけるかもしれない。人類の行動の豊かさを本当に理解するためには、宇宙人はもっと時間をかけて、さまざまな時間帯や状況で私を観察する必要がある。[*]これは、私たちがほかの動物の社会生活についてもっと多くのことを発見したいときにも同じだ。そうしないと、不自然に単純な見方をしてしまうおそれがある。

　動物の行動に関して評価の高い長期研究はいくつかあるから、私たちはシロクロヤブチメドリやミーアキャット、ヒヒ（さらに多くのほかの興味深い種）の協力行動についてたくさんの知識をもっていることになる。この知識は貴重だ。私たちとほかの社会性生物にどれだけ多くの共通点があるかを知ることができるし、協力の形態や複雑性が驚くほど多様であることを浮き彫りにしてくれるからである。チメドリの事例が示すように、協力にはさまざまな行動を伴うことが多い。天敵に目を光らす、巣を守る、子に食物と知識や能力を与えるといった行動だ。しかし、協力行動には異なる自分になる事例もある。自分自身を恒久的かつ不可逆的に改変して、もっと優れたヘルパーになるのだ。これについては次の章

で見ていこう。

＊よく考えてみると、宇宙人による観察というのは、それほどあり得ない話ではないかもしれない。

第 8 章

長生きの理由

海賊《かいぞく》の中には、並《なみ》はずれた残忍《ざんにん》性や豪勇《ごうゆう》によって不死を手に入れる者もいるし、とんでもない金を積んでそれを手にする者もいる。だが、この船長は以前から、基本的に、死ぬのを逃《のが》れれば不死になれるのではないかと思っていたのだ。

——テリー・プラチェット『ディスクワールド騒動記1』（1983年）[1]

役割分担をする生物

家族や集団で暮らす日々というのは、てんやわんやになるもので、やらなければならない仕事がたくさんある。たとえば、働きアリは攻撃者から巣を守ったり、地下の菌類農場を手入れしたり、天敵に食べられそうになった仲間を助けたりといった日々を過ごしている。ミーアキャットのヘルパーは天敵が

来ないか見張りをしたり、巣で生まれたばかりの子の世話をしたりするほか、子に与えるミルクを出すことさえある。社会性生物はたいていなわばりのなかで暮らしているから、集団のなわばりを他者に侵害されないように防御することも集団生活の一部だ。

やるべきことがたくさんある場合、それぞれの個体が特定の活動に特化するほうが効率がよくなることがある。役割の特化はスケールメリットにつながりうる。それこそがファストフード店の速さの秘訣だ。マクドナルドの店員が何から何まで自分でやろうとして走り回っている姿は見ない。大きなタスクが、いくつかの専門的な役割に小さく分けられている。レジの担当者、注文をまとめる者、フライドポテトを揚げる担当、バーガーの調理担当のほか、店内の片付け担当や床掃除を担当するスタッフもいる。こうした分業は工場の組み立てラインの設計にも生かされている。工場で働くすべての従業員があらゆる作業をやるのではなく、小さな作業に特化したほうが効率はよくなるのだ。

社会性生物でもしばしば、これと同じように仕事の負担が集団のメンバーのあいだで分担される。[2]どんな集団にも勤勉なヘルパーもいれば、怠け者のメンバーもいるし、いくつかの種ではワーカーの仕事は生涯の時期によって変わる。ミツバチの場合、巣のなかの安全な仕事はコロニーの若いメンバーが担当し、巣の外で蜜を探す危険の大きい仕事は年長の働きバチが担う。コロニー全体を考えると、生涯を終えようとしている年老いたハチをなくしてもそれほど大きな損失にはならないが、若いハチはこの先長くコロニーに貢献していくだろうから、1匹でも失えば年長のハチよりも大きな損失となる。

こうした年齢にもとづいた役割分担は協力的な社会によく見られるものの、生涯を通して一つの役割だけに特化したワーカーが観察されることはあまりない。その理由は、例外的な事例を詳しく調べるこ

とによってわかる。議論の出発点として格好の事例は、アリ、シロアリ、無性生殖のアブラムシといった最も社会性の高い（真社会性の）昆虫に見られる。たとえば、アリのなかには、みずから爆発するという役割だけをもった働きアリが存在する種がある。それは自爆アリの一種（*Colobopsis explodens*）で、働きアリの役割は高度に専門化されていて、自爆する個体はコロニーの働きアリのなかでも一部しかいない。コロニーが攻撃されると、自爆する個体は腹部を破裂させて、攻撃者に黄色い有毒の液体を浴びせる。シロアリのなかにも似たような性質をもつ種があり、そのワーカーは頭部から突き出たノズルのような器官から不快な液体を敵に浴びせることができる。一方、ミツツボアリの働きアリは「生きた食料庫」になる。体内にためた蜜で腹部が膨れ上がり、動けなくなるのだ。腹部をそっとなでられると、ためた蜜を分泌して仲間に与える。さらに、近年の研究で、ある種のアブラムシのなかに「ばんそうこう」のような役割をする個体がいることが明らかになった。みずからが爆発することによって、巣の壁にできた割れ目をふさぐのだ。私たちの体の細胞が、かさぶたをつくって傷をふさぐようなものである。

　これまで見てきたように、アリのコロニーは多細胞生物にたとえることができる。働きアリの分業もまた、アリが体内の細胞のごとく振る舞うように思わせる特徴だ。働きアリの役割は生涯変わることがない。あなたの心臓の細胞が心変わりして肝臓の細胞になることがないように、アリはいったん自爆する役割や、生きた蜜壺の役割を担うと、その役割を変えることはできない。実際、こうした極端かつ不可逆的な役割がはっきりと見られるのは、極度に社会化された昆虫だけだ。それは、このような昆虫の社会が、個体の集団というよりも超個体として機能しているからである。[3]

　社会性生物の活動のなかで、集団内の個体のあいだでよく分担される種類のものがある。それは繁殖

だ。協力的繁殖を行なう多くの種と同じく、カラハリ砂漠のチメドリとミーアキャットは繁殖するつがいがそれぞれの集団に一組しかいないことが多い。しかし、ヘルパーは繁殖を完全に断念しているわけではなく、ただ遅らせているだけだ。つがいに従属するチメドリやミーアキャットは、繁殖に必要な生理機構をすべて備えている。しかし、優位にあるつがいの行動や、家族でない交尾相手に出合う機会がないという理由によって、繁殖を妨げられているのだ。このため、ヘルパーは有望な生殖者候補と考えることができる。別の道を歩む可能性を残し、待望のつがいの地位を得られる日まで待っている個体だ。

しかし、さらに極端な事例がある。ヘルパーになるか繁殖できるようになるかが出生時に決まり、その後、まったく異なる発達の軌跡を歩むケースだ。そうした事例では、王座を受け継ぐように運命づけられた個体は、主要な生殖者としての重要な仕事に特化した体をもつようになる。たとえば、社会性シロアリの一種（*Macrotermes bellicosus*）の女王は異様に体が大きく、自分に仕えるきゃしゃな働きアリの30倍以上の大きさがある。ミツバチの女王は働きバチの2倍ほどまで成長し、その大きな体で1日1500個を超す卵を産む。体があまりにも大きいために巣のなかから出られず、飛ぶことができない。巣分かれの準備が始まると、働きバチは女王バチに運動と食事制限（与える食物の量を減らし、つついたり押したりして巣のなかを歩かせる）をやらせ、飛べるようになるまで減量させる。

チメドリやミーアキャットの集団の有望な生殖者候補とは異なり、シロアリやアリの社会にいる働きアリはまったく生殖能力がない。適した状況になったとしても、子を産めないのだ。仮に私たちが現代の「宦官《かんがん》」として生きていく定めとなり、選ばれし特別な者の運命を前進させるだけの目的しかなくなったら怒るだろうし、怒りだけでは収まらないかもしれない。とはいえ、なかにはこうした奇妙な生き

方を取り入れた種がいるし、実際のところヒトもその一種だ。私たちの社会には、生殖能力のない者を示す特別な名称さえある。それは「おばあさん」である。

ヒトの女性が閉経するのはなぜか

私は自分の子どもをもった頃から、両親が会いたい人の順序で私自身の順位が数段下がったのに気づいた。新しいポップスターが大ヒットを放ったかのように、孫が両親の「会いたい人チャート」のトップに躍り出たのだ。祖母や祖父の役割を果たすというのはやりがいのある経験であるかもしれないが、進化の観点で考えると祖父母の存在というのは謎めいている。なぜヒトの女性は、死ぬずいぶん前に生殖能力を失ってしまうのだろうか。

生殖能力を失ったあとの期間がこれほど長い種は、地球上にヒト以外にはほとんどいない[4]。ほかの霊長類も含め、ほとんどの種ではぽっくり死ぬまで繁殖を続ける（あるいは続けようとする）。だが、ヒトは違う。ほかの大型類人猿とは異なり、ヒトの母親とその娘の生殖可能な期間が重なることはほとんどなく、娘が子づくりできるようになる頃には、母親は生理上の大きな変化を経験する。それが閉経だ。閉経は老年期に差しかかりつつあることを意味するから、嘆き悲しむ人もいるだろう。老いぼれて死んだも同然になったと感じる人もいるかもしれないが、ここで別の見方を紹介したい。閉経は女性の生涯において特定の役割を果たす重要な転換点だ。このとき女性は繁殖上の役割を変え、生殖者からヘルパーになる。

閉経期は単に、近年の医療やライフスタイルの向上によって寿命が延びたために生まれたわけではない。すべてとは言わないが、ほとんどの社会で、閉経は50歳前後で起き、繁殖終了後の長い人生を伴う。それは最先端のテクノロジーや現代医学とは縁がない人々でも同じで、現代の狩猟採集民のほか、18世紀のトリニダード島にすんでいたプランテーションの奴隷など、歴史的に死亡率の高い集団にも当てはまる。閉経年齢は遺伝する性質もあり、工業化社会で出産の年齢を遅らせる女性が増えるなか、閉経の時期も遅くなっているようだ[*]。

その根底にある生理機能を詳しく見ていくと、閉経は通常の老化プロセスの一部であるとは単純に言えないことがわかる。人間の女性は２００万個前後の卵胞を生まれつき備え、そのそれぞれが卵子を生成することができる[5]。その数は年を重ねるうちに減り、平均的な女性の場合、20歳になる頃には卵胞の残りは10万個前後となり、35歳までにおよそ5万個まで減る。その先の数を推定すると、この減少率であっても、平均的な女性は60代、ひょっとしたら70代になっても生殖し続けることができるはずだ。しかし、女性が38歳前後になると、奇妙なことが起きる。卵胞の数が一気に減り、減少率がそれまでより大幅に高くなるのだ。そのため、50歳前後になると、女性の卵胞の数は通常の月経周期に必要な最小値を下回る。

＊閉経年齢はＢＭＩや喫煙といった環境的な要因にも影響される。興味深いことに、頻繁な性行為は閉経の遅れと関連があるという証拠が最近見つかった[6]。これは、妊娠する可能性がないと体が「判断」すると、閉経が早まる可能性があることを示唆している。

以上の説明で閉経に至る過程はよくわかるが、なぜそうなるかはわからない。なぜ女性の生殖能力は一定の割合で落ちていくのではなく、30代後半になると一気に低下するのだろうか。そしてなぜ、女性は生殖能力を失って、繁殖という点では行き詰まったような状態になっても生き続けるのだろうか。

姑と嫁の闘い

こうした問いに答えるためには、進化の視点で考える必要がある。進化のレンズを通して見ると、閉経は長年にわたっておばあさん（姑）と義理の娘（嫁）のあいだで繰り広げられてきた進化上の闘いの結果であることがわかってくる。哀れな姑というのは、学校の男子生徒が言ういくつものジョークでネタにされているが、誰かが言ったように、ジョークは笑顔に包まれた真実なのだ。

科学的にはっきり解明されているわけではないのだが、人類の祖先の拡散は女性に偏っていたと考えてもよい十分な根拠がある[7]。言い換えると、生殖可能な年齢の女性はみずからが移動して「夫」（ここではおおざっぱに男性の繁殖パートナーという意味で使っている）とその家族といっしょにすむ傾向にあり、その逆の事例は少なかったということだ。女性に偏った拡散がもたらした重大な影響の一つは、若いほうの女性（妻）が順調に子育てしていくために必要な限られたリソースをめぐり、姑と潜在的に競争しているという点だ。この競争の影響を把握するために、工業化以前の人間を記録した過去のデータ群を利用することができる。フィンランドでは、ルター派教会が１７００年代から１９５０年代までの婚姻と出生、死亡に関する詳しい記録をとっていた。もともとは税務目的の記録だったが、今では、

過去の人間の集団に淘汰がどのように働いたかを推定するうえで大いに役立つデータとなっている。当時は避妊ピルや現代医療がまだなかったため、適応度の推定はそれほど複雑にはならない。このデータが示すのは、姑が嫁とともに子どもを産んだ場合、すべての子どもが痛手をこうむるということだ[8]。その代償は大きい。女性どうしで生殖の競争がある場合、子どもが15歳まで生きる確率は半分未満になる。とはいえ、嫁と姑の両方が子どもを産む事例は極端に少なく、５００人余りの姑のうち、嫁と同時期に生殖能力をもっていた姑は30人ほどにすぎない。ほとんどの場合、利他主義のような事例が見られる。年長の女性が繁殖上の闘いで年少の女性に譲歩しているのだ。しかしなぜ、姑は自分自身の繁殖期間を短縮して、嫁に自由に子どもを産ませることから恩恵を得られるのだろうか。

この謎を解き明かすには、嫁と姑がお互いの子どもとどのような関係にあるかを考えるのがよい。姑は自分の息子の妻が産んだすべての子どもに強い遺伝的な興味をもっている（それが間違いなく息子の子どもである限り）[＊]。一方、嫁のほうには、姑が産んだ子どもに遺伝的な興味はまったくない。これは「血縁度の非対称性」として知られるもので、姑の影響力を弱める。姑は自分の孫に害を及ぼすのだとしたら、子づくりを思いとどまる。しかし、その逆はない。嫁の遺伝子は、姑やその子どもの遺伝子に及ぼすかもしれない代償について気にすることはないのだ。こうした血縁度の非対称性が存在するため

＊フィンランドでは一夫一妻制の婚姻が厳格に守られ、不倫は厳しく罰せられていたことから、フィンランドのデータ群では息子の子どもと考えて間違いないだろう。世界全体で、実の父親が異なる事例は中央値で1～2％ほどと推定されている。フィンランドのデータ群もおそらく同程度だろう。

に、姑は繁殖をめぐるあらゆる闘いで譲歩する傾向にある。その譲歩は孫という形で報われる。生理機能の変化によっていったん不妊になってしまうと、姑はその状況を最大限に利用して孫の子育てを手伝う。姑が子育てに与える恩恵は十分に立証されており、生殖能力を失ったあとの期間を延ばすのに必要な淘汰圧となりうる。進化という戦場の廃墟から、姑は見事によみがえったのだ。

生年月日、死亡日、婚姻の日付しか手に入らない場合、祖母が孫の子育てにどのようにかかわっていたかを正確に推定するのはきわめて難しい。昔の祖母はおそらく知識の宝庫の役割を果たし、授乳の仕方から子どもの病気への対処まで、あらゆることに関する貴重な情報を与えていただろう。一部の文化では、祖母が孫に授乳する。自分の子どもへの授乳がはるか前に終わっていても、孫に与える母乳を出すことができるのだ。祖母は育児の追加要員としての役割もあり、扶養しなければならない子どもの世話を手伝うことができる。それによって、母親は子どもの生存に寄与するほかの仕事（食物の採集、賃金労働など）を行なうことができる。

「祖母」に関する意外な発見

こうしたデータから浮かび上がるもう一つの大まかな傾向は、すべての祖母が平等なわけではないことだ。過去と現代の26の自然出生力集団に関するデータから、孫の生存に最も大きな影響を与えるのは、父方ではなく、母方の祖母であることがわかった。[9] これはちょっと困惑する結果だ。女性は夫の世帯で子どもを産むことが多いから、父方の祖母のほうが育児に力を入れそうに思うかもしれない。この進化

上の謎に対する答えもまた、教会がもっているデータベースから得られる。それはカナダの教会のもので、17世紀と18世紀におけるケベック州とその周辺に入植したフランス人の生涯が記録されている。このデータから、娘が家を出て子どもを産んだとしても、母方の祖母は娘の嫁ぎ先がそれほど遠くにない限り、育児を手伝えることがわかった。祖母と娘の距離が遠くなるほど、娘の子どもの生存率は下がる。これはおそらく、母方の祖母が遠方にいて育児をあまり手伝えないからだろう。したがって、全体的な傾向としては、嫁と姑の争いから閉経の進化を説明することができるが、閉経後の女性は自分と血縁があることが最も確実な孫に労力を注ぐ。息子の子どもよりも娘の子どもの世話に力を入れるのだ。

なぜ死ななければならないのか

ここで疑問に思うのは、女性の閉経後の余命が孫に恩恵を与えることによって延びるのならば、なぜ祖母の寿命はもっと長くならないのか、ということだ。そもそも、女性はなぜ死ななければならないのだろうか。この疑問に答える前に、ヒトは年をとって老い衰えるから死ぬという直感的に思い浮かびそうな説明を払いのけることが重要だ。老化は生物学的に避けられないというだけのものではない。自然淘汰の力に支配されたものなのだ。寿命を少し長くし、老化に伴う病気にならないことに十分な適応上の利点があれば、おそらく健康な生涯を送れる期間が延びるだろう。老化は進化が私たちに未来を見いだせなくなったときに起きる。そうなると、淘汰は細胞分裂などの基本的な生理機能の維持と管理に力を入れなくなる。誰も読むことのない文書の校正をしても意味がないのと同じだ。

そうであれば、祖母が永遠に生き続けないのはなぜなのか。[10] 同じフィンランドのデータ群を分析した最近の研究で、祖母は孫の最初の数年しか（進化上の意味で）役に立たないことがわかった。祖母が育児を手伝えると期待できる孫の大半は、彼女が75歳前後になるまでに産まれる。それ以降、祖母は孫の生存に役立たないどころか、生存にとって不利な存在になる。祖母といっしょに暮らしている子どもは、そうでない子どもよりも成人になるまで生き残る確率が低くなるということだ。こうした悪影響は寿命の延長を選択する淘汰圧を打ち消す役割を果たす。その結果、祖母はそれ以上生きるのではなく、死ぬ淘汰が働く。

祖父の役割

ここまで読んで、男性についてはどうだろうと思う読者もいるかもしれない。男性はテストステロンの濃度が年齢に応じて減少し、年をとると女性の繁殖相手を引きつけにくくなるという証拠がある。しかし、男性は女性のようにはっきりと生殖能力を失うわけではない。それではなぜ、祖父は生殖能力を維持しているのに、祖母は失うのだろうか。祖父は孫の生存においてどのような役割を果たしているのか。これはいま注目されつつある研究分野で、研究者のあいだで一致した見解はまだない。全体的な傾向としては、孫の長期的な生存に関し、祖父の存在は平均して祖母の存在ほど決定的な影響を及ぼしているわけではない（ただし、この傾向とは異なる事例を報告している研究もいくつかある）。今のところこの傾向が正しいとすれば、男性の寿命が延びているという事実をどう説明すればよいか悩ましく思

えてくる。一夫一妻制の社会では、男性の子づくりは妻が閉経した時点で終わるはずだ。祖父が孫の生存にそれほど重要な役割を果たしていないのだとすれば、なぜ男性は長生きできるのだろうか。

一つの可能性としては、男性は妻が閉経したとしても引き続き新しい繁殖パートナーを見つけられるから長生きできると考えられる[11]。フィンランドのデータでは、離婚は許されていなかったものの、配偶者が亡くなった場合に再婚することができた。妻を亡くした男性は、夫を亡くした女性と比べて再婚するケースが3倍も多く、再婚相手は決まってはるかに若かった。再婚した男性の9割以上がその後、新たに子どもをもうけた。再婚した女性とは異なる傾向だ。複数の文化を対象にした研究ではまた、少なくとも一部の社会では、男性は晩年や最晩年に入ったとしても、繁殖上の価値がそこそこ高いままとどまることも示唆された。とりわけ、男性が一生のうちに富を蓄えられる社会（トゥルカナ族やチマネ族といった牧畜や小規模な農耕を行なう民族の社会）ではそうだ。こうした社会では、男性は60代、さらには70代になっても若い妻を引き寄せ、引き続き子どもをもうけることができる。男性は繁殖にかかわる代償が比較的小さく、晩年に子どもをもうけることで適応的な利益を増やし続けられるという事実から、男性が生理上の「更年期」を経験することなく長生きする理由を説明できるかもしれない。

並外れて長生きな社会性生物

以上のように、ヒトの社会生活は私たちの生理機能だけでなく、寿命も決定づけてきた。社会性が最も高い種のなかには、自然淘汰が老化の時計をぴたりと止めたかのように思えるものがいる。社会性の

シロアリとアリのコロニーの女王は、毎日数百個から数千個の卵を産んでいても、10年以上生きることがふつうだ。働きアリより１００倍ほども長く生きる。これを人間に当てはめると、ふつうの人が70歳まで生きるとすれば、女王は７０００歳まで生き続けるということになる。

社会性のデバネズミもまた、並外れて長生きするように見える生き物だ。[12] デバネズミは誰が見ても奇妙な見かけをしている。目が細い小さな生き物で、唇を閉じていても、黄色くて鋭い２本の切歯が外に飛び出している。デバネズミのなかでもダマラランドデバネズミは多少の毛皮をまとっているので少しは魅力的に見えるのだが、近縁のハダカデバネズミはヒトのペニスに歯をつけたような見かけで、２０１７年にはカナダ児童保護センターという団体が、10代の少年が自分の性器の写真をほかの人に送るのをやめさせようと、代わりにこれらの「血管が浮き出た長くて太い」動物の写真を送るように呼びかけたことがあるほどだ。ハダカデバネズミを初めて捕まえた人物はその見かけにあまりにも驚き、病気になった別の種の個体を捕まえてしまったに違いないと結論づけた。この誤解が解けたのは、それから13年後のことだった。

見かけは奇妙でも、デバネズミは地球上で最も魅力にあふれ、よく研究されてきた動物の一つだ。私自身も短いあいだだったが研究したことがある。ただ、そのコロニーを飼育するための巨大なアクリル製の設備を収められるほど大きなスペースがなく、正直に言うとデバネズミを扱う能力が足りなくて少し怖かったために、その研究は途中で中止になった。自分の指を失うことなく１匹つかむには、尻尾を手早くつまみ上げなければならないのだが、尻尾は尾部から長さ数ミリしか突き出ていないのだ。デバネズミは視力は弱くても、空気の動き（たとえば、手を近づけるときに生じる空気の動き）を感知する

能力が驚くほど高いうえ、首を極端な角度で後ろに曲げて、空中の敵にかみつくことができる。

　私よりも勇敢な研究者たちは、デバネズミのなかでも社会性がきわめて高い2種（ダマラランドデバネズミとハダカデバネズミ）を広く研究してきた。この2種は自分がアリだと思い込んでいるかのようで、多くのアリと同じように、地下に築いた大規模な社会にすむ。ダマラランドデバネズミのコロニーはかなり小規模で20匹未満しかいないが、ハダカデバネズミのコロニーは数百匹に達することがある。それぞれのコロニーは生殖能力のある1匹の女王に支配される。ただし、デバネズミがアリと異なるのは、王もいることだ。デバネズミのワーカーは生涯にわたって不妊というわけではないのだが、集団に女王が存在し、血縁関係のない雄がいなければ、下位の雌は生理機能が抑制され、通常は排卵しない。これはホルモン避妊薬を服用している女性にちょっと似ている。このため、デバネズミのワーカーの大部分は生涯にわたって繁殖しない。女王アリと同じく、雌のデバネズミも女王の座を受け継ぐと、新たな成長期に入る。[13]といっても、頭部の骨格や筋肉系を拡張するのではなく（地中に穴を掘る仕事はワーカーがやるから）、胴体だけを長くするのだ。こうすることで、腹腔が広がり、1回に産める子の数が増え、それぞれの子の体重も増える。生殖に特化した体になるということだ。昆虫の女王と同じく、デバネズミの社会で生殖を担う雌も寿命が長くなる。[14]ワーカーが8年前後しか生きないのに対し、女王は最長で30年も生きる。

　こうした不老（に近い）とも言える女王は、永遠の若さをもたらす霊薬でも手に入れたのだろうか。だとすれば、どうやって？　この疑問を解き明かすためには、老化を設計上の不具合ではなく、設計上の機能と考えると理解しやすくなる。リソースが限られているなかで、生命には妥協がどうしてもつき

まとう。[15] たとえば、手元にあるリソースが決まっている場合、繁殖に使った分のリソースは体の維持や修復には使えない。このように、繁殖に使う労力を増やせば、生存率が下がるという代償を支払うことになるのが、ほぼ普遍的な原則だ。老化はリソースの割り当てに関する決定に起因する。何よりも繁殖を優先してリソースを割り当てるのか、それとも、幼い時期の成長と生存に少し余分にリソースを使い、こうした初期投資の一部を行なうまで繁殖を遅らせるのか、といった決定だ。

社会性がきわめて高い種の不老の女王は、このような普遍的とも言える原則に逆らっているように見える。たとえば、アリに関するデータを見ると、恐ろしいスピードで繁殖しているにもかかわらず老化という代償をまったく支払っていないし、デバネズミの女王はワーカーよりも長生きしている。女王の寿命が長いのは、ほかの個体よりも優れた個体がもつ機能の一つというだけでなく、ほかの個体よりも多くの「貯金」をもって生まれたために生殖ができ、ワーカーよりも長生きできるのだ。女王アリに通常より多くの卵を産ませる（産み終わった卵を除去する）実験では、産卵数が増えても女王の寿命には何の影響も現れなかった。繁殖に伴って死亡という代償を支払わないように見える生物は「ダーウィンの悪魔」と呼ばれている。[16] そうした生物は生殖上の恩恵を手にしたうえに、それを使う手法をなぜか導き出したからだ。いったいどのようにやってのけたのか。

長寿の秘密

進化の過程で寿命を長くする方法の一つに、死ぬ確率を下げるというものがある。同じような言葉を

繰り返しただけのように思えるかもしれない。下手なジョークのオチ（「長生きするには先に死ななければよい」）のようでもあるのだが、これにはもっと深い意味がある。外的な要因で死亡するリスク（捕食や病気などによる死亡）があると、それに応じて老化の生理的な作用が形成され、寿命の進化がその影響を受ける。ミバエを例にとって考えてみよう。ミバエはほかの生物に食べられたりつぶされたりするリスクがきわめて高いため、寿命は長くない。そのため、何よりも繁殖を優先するように適応してきた。ただし、このような適応はその後の生涯に有害な影響をもたらす危険をはらんでいる。実験室の安全な環境であっても、ミバエはたいてい数週間しか生きられない。もっと長生きできる種では、淘汰は老化を遅らせる方向に強く働くために、潜在的な寿命が長くなる。

　生物が寿命を長くするための最も効果的な手法の一つは、捕食者から逃げる能力を高めることだ[17]。一例として、飛行能力の獲得がある。コウモリは似た大きさの哺乳類と比べて寿命がおよそ3・5倍も長い。ウスリホオヒゲコウモリは体長がヒトの指ほどしかない小さな生き物だが、40年以上も生きることができる。鳥類もまた、体の大きさだけにもとづいて考えると寿命が長い。空を飛べる鳥は全般的に、似た大きさの飛べない生物よりも長生きする。飛行能力が寿命と関連するのは、飛行が逃避に使える代替手段となって、捕食される可能性が低くなるからだ。同じ理由で、樹上にすむ種も、地上にすむ同様の種と比べて寿命が長い傾向がある。

　このことから、ハダカデバネズミと真社会性昆虫の女王が並外れて長く生きる理由が少しわかってくる。これらの生物の寿命が長くなるのは、危険から守られる生活を送っていることの表れでもある。寿命が最も長いアリはしっかりと保護された巣にすむ傾向にあるし、デバネズミは地中深くに暮らし、天

敵や、地上で起きている温度変化から保護されている。女王アリはコロニーの外で危険な仕事をしなくてもよい。食料集めは働きアリがやってくれるからだ。アリはまた、女王アリが採餌アリとほとんど接触しなくてすむ社会を築いている。採餌アリは外界の病気や感染症に最も多くさらされるため、子や女王を世話する働きアリと交わらない。女王は巣穴の奥深くに身を潜めている。世話役の特別な働きアリは病院のなかで働く集中治療班のようなもので[18]、女王とその子をか弱い患者のように扱っている。実験で採餌アリを病原体に感染させてみると、アリの集中治療班は貴重な子たちを巣のさらに奥深くへ退避させ、感染源となりそうなほかの個体からコロニーのその区間をさらに厳重に隔離する。

　こうした安全を守る仕組みが女王の保護に役立つのは確かだが、女王が長寿である理由はそれだけではない。前述したように、アリのコロニーは超個体と考えることができる。生殖能力のない働きアリの大部分は、多細胞の体を構成する細胞に相当する。これはつまり、女王アリの繁殖活動は二つの段階にはっきりと分けられるということだ。一つは成長期（生殖能力のない働きアリを産む期間）、もう一つは「本当の」繁殖期（生殖能力のある雄と新しい女王候補を産む期間）である。この見方に従って考えると、コロニーの成長期の初期は、たいていの動物が経験する未成熟の期間と似ている。小さな子から大きなおとなへ成長する期間だ。アリのコロニーにおける本当の繁殖期は、動物が成長から繁殖へ重点を移す期間に相当する。女王アリが成虫になり、次世代に受け渡す遺伝子のくじを引くのは、生殖可能な雄と新しい女王を産むときだ。

協力が及ぼす影響

次の話題に移る前に、ここで少し立ち止まって、より広い視点で考えてみよう。ここまでの章で、協力が私たちの生涯に及ぼすさまざまな影響を理解し始めてきたと思う。それは私たちが行なうことだけでなく、私たちが何者かにも関係している。協力は生殖に関する生理機能を形成し、私たちの一部を祖母という存在にした。協力は私たちに助力を与え、寿命に影響を及ぼすという点で、私たちの生存に役立っている。

ここまでは協力を中心に語ってきたが、争いについても忘れるべきではない。争いは虎視眈々と出番をうかがっている。次の章では、協力と争いという二つの力が互いにどのような影響を及ぼし合うのか、そして、仲むつまじく見える家族が競争や脅威の温床にもなりうる仕組みを見ていこう。

第9章

家族内の争い

私は兄弟と敵対し、私と兄弟はいとこと敵対し、私といとこは他人と敵対している。

——アラブのことわざ

家族による裏切り

家族や親戚がいる人ならお気づきかと思うが、家族というのはいつも円満というわけではない。私が子どもの頃、15世紀のイングランド王であるエドワード4世の2人の息子、エドワード王子とリチャード王子の不穏な話を教わったのを覚えている。1483年に父親が逝去すると、当時12歳と9歳だった2人の王子は、おじのリチャードが後見することとなった。いま考えると、これはまずい判断だった。

おじは2人の王子をロンドン塔に閉じ込めた。名目上は、年長の王子（エドワード）が戴冠するまで2人をかくまっておくには最も安全な場所だからということだった。しかし、2人の王子は忽然と姿を消し、おじのリチャードが次の王位継承者となって戴冠することとなった。それから２００年近くたった頃、2人の小柄な遺体がロンドン塔で発見された。これは、はるか昔に亡くなったリチャードが、2人の王子の失踪と、ひょっとしたら殺人にかかわっていた可能性を示唆する。

家族に裏切られたという話は、聖書の時代から現代に至るまで、いつの時代にもある。聖書は兄弟間の競争というジャンルを切り開き、カインが弟のアベルを殺したという話を最初の書に記している。読者はイブが最初の息子を身ごもったという知らせを理解する間もなく、その何節かあとでカインの殺人行為を知ることになるのだ。北朝鮮の独裁者、金正恩は異母兄を２０１７年に空港で暗殺するように命じたと考えられている。北朝鮮は兄弟間に競争が起きる可能性を深刻に受け止め、指導者の地位を継承できる者を別々に育てたことは確かだ。金正恩が最初にその異母兄に会ったのは、暗殺事件のたった5年前であると考えられている[1]。

「世界最悪のおばあさん」

とはいえ、家族間の争いは人間だけがもつ欠点ではない。サメの仲間のシロワニは、母親の体内で卵からかえると、食べ物探しを始め、子宮内で自分のきょうだいを共食いする。協力的繁殖を行なう種であっても、その社会が寛容と助け合いにもとづいて形成されているように見えるにもかかわらず、争い

やもめごとが後を絶たない。脊椎動物の大部分の種では、ヘルパーは有望な生殖者候補で、いつか生殖者の地位を受け継げるのではないかとの期待がある。たいていの場合、下位の個体は血縁のある個体に囲まれて暮らしているため、上位のペアといっしょには繁殖できない。しかし、上位の異性の個体が義理の親である場合、あるいは下位の個体が血縁関係のない訪問者と短時間だけ会うことができる場合、争いが起こり始める。

たとえば、ミーアキャットの下位の雌は、同じ集団の上位の雄が自分の父親である場合、その雄とは交尾しないが、ある方法で交尾相手の候補に出合うことができる。下位の雄（同じく集団内で繁殖を妨げられている）が、近隣集団のなわばりを短時間だけ訪れて、血縁関係のない雌と交尾しようとするのだ。下位の雄や雌はこうした密会を通じて繁殖することで、同じ集団に血縁関係のない交尾相手がいなくても、みずからの適応上の利益を直接増やすことができる。

ミーアキャットの上位の雌は、下位の個体の繁殖を防げないことがあるとはいえ、自分の姉妹（あるいは娘）の繁殖行為が自分の繁殖行為をじゃましないようにするための奥の手を隠しもっている。上位の雌は身ごもった雌をいつも執拗に追いかけて、集団から追放するのだ[*]。下位の雌は単独で生きなければならなくなり、急速に体重を落として、しばしば身ごもった子を流産してしまう[2]。下位の雌が集団内でどうにか出産したとしても、上位の雌はたいていその子を殺して食べてしまう。「世界最悪のおばあさん」賞があれば、ミーアキャットはその有力候補だ[3]。上位の雌は自分がまだ子をもうけていない限り、この嬰児殺しを続けることができる。しかし、上位の雌がすでに出産している場合、下位の雌の子は（競争では不利ではあるが）たいてい安全だ。上位の雌は自分の子とほかの子を区別するのが苦手で、

誤って自分の子を食べないように、嬰児殺しをしないからだ。

誰が繁殖するかという問題に対する解決策は、生物によって異なる。たとえば、シママングースはミーアキャットのように大規模な社会で暮らしているが、その環境は比較的豊かだ。集団内で1匹の雌だけが繁殖するミーアキャットとは違い、シママングースの集団にいる大部分の雌は繁殖する。とはいえ、雌がほかの雌の子を共食いして、互いに繁殖活動を妨げるおそれはある。上位の雌たちが徒党を組み、下位の雌の子を殺して食べるのだ。このことはマイケル・カント教授らによる研究で見事に実証されている。彼らはシママングースに避妊薬を投与する実験を行なった。[4]生理的に妊娠を抑制された雌は子を産まないため、同じグループで生まれたすべての子を「自分の子ではない」と見なすことができる。こうした子が殺されるかどうかは、雌が避妊薬を投与されているかどうかによって異なる。下位の雌に避妊薬を投与した場合、ほとんどの子が生き延びた。これは、下位の雌は上位の雌の子を殺さないことを示している。しかし、上位の雌に避妊薬を投与した場合、その雌は下位の雌の子を日常的に殺した。

もっと自然に近い状況では、シママングースは雌どうしが繁殖活動をぴったり合わせることによって、子が殺される問題を回避している。集団内のすべての雌がまったく同じ日に出産するのだ。[5]どの雌もどれが自分の子かを正確に区別できないと、子を殺す意欲は大幅に後退する。お察しのとおり、同日の出産を主導しているのは下位の雌たちだ。下位の雌は上位の雌から数日遅れて交尾する傾向にあるのだが、

＊追放行為は食物が豊富にあるときのほうがよく見られる。食料不足のときには、上位の雌はヘルパーを失うリスクを冒すことができないからだ。

出産を合わせるために妊娠の期間を早めているように見える。集団内のほかの雌に子が食べられるリスクを冒すよりも、数日早く子を産むほうが得策であるということだ。

集団の統制と協力のジレンマ

このように、血縁度が高いだけでは協力関係をはぐくむことはできない。自分の身内と競争したり、時には身内を殺したりすることで自分の利益を高められる場合、個体はそのようにすることが多い。集団内での争いはしばしば集団の効率性を損ねるため、最も協力的な社会を築くうえでは、集団のメンバー間の争いを抑制することが必要になる。大部分の脊椎動物の社会では、ワーカーの統制をとる仕事は上位の個体の役割だ。しかし、この方法には明らかな問題が一つある。個体が単独で効率的に統制できるワーカーの数には限りがあるという問題だ。

この事実を見事に実証したのが、コロンビアに生息するアシナガバチの仲間を対象に、生物学者のメアリー・ジェーン・ウェスト＝エバーハードが１９８０年代に行なった研究だ。[6] このハチの社会は、前述したチメドリやミーアキャットの社会と少し似た構造をしている。１匹の女王バチが繁殖活動の大部分を担うが、そのまわりには、産卵のチャンスを狙う下位の個体がいる。通常は、女王バチが攻撃的な態度や脅しといった独裁的な手法で下位の個体の行動を統制している。しかし、ウェスト＝エバーハードは実験で、女王の体にナイロンのひもを結びつけ、そのひもを巣の端の枝にくくりつけて、下位の個体をいじめられないようにした。動きを不自由にされた女王の怒っている様子が目に浮かぶ。巣の向

こう側でのびのびとしている下位の雌の活動を統制しようとしてもできず、ひもにつながれてもがいている。お察しのとおり、下位の雌は巣のなかでも女王が手出しのできない場所に産卵する。被験者となった女王にとってさいわいなことに、ナイロンのひもは実験5日目に切れ、女王は再び巣の端から端まで移動できるようになり、下位の雌に対する身体的な虐待を再開した。社会的な序列はまもなく復活した。とはいえ、この実験は個体が単独で権力をふるう際の限界を示している。コロンビアのアシナガバチの女王は、身体的に手が届く場合にしか下位の雌を統制することができない。

集団のメンバーの活動がこのように単独の個体によって統制されている場合、協力的な集団が一個体の私利追求の負荷に耐えられる集団の規模には限界がある。集団が社会になるのは、メンバーが自分で行動を統制できる場合だけだ。多細胞生物の体には、あらゆる個々の遺伝子や細胞の活動を集約して統制する司令塔はない。ここで、あなたの体内の遺伝子（および細胞）は民主的な議会のようなものを形成し、利己的な要素の動きを協力して抑制していることを思い出してほしい。この点で、一部の真社会性昆虫は多細胞生物の体のように機能することがわかった。ワーカーがとりうる利己的な活動は、女王ではなく、コロニーのほかのワーカーによって統制されているのだ。

これまで、ほとんどのアリの社会にいる働きアリは生殖能力のない不妊カーストであると考えられてきた。これはある意味では正しい。ほとんどの働きアリは有性生殖を行なうことができない。しかし、ハチ目（アリ、ハナバチ、カリバチ）の雄は、未受精卵から生まれることができる。この種の性決定の様式は専門用語で「半倍数性」と呼ばれている。このとき、雄は染色体を全体の半数しかもっていないため「半数体」、雌は「二倍体」と呼ばれる。この種の性決定では、奇妙な結果が生じる。雄には母親

はいるが、父親はいない。しかも雄がもうけることができるのは娘だけで、息子はつくれない。半倍数性には、社会性昆虫のコロニー内での争いに影響する重要な要素が二つある。一つは、雌のワーカーは未受精卵を産むことによって雄をつくれるという点。もう一つは、ワーカーは兄弟よりも姉妹とより近縁であるという点だ。ワーカーがみずから産卵できるという事実は、繁殖をめぐって女王と対立するということを意味する。そして、血縁度の非対称性があるため、ワーカーはいつか女王を殺そうとするだろう。

　半倍数性がコロニーのほかのメンバーに対するワーカーの血縁度にどのような影響を及ぼすかを理解するため、ここでは最も単純なケースを考えてみよう。女王が1匹の雄とだけ交尾した場合[*]、その娘たちは実の姉妹ということになる。ハチ目の雄はゲノム全体をそれぞれの精子に注入するため、その雄がもうけたすべての娘は同じゲノムを受け継ぐ。したがって、雌のゲノムの半分は姉妹のゲノムと同一であるということになる。ゲノムの残りの半分は女王から受け継いだものだ。雌が任意の遺伝子を姉妹と共有する確率は平均で50%となる。任意の遺伝子を父親から受け継ぐ確率は１００%、母親から受け継ぐ確率は50%だから、平均的な雌のワーカーは遺伝子のおよそ4分の3を姉妹と共有すると期待できる。ヒトのように通常の二倍体の種で実のきょうだいが共有する遺伝子は50%だから、それと比べると雌のワーカーどうしの血縁度は高い。しかし、雌のワーカーと雄の兄弟との血縁度はこれよりはるかに低い。雄は父親の遺伝子を一つももっていないから、雌がもつ父親の遺伝子は雄の兄弟にはないということだ。前述のように、母親から受け継いだ任意の遺伝子が兄弟に存在する確率は50%だ。したがって、雌のワーカーは遺伝子の4分の1しか兄弟と共有していないことになる（雌が母親から受け継いだ遺伝

子の半分の半分）。

これが意味することは、簡単な文章にまとめることができる。働きバチや働きアリに生まれた場合、自分の姉妹は兄弟よりも（遺伝子の観点で）3倍ほど大切であり、したがって、姉妹と兄弟の割合が3対1になるように、女王に卵を産んでほしいと思うはずだ。一部の種のワーカーは、女王が産んだ雄の卵を食べることによってこの理想の性比を実現できる。第3章に書いた、雄よりも雌を好む利己的なミトコンドリアのDNAを思い出す読者もいるかもしれない。まさにそれと似たような状況だ。

スズメバチの場合、多くの真社会性昆虫の社会と同じように、コロニーはまず成長し（生殖能力のないワーカーのみを生む）、そのあとに繁殖モードに入って、分散する雄と新たな女王候補が誕生する。こうした奇妙な性決定システムを採用しているため、コロニーがこの段階になると、ワーカーがときどきこの上なく不誠実な行動をとることがある。母親殺しだ。[7] なぜワーカーはこうした行動をとるのか。それを理解するときにもやはり、血縁度（r）について考える必要がある。ワーカーとその姉妹は血縁度が高いため、ワーカーは自分の甥（r＝0・375）のほうが自分の兄弟（女王の息子、r＝0・25）よりも近縁だ。したがって、次世代の雄を産む時期になると、ワーカーは女王よりも、自分自身や姉妹に雄を産んでほしいと考える。スズメバチの場合、女王を殺す判断はたいてい1匹のワーカーによって行なわれる。そのワーカーが女王を刺すと、弱っていく女王が放つ警告の信号を受けて、さら

＊多くの昆虫では、1匹の雄が放った1回分の精液は女王によって何年ものあいだ保管され、多数の卵の受精に使われる。

に多くのワーカーが加わり、母親に猛攻撃を仕掛ける。

女王が残忍な子の行動に対抗する方法の一つは乱交、つまりさまざまな雄と交尾することだ。こうすることでワーカーどうしの血縁度は下がり、ワーカーが制限なく自由に雄の卵を産むのではなく、雄の出産を女王に任せたいと思うようになる。実際、こうした一妻多夫の女王は、殺し屋になりそうな子を忠実な奴隷に変えることができる。その子はワーカーの繁殖活動に目を光らせ、裏切り者のワーカーが産んだ卵を食べてしまうのだ。このように女王が統制活動をワーカーに任せることによって、社会性昆虫のコロニーはいっそう拡大する。これは、生殖能力がまったくないワーカーのカーストが発達する前兆だ。姉妹に一挙手一投足を監視されている社会では、機能する卵巣を発達させても無駄になる。

この事例からは、より普遍的な論点も浮かび上がる。それについては、のちほど人間社会の進化を探る章で述べたい。ここまで、協力が「個体」と呼ばれる集合体のほか、一部の個体が他者の繁殖を助ける安定した家族集団を形成する事例を見てきた。しかし、協力は進化を通じたより大規模で複雑な集団への移行を助けずに、妨げることもある。第1部では、がん細胞が協力し合ってそれを宿した生物に害を及ぼす事例を紹介したが、この章でもそれと非常に似た事例を取り上げた。女王の子ではなく、自分たちの子を好むという点で関心が一致したワーカーが共謀することによって、社会が崩壊するおそれがあるという事例だ。これは直感には反するかもしれないが、社会の安定には何らかの形で協力を乱す行為がかかわることがある。とりわけ、こうした協力の目的が全体としての集団に有害である場合はそうだ。これは協力の根幹にかかわる重大なジレンマであり、私たち人間にもかかわる問題だ。協力は私たち全体の成功にとって欠かせない要素であると同時に、最大の脅威でもある。

第3部
利他主義の謎

ヒトとほかの種を分けるもの

1987年、アメリカのテキサス州でジェシカ・マクルアという1歳半の幼児がおばの庭にある深さ6・7メートルの井戸に落ち、56時間にわたってそこに閉じ込められた。彼女を救助するために消防や警察が出動し、その救助活動はさまざまな全米チャンネルが24時間態勢で取材した。ジェシカが井戸から救助される頃には、一般の人々から80万ドルを超す寄付金が集まっていた。窮地に陥った幼児への心配や同情心から、寄付したいと行動を起こしたのだ。

ヒト以外の生き物ではこうしたことは起きない。それはなぜか。もちろん、わかりやすい違いはある。ほかの生物には、消防署や警察署など、仲間の救助に特化した機関はない。アリにはニュースチャンネルはないし、チンパンジーは貨幣を使わない。とはいえ、ヒトはもっと根本的な点でほかの生物と異なる。私たちは日々の暮らしで自分と血縁のない人々を自発的に助ける。二度と会わないと思われる人にも手を差し伸べるし、何の見返りも得られない場面でも手助けする。また、多数の証拠から、ヒトは地球上で他者の痛みを感じる能力、そして可能ならばその痛みを和らげようとする能力を備えた唯一の種であるとも考えられる。

容易に想像できるのは、こうした性質は人類が協力的繁殖を行なってきた歴史があるから進化したということだ。他者に手を差し伸べる親切心、寛容性、意欲はすべて、家族で生活するうえで役に立つ性質であるように思える。しかし、決してそれがすべてではない。これまで取り上げた血縁集団をつくる

争いを回避し、私たちの力の総和を超える結果を成し遂げ、物事の成功に協力が必要になりそうな場面で協力を促すことができる。生涯を送るうえでのルールを作成し、変更する能力は、協力の拡大を実現した重要な要素だ。私たちはいくつかの重要な関係を構築するために労力を注ぎ、この先二度と会わないかもしれない初対面の人も含め、他者を日常生活のなかで本能的に信頼して助ける世界を築いた。

第10章 協力の社会的ジレンマ

万が一、人間が天使ででもあるというならば、政府などもとより必要としないであろう。

――ジェームズ・マディソン『ザ・フェデラリスト』（1788年[1]）

「山分け」か「総取り」か

「僕は5万ポンド持ち帰りたいと本気で思っているよ」。そう言うと、スティーヴンはスタジオの観客を身ぶりで示した。「僕が総取りしたら、ここにいるみんながやって来て、僕をボコボコにするだろう」。彼は小さなテーブルの上に身を乗り出して、その向こうにいる彼女の片手を両手で握り、声を潜めた。

「僕は絶対に山分けするから」

　スティーヴンとサラは見知らぬ者どうしで、最も人間味のあるゲームに参加している。互いに信頼できるかどうかを見きわめるゲームだ。これは『ゴールデン・ボールズ』というイギリスのテレビ番組の最後のコーナーで、いわゆる「囚人のジレンマ」をもとにしている。[2] スティーヴンとサラはそれぞれ自分が善良に振る舞うべきかどうかを判断しながら、相手がどう出てくるかを見きわめなければならない。賞金は10万ポンドだから、何が何でも正しく判断しなければという気持ちになる。

　2人は短い会話のあと、「山分け」か「総取り」となかに書かれた黄金のボールを掲げて、互いに自分の判断を明らかにする。どちらの参加者も「山分け」を選んだ場合、両者はそれぞれ5万ポンドを手にして帰る。しかし、1人が「総取り」を選び、もう1人が「山分け」を選んだ場合、「総取り」を選んだ参加者が10万ポンド全額を受け取る。両者が「総取り」を選んだ場合、2人とも何ももらえない。

　サラは目に涙を浮かべて、自分を信じてほしいとスティーヴンに訴える。「私が総取りしたら、知り合いみんなに愛想をつかされるわ」。司会者が2人に、もう一度ボールを確かめたうえで最終の決断をするように伝えると、スタジオに緊張感が漂う。2人が自分の決断を披露する瞬間がやってきた。スティーヴンは約束どおり山分けするほうを選んだ。しかし、サラが掲げたのは総取りのボールだ。彼女は10万ポンドをまるごと受け取り、スティーヴンは何も手に入れられなかった。

個人の利益対集団の利益

サラのことを利己的な人物、ひょっとしたら倫理に反する人物だと批判したいところではあるが、標準的な「囚人のジレンマ」ゲームで得られる利益を考えた場合[3]、善良に振る舞わないほうがよさそうな気持ちになる場面で、なぜ善良に振る舞う人がいるのかと思い始める人もいるだろう。利益がお金であるにしろ、食料や子であるにしろ、そして得られる利益がごく小さかろうと莫大であろうと、2人のプレーヤーによるやり取りは、互いにとって最善の結果が協力することであっても、どちらかが裏切ることで短期的な利益を得られる場合、すべて「囚人のジレンマ」に分類できる。

この種の誘因構造には実生活で数多く遭遇する。やり取りする相手が1人の場合もあれば、もっと大規模な集団である場合もあるだろう。そうした相手のなかには好感をもっている知り合いもいれば、一度も会いそうにない人も含め、まったく知らない人もいる。洗い物を私がすべきか、それとも、ほかの家族にやってもらうのか？　通勤に自転車を使うべきか、車を使うべきか？　子どもに感染症のワクチンを打たせるべきか、それとも、ほかの人が子どもにワクチンを打たせるのを待って集団免疫に頼るべきか？　おおまかに言って、私たちが日々直面する種類の協力上の問題は「社会的ジレンマ」という用語に分類することができる。社会的であるのは、決断が（常に明確とは限らないが）ほかの人に影響するからだ。そして、ジレンマなのは、個人の利益と集団の利益が異なるからである。個人と集団の幸福の対立という誘因構造からは、協力行動が出現するとはあまり思えない。にもかかわらず、私たちはし

ばしば、自分が直接代償を支払ってでも他者に利益を与える一見無私の行動をとる。こうした困惑するような性質をどのように理解すればよいのか。

なぜ、何のために助け合うのか

この質問をすると、必要以上に皮肉っぽく受け取られることがある。質問されたほうは目を丸くして舌打ちし、協力したのは本当に相手が心配だったからだとか、自分はいい人だからだとか、人をだますのは道徳に反するといった説明をする。私はこうした動機の存在を否定しているわけではない。むしろそれには程遠く、私たちはそれらを研究して定量化することさえできる。昔の心理学実験で、人々は「見知らぬ人」（実は俳優）が電気ショックに苦しむのを見ているのではなく、同情心から自分が電気ショックを受けてもいいと申し出るほどの動機を抱きうることが示された。私たちは他者を助けるのが楽しいと思うことさえよくある。誰かに対していいことをしたときに抱くぼんやりした気持ちは、経済学者が言う「与えることの温かい満足感」であり[4]、これもまた研究可能なものだ。被験者を脳スキャン装置に入れ、善良な行為として寄付する機会を与えると、報酬と関連する脳の領域が活発になるのがわかる。それは、人がおいしい食べ物を食べたときや、セックスをしたとき、ニコチンやコカインといった快楽をもたらす薬物にふけっているときに活発になる領域と同じだ。別の実験では、研究者が被験者に多額の現金を渡し、自分で使ってもいいし、他人のために使ってもいいと言うと、自分ではなく他人のためにお金を使った被験者は夜に幸福感が増したという[5]。また同じ研究チームは、幼児に対しておもち

ゃの人形にクラッカーを分け与えるように言うと、その幼児は（分け与えるように言わなかった場合と比べて）笑顔の回数が多くなることも示したほか、[6]他者のためにお金を使うと血圧が下がり、心血管系の健康状態が改善することも明らかにした。[7]

　こうした実験は興味深いのだが、そこから得られる説明でも、人々が助け合う理由をより深く理解できるわけではない。人々が親切なのは「遺伝子に刻まれているから」とか「共感を抱くから」とか「助け合うのが楽しいから」と主張するのは、議論のすり替えでしかない。ある種の問いを別の問いに差し替えているだけだ。進化の観点で考えると、さらに根本的な問いが浮かび上がる。なぜ人間の脳は、こうした代償の大きい行動を促す心理的な機構を満載しているのだろうか？　脳が他者の心配や、「与えることの温かい満足感」の経験、道徳的な振る舞いをしないようにできている人物が、より利他的な性質をもった人物に勝つ世界を思い浮かべるのは、それほど難しくない。そうした超合理的で利己的な人物は協力に関連する代償を支払わなくてすむからだ。

　さらに、ヒトはヒトに頼っているように見えるものの、共感や道徳といった複雑な心理機構は協力の促進に必要でさえない。これから見ていくように、ヒト以外の多くの種は、道徳感覚や共感能力を備えていなくても、協力を通じて社会的ジレンマを解決している。こうした高度な能力が利益よりも害をもたらす事例さえある。井戸に落ちたジェシカ・マクルアの事例は、「身元のわかる被害者効果」と呼ばれるヒトの心理の癖を浮かび上がらせる。[8]　1人の人物の苦境を目の当たりにしたときには、本能的に助けたいという気持ちを抱くことがあるが、何千人もの人々の苦しみには何も心を動かされないというものだ。ヒトの共感は有限で、気まぐれである。[9]　共感はそれに「値する」人物にしか与えられず、助けが

最も必要な状況には見て見ぬふりをすることがあまりにも多い。なぜ援助行動が存在するのかという問いに対する包括的な答えとして、共感的配慮や道徳感覚を挙げることができないのは明らかだ。

「直接的な説明」と「根本的な説明」

個人がほかの個人を助けるために代償を支払おうとする理由をもっと根本的に理解するためには、代償の大きい援助行動に労力を注ぐ傾向が自然淘汰でどのように選ばれるのかを考える必要がある。しかし、それを考える前に、誤解して泥沼にはまることがないように気をつけることが肝心だ。私は外見上の親切行為が支援者にとっての長期的な利益と一致する仕組みを示したことで、「利他主義から利他主義を引き出している」と非難されることがある。慈善団体に寄付する人は、その無私の行動の結果として利益を得ることができると言われると怒り出すかもしれない。それは、彼らの気前のよい行為が計算ずくで、自分に利益をもたらすと知っていてやっていると言われているようなものだからだ。私たちの多くは、純粋に利他的な動機で困っている人を助けていると思っている。その気持ちを踏みにじるようなものだ。

このように憤慨する気持ちはわかるが、それは誤解にもとづいている。なぜという問いに対する答えは多種多様ではあるものの、進化生物学者が特に関心を抱いているのは、「直接的な説明」と「根本的な説明」と呼ばれる2点だ。[10] ヒトはなぜ他者を助けるかという問いに対する直接的な解答は、行動の直接的な原因に関するものになる。こうした説明には、状況に目を向けたもの（「彼女のことは助けても

かまわない。友だちだから」）、性格に着目したもの（「ジョーはいつもほかの人のことを最初に考える。本当にやさしい人だ」）、共感的配慮に注目したもの（「彼女は外の歩道で震えている男性のことをかわいそうに思って、駅のカフェから紅茶をもっていってあげた」）などがある。直接的な説明には、私たちが簡単には認識できないものも含まれる。ホルモンがかかわる原因（テストステロンが父親の子育てにどのように関係しているかを思い出してほしい）、さまざまな脳の構造の大きさやニューロンの活動パターンなどだ。たとえば、極度に利他的な人々（他者に腎臓を提供したことがある人々）の脳を対照群と比較した最近の研究で、利他的な人々の脳の構造と機能に違いがあることが明らかになった[11]。利他的な人々のグループでは、他者に対する共感的な反応の生成にかかわると考えられている脳の領域が拡大し、活性化しやすい。興味深いことに、サイコパシー（精神病質）の傾向がある人々では、その同じ脳の領域が小さく、共感的な活動を起こしにくかった。

一方で、根本的な説明を探すときに求めるものは、直接的な説明を探すときとは異なる。他者を助ける性質が自然淘汰でどのように残っていくかを知りたいと考えるのだ。根本的な説明を見つけることで、ある行動の動機をなぜ抱くのか、なぜ脳が現在の構造になっているのかを理解しやすくなる。しかし、こうした説明は受け入れがたいときもある。私たちはたいてい、自分たちの行動に適応上の重要性があることを認識していないからだ。ある形質が自然淘汰で残っていくことが進化に及ぼす影響について、一個人が必ずしも知る必要はない。

これを理解するために、まったく異なる事例を使って考えてみよう。雌ライオンが狩りをする場面を見たことがある読者ならば、なぜその雌はインパラを追いかけるのかを考えてみるといいだろう。直接

的な説明としては、（おそらく）その雌は空腹だったから、あるいは子に食べさせる必要があるからといったものが思い浮かぶ。そして根本的な説明としては、インパラを狩る雌ライオンは木の下に一日中座っている雌よりも多くの子をもうける傾向があるというものが考えられる。したがって、空腹は進化で獲得した心理的な機構であり、衝動として現れる。この直接的な機構により、雌ライオンは生存と繁殖の成功にとって重要な行動を起こす。つまり、狩りに出て、獲物を捕食するのだ。性行為も好例の一つである。性行為に対する心理的な衝動と進化上の根本的理由は必ずしも一致しない。私たちはセックスをするたびに（あるいは、そのなかの1度でも）子どもがほしいと思うわけではない。だからと言って、性行為が繁殖の成功率を高めるために存在しているという事実が変わるわけではないのだ。

利他行動にも同じことが言える。利他行動によってその当人に利益がもたらされる可能性があるという考えを受け入れることはできる。空腹などの感情を抱いたり、セックスが気持ちいいと感じたりするような心理機構が進化で形づくられたように、他者の役に立つ行動や親切な行動、道徳的な行動のもとになる動機も、おそらく進化で形成されたのだろう。それによって、私たちの遺伝子の利益となる行動を楽しむようになる。

それでは、協力的な性質は個人の長期的な利益にどのように役立つのだろうか。これまで見てきたのは、代償の大きい援助行動が血縁者に利益をもたらす場合に自然淘汰で選ばれることがあるという事例だ。しかし、ほかにも協力が選ばれる状況がある。時には、他者を助ける人物自身が最終的にその行動から健康という見返りを得るために、援助行動が進化で選択されることがある。これがどのように起きるか探ってみよう。

「見返り」への期待

協力の選択に役立つ仕組みのなかで最も単純なのは、他者を助ける個体がその見返りに援助を受ける状況だ。これは返報性の原理と呼ばれ、もともと1970年代に進化生物学者のロバート・トリヴァースが提唱した。[12] 返報性は協力の促進にとって欠かせないものであり、よく知られたことわざにも盛り込まれている。ラテン語の *Quid pro quo*（何かのための何か）は英語圏で「お返し」という意味で使われる。「背中をかいて、私もあなたの背中をかくから」「自分がしてもらいたいように人にもしなさい」「情けは人のためならず」。こうしたことわざはほかの言語にもある。イタリア語の *una mano lava l'altra* はとりわけ素敵で、「片方の手がもう片方の手を洗う」という意味。同じ表現はドイツ語にもある（*ein Hand wäscht die andere*）。スペイン語の *hoy por ti, mañana por mi* は「今日はあなたのため、明日は私のため」という意味だ。返報性の原理は、聖書では単に「黄金律」として知られている。返報性は世界中で行動の指針に欠かせない要素であるようだ。「囚人のジレンマ」ゲームに参加したプレーヤーが利益を得られる可能性は、ゲームを1回だけではなく何度か繰り返すと想像すると、少し違って見えてくる。やり取りが複数回にわたるとの期待があり、パートナーが返報する人（あなたが同じことをする限り協力しようとする気がある人物）である場合、あなた自身が協力することで利益を得られる可能性がある。

返報性は自然界で広く見られるわけではないが、ヒトのように社会的交換が必要な一握りの種によって個別に見いだされてきた。たとえば、チスイコウモリは生き延びるために毎日血液を摂取する必要が

あるが、血液を見つけるのは難しいこともある。このコウモリは大規模なコロニーのなかにすみ、血液をうまく集められた個体はしばしばその血液を吐き戻し、その夜に血液を見つけられなかった不運な巣の仲間に与える。ある日の夜に血液を仲間に与えた個体は、別の夜にその仲間から血液をもらう可能性が高い。ほかには、血液ではなく、サービスを与え合う種もいる。[13] たとえば、ラビットフィッシュという鮮やかな色のアイゴ科の魚はサンゴ礁で採餌中に1匹の仲間と協力し、交代で捕食者に目を光らせる。返報性の事例のなかでもとりわけ見事なのは、マダラヒタキを対象に行なわれた実験のものだ。この鳥は自分を以前助けてくれた近隣の個体のみを助けることが、この実験で示された。マダラヒタキはつがいで繁殖し、近隣の巣の近くに現れた捕食者をよく攻撃する。近隣の巣を守るためにかなりの時間とエネルギーを使うから、これは代償の大きい行動であるだけでなく、捕食者が目撃された場所へ向かって飛ぶことで捕食される危険に身をさらしていることにもなる。研究者はこの援助行動を研究するに当たり、マダラヒタキのつがいの巣に捕食者であるフクロウの模型を置き、近隣のつがいを一時的に閉じ込めて、フクロウを追い払いに来られないようにした。そして数日後、今度は後者のつがいの巣にフクロウの模型を置くと、前者のつがいは「薄情な」つがいの巣にいるフクロウを追い払いに来なかった。

　チスイコウモリとマダラヒタキは、比較的確実に将来も社会的パートナーと助け合っていくことができる。これはつまり、助け合いを繰り返すという考え方によって進化で返報性が選ばれうることを意味する。しかし、これが必ずしもほかの種に当てはまるわけではない。ハムレットというハタ科の魚の事例を見てみよう。[14] この魚は、たった1度の交尾で一か八かの賭けをする。ハムレットは雌雄同体で、ちょっと変わった性生活を送っている。1匹の個体が卵と精子の両方を同時に生成するのだ。子づくりに

必要なすべての器官を備えているにもかかわらず、ハムレットは自分で卵を受精させることができない。子を産むためには、卵と精子を交換してくれる相手を見つける必要がある。しかし、1匹の雌雄同体のハムレットが別の個体と出合うと、「囚人のジレンマ」にそっくりな状況に直面する。どの個体も相手の卵をほしがるのだが、自分の卵を簡単には渡したくない（2種類の配偶子のうち卵のほうが生産に多くのエネルギーを使う）。こうした状況で、すべての卵を一度に差し出すと、その個体はリスクを背負うことになる。相手はもらった卵を受精させたら、お返しに自分の卵を渡さずに泳ぎ去ってしまうおそれがあるからだ。

　ハムレットはこのジレンマを主に二つの方法で解決する。一つは、自分の卵を小分けにする方法だ。すべての卵を1度に手放すのではなく、それぞれの個体が数個の卵を放って相手に受精させ、相手が数個の卵を放つのを待ってから、次の卵を渡す。自分のすべての卵を一つのかごに入れてはいけないという古い格言は、進化の論理にもとづいたものだったのだ。ハムレットの場合、この慎重な方法を使うことによって、1度限りのやり取りが繰り返しのやり取りとなった。そしてハムレットが使う二つ目の方法は、こうした行動を日が暮れ始める頃にとることだ。日が暮れ始める頃に卵の交換を始めるのが重要なのは、辺りがあまり暗くならないうちに交換を終えなければならないからである。このため、乗り気の相手を見つけたハムレットにとって最善の方法は、愛想よく振る舞い、相手が数個の卵を放ったら、自分も数個の卵を放つことだ。卵を受け取ったらそそくさと泳ぎ去って、別のだまされやすい相手を探しにいくなどということはしないほうがよい。こうした方法は時間が無限にあれば利益をもたらすかもしれないが、相手をころころ変える手法を使うハムレットは日が落ちる前に別の相手を見つけられない

おそれがある。そうなったら、その日のやり取りをあきらめるしかない。

投入する労力を小分けにする手法（新しいパートナーを見つけるよりも、今のパートナーとやり取りするほうが利益が大きくなる手法）は、自然界でよく見られる。たとえば、多くの動物は互いに毛づくろいをして、届きにくい場所からダニなどの寄生虫を取り除く。しかし、こうしたやり取りでは、1匹が長いあいだ相手の毛づくろいを入念にしたあと、その相手にお返しをしてもらおうと心待ちにしている場面はほとんど見ない。最初にそうした大盤振る舞いをしてしまうと、相手に利用されやすくなる。そうではなく、魚のハムレットのように、毛づくろいをする動物も1回に行なう時間を短く区切る。1匹が少しのあいだ相手の毛づくろいをしたら、その相手がお返しに少し毛づくろいをする、という行為を繰り返すのだ。そのやり取り全体に長い時間がかかったとしても、そのやり取りのなかで交換される労力の単位はかなり小さく抑えられる。

「相互依存」の関係

「囚人のジレンマ」モデルでは、個体は代償を支払ってパートナーに利益を与えるというのが主な前提条件だ。したがって、彼らはできるだけこの代償の発生を避けようとする。裏切ったパートナーを裏切ったり、うまくだませそうなときにはパートナーを利用したりするのだ。これは見事な理論ではあるが、これまでに取り上げたいくつかの事例を除き、自然界で見られる現象の大部分とは何の関連もないようにも思える。繰り返されるやり取りの典型は友情であり、こうした関係を確立したうえで、個体は

もっと柔軟なやり方で持ちつ持たれつのやり取りをしているようだ。友人どうしというのは、取引のたびに小銭を数えたり、先週僕がビールをおごったから今日はきみがおごる番だなどと言い張ったりするのではなく、何の条件もつけずに助けたり奉仕したりする関係のように思える。友人どうしは、「裏切った」パートナーに対して今度のやり取りで援助しないようにするという仕返しをすることはないのだ。

　見返りに援助を受けられるとは限らないのに、血縁関係のない他者を助けることがなぜ利点をもたしうるかを理解するために、ちょっと極端な事例を考えてみよう。あなたが乗っているボートの底に穴が開いて水が噴き出してきた。あなたと仲間が協力して水を汲み出さなければ、ボートはすぐに沈むだろう。こうした状況では、あなたの関心は仲間の関心とかなり一致する。どちらも懸命に水を汲み出すことが最善の方法であるという考えに同意し、その仕事から逃れたいとは思わない。しかし、話はそれだけでは終わらない。いまあなたは、相手の健康と生存にかかわる何かを握っている。それは、仲間がボートから水を汲み出し続ける能力に影響するものだ。あなたが自分のポケットのなかからチョコレートバーを見つけたとしよう。それを仲間に与えることで、仲間が共通の目標に向かって動き続けるために必要なエネルギーを得られるのだとすれば、分け与えるのが賢明かもしれない。チョコレートバーを分け与えるとき、あなたは仲間が見返りに何かをくれるとは期待せず、仲間の利益になる作業を続けてもらうようにしている。仲間が水を汲み出し続けることが、副次的に自分の利益にもなるからだ。

　時には、あなた自身の生存が仲間の生存に左右されることがある。それは仲間が何も助けてくれない場合でも、共通の利害関係がない場合でもだ。沈むボートの例を引き続き使うと、水を汲み出す努力の甲斐なくボートが沈んでしまい、海岸まで泳がざるを得なくなった場合、あなたがサメに食べられる確

率は、仲間といっしょに泳げば、1人で泳ぐ場合と比べて半分になる。

これは単純すぎる例ではあるが、社会的な行動の進化においてきわめて重要な要素を示している。それは「相互依存」だ。[15] これは個体がパートナーの適応度に関与することがあるという考えで、パートナーがお返しに助けてくれなくても、その個体はパートナーに労力を注ぐことができる。たとえば、集団の大きさは個体の生存と繁殖の成功にさまざまな面で影響を及ぼす（捕食されるリスクを減らす、集団間の争いに勝つ確率を上げる、など）。つまり、集団で生きる種の個体どうしは多かれ少なかれ常に相互依存の関係にある可能性が高いということだ。相互依存の観点から、返報性が機能していないように見える状況でも、協力がさかんになる理由を説明できる。

自然界で見られる協力の事例のうち、当初は「囚人のジレンマ」ゲームの状況のなかで起きている相互のやり取りと解釈されていた事例の多くは、相互依存の事例として考えたほうがおそらく理解しやすいだろう。前述のチスイコウモリが吸った血を不運な仲間に吐き戻して与えるのは、お返しを要求しているという厳密な理屈ではなく、自分が血を見つけられなかった夜に、仲間たちが必ずそばにいてくれるようにしておく必要があるからだ。こうした必要性にもとづいた援助と交換の仕組みはまた、人類進化の歴史のなかで例外というより、ふつうのことだったように思われるし、いまでも多くの狩猟採集民やほかの非工業化社会でよく見られる。彼らは返報性の共有システムを置き換えたわけではなく、それと共存させている。たとえば、ケニアの牧畜民であるマサイ族は、互いに何かを交換するときに2種類の行動を使い分けている。一つ目は「エシレ」と呼ばれる仕組みで、返報性にもとづいて協力するときに予測される手法を思い起こさせる。個人どうしは助け合うが、それは公式の貸し借りであり、返済す

る必要がある。一方、二つ目の「オソトゥア」（「へその緒」の意味）と呼ばれる関係（全体の人口のうちごく小さな集団で形成される関係）では、個人は困っている人に自由に何かを与え、そのとき将来のお返しを何も期待しない。こうした相互依存の関係は、非工業化社会に暮らす人々によく見られる。そうした社会では、食料がたいてい散発的にしか手に入らず、不測の事態に影響され、困っている友人は生きるか飢え死にするかの瀬戸際に立たされることがある。

相互依存の観点からは、私たちが重要な関係のなかで返報性を回避しようとすることがある理由も説明できる。私は子どもの頃、レストランで外食したときに大人たちが勘定を払おうと争っている場面を見て奇妙に思ったものだ。しかし、自分が大人になってからは、それとは反対の状況のほうがはるかに奇妙に思える。あなたが前回のディナーでお金を払ったから、今回は払ってほしいと友人に伝える場面を想像してみよう。関係が返報性だけにもとづいて築かれている場合、これら二つの場面は奇妙に思えるはずだ。その場合、自分が払う番ではないときに支払うと言い張る茶番を避けるはずだし、ほかの人に払う番だと指摘するときに居心地の悪さを感じることはないはずである。

この問題への答えは、返報性に関する独断的な主張が送るシグナルにありそうだ。1回の社会的なやり取りの詳細を気にしないことで、人々はパートナーに「私たちは相互依存の関係にある」という暗黙のメッセージを送っている。相互依存の関係にあるということは、あなたもパートナーの幸福にかかわっていることを意味するから、やり取りのたびに帳尻を合わせる必要はない。誰かが先週あなたにコーヒーをおごってもらったから今日はコーヒーをおごると言い張る場面は、その人物の幸福に対するあなたの関与よりもホットドリンクの値段が高いことを暗に意味するため、ケチくさい印象を与える。コー

ヒー党の人物を友人としてあまり大切にしていないように受け取れる。

いまでは、友だちと飲みにいったり、ディナーを食べたりしたときに精算できるアプリがある。こうしたテクノロジーを使えば、割り勘の煩わしさはなくなるのだが、実際に使ってみると気まずく感じることもあるだろう。前述の論法で考えれば、この気まずさにはもっともな理由があることがわかってくる。こうした厳密なやり取りをすることで、私たちの社会的関係の基盤をうっかり傷つけてしまっていないだろうか?

第11章

罰と協力

遅かれ早かれ、誰もが結果というごちそうを甘受する。

——ロバート・ルイス・スティーヴンソン「老人の死（*Old Mortality*）」（１８８４年[1]）

襲撃への参加

襲撃に先立ち、集まった男たちは盛大に飲み食いして、これからの任務に備える。敵を待ち伏せして殺害し、高価な牛を奪いとる計画だ。だいたいの男たちは勝利を予想して興奮の声を上げているが、何人かは不安なのか緊張している。最近の戦いでは槍の代わりに銃を使うから、重傷を負う危険だけでなく、死ぬ危険さえも大きいのだ。

彼らトゥルカナ族は半遊牧の牧畜民で、ケニア北部の荒涼とした土地に暮らしている。1年のほとんどのあいだ干ばつが続くことがあり、飢餓は例外ではなく日常だ。人々は生き残るために、飼育している家畜に頼り、極度に食料が不足したときには近隣の土地を襲い、牛を盗んで自分たちの家畜の群れを大きくする。こうした襲撃に参加するのは危険が伴う。戦いのあいだにおよそ１００人に1人が殺されるのだ。襲撃への参加は協力の一形態でもある。敵を襲うことによって得られる牛やその他の利益は、戦いに参加しない人も含め、ほかの多くの仲間と共有されるからだ。当然、なかには不安に負けて、仲間を見捨て、家のある安全な野営地に逃げてしまう男たちもいる。

こうした臆病な行為はたいていの場合、受け入れられない。トゥルカナ族を広く調査してきた人類学者のサラ・マシューは、非難と罰に関する社会的規範によって男性が逃亡せず、戦いに参加せざるを得なくなる仕組みを探った。トゥルカナ族の多くの人々（特に未婚の女性）は逃亡者にひどい扱いをする。逃亡者は臆病な兵士だと非難されるだけでなく、全般的に信頼が置けず、結婚相手として望ましくないと見なされる。社会的に受け入れられなくなるだけではない。戦いから逃げた男性は、その行為に対して容赦のない罰を受ける。襲撃のあと、逃亡者の今後の扱いについて会合が開かれる。罰を与える決定がなされた場合、その過酷な罰の執行は逃亡者と同い年の仲間に委ねられる。トゥルカナ族の社会では、逃亡者は灌木の茂みに縛りつけられて叩かれる罰を受けたあと、グループに牛を1頭ささげるように強制される。[2] こうした体罰を与える目的は、逃亡者に焼きを入れて、今後の戦いで逃亡を思いとどまらせることにある。トゥルカナのある男性はこう言う。「そいつを変えるには叩くしかない……話すだけじゃ足りないんだ」

「ただ乗り」問題

前章で取り上げた返報性にもとづく手法が、襲撃への参加といった、代償の大きい大規模な集団行動への参加を促すとは考えにくい。それは、このような戦いに加わる男性にとって賭けの大きさが尋常ではないからというだけではない。3人以上が関与するやり取りでは、返報性は精密な工具が必要な場面で大きなハンマーのように機能してしまうからだ。

その理由を理解するために、あなたと同僚の2人が参加するグループ・プロジェクトを割り当てられた場面を考えてみよう。同僚の1人は、プロジェクトがうまく進むように懸命に働いてくれる誠実な人物だ。しかし、もう1人の同僚は「ただ乗り」するタイプ（フリーライダー）で、ほかの人にしっかり働いてもらうのを好む。返報性の考えに従えば、あなた自身も手を抜くことにして、ただ乗りする同僚がサボった分だけ自分もサボるだろう。だが、そんなことをすると、懸命に働く誠実な同僚に間接的に迷惑をかけることになる。返報性は一対一のやり取りでは協力を支えることができるが、集団内では協力を台無しにしてしまうおそれがある。

この影響を実証するために、私は自分の職場で実験してみた[3]。被験者は何も知らない私の同僚たちだ。実験の場所は学部の喫茶室、具体的にはそのキッチンのシンクである。共用のキッチンを使ったことがある人ならよくわかるように、洗い物が一つも残っていない状態にシンクを保つのは困難をきわめる。したがって、きれいなシンクは公共の利益のようなもので、誰もがその利益を受けるが、保つのが難し

いものの一つだ。利用者が自分の使った食器を自分で洗うのが最善であることは誰もが同意するだろうが、それぞれの人が手を抜きたいと思う気持ちがあり、自分の洗い物をシンクに残すことがある。他者の怠惰な行動の跡を見ると、誰よりも良心的な利用者でさえも手を抜きたいという気持ちになるだろう。

　この実験を行なうため、私は数週間にわたってこっそり早めに職場に行き、同僚が出勤する前にシンクの状態に手を加えた。ある朝には、洗い物をすべてすませ、シンクをピカピカに磨いておいた。別の朝には、使用済み食器をいくつかシンクに置きっぱなしにし、その日にほかの使用済み食器がどれだけ加わるかを観察した。学生寮に住んだことのある読者ならおそらくこの実験の結果を予測できるかもしれないが、それでも、実験の結果は原理を証明する強力な証拠となった。シンクをきれいにした日は、その後もシンクはきれいに保たれる傾向にあったが、一つでも使用済みのポットを置くと、負のスパイラルが始まって、次々に使用済み食器が置かれる。人々はほかのフリーライダーがいる痕跡を見つけると、自分も同じことをしてよいと感じて、使用済みの皿やコップ、スプーンをシンクに置きっぱなしにするのだ。こうした傾向は実験室でも現実の世界でも広く再現されており、大規模な集団で協力を支えるうえでの返報性の限界を浮き彫りにしている。

　このような実地での実験は興味深いのだが、人々がより厳密に管理された状況で個人の利益と集団の利益の対立をどのように解決しているかをもっと理解するためには、同様の研究を実験室で行なわなければならない。「キッチンのシンク」の筋書きは「公共財ゲーム」と呼ばれる実験を利用してモデル化することができる。このゲームも社会的ジレンマの一種であり、「囚人のジレンマ」ゲームと多くの点で共通する。主な違いは、公共財ゲームに参加するプレーヤーの数が2人ではなく、もっと多いことだ。

公共財ゲームでは、実験者は最初にすべてのプレーヤーに資金を与える。プレーヤーはそのうちどれだけを共同事業に投資し、どれだけを自分のために貯金しておくかを決めることができる。共同事業に投資された資金は実験者によって増額され、出資したかどうかにかかわらず、すべてのプレーヤーに分配される。1度限りの「囚人のジレンマ」ゲームと同様、ここでも「裏切り」は利益をもたらす戦略となる。このゲームで最も多く稼ぎたいなら、共同事業には投資せず、ほかのプレーヤーの投資にただ乗りするのがいい。こうしたゲームで最もよくある結果は、共用キッチンのシンクと同じようなものだ。多くのプレーヤーは当初、協力する姿勢を見せるが、集団内にフリーライダーが増えてくると、長期的な協力を崩す傾向がある。

したがって、返報性が血縁関係のない者どうしのあいだで協力関係を生む効果はかなり限られている。集団の環境では効果を発揮しないし、次章で見ていくように、人々が何度もやり取りしないと思われる場面や、裏切りを促す誘因がきわめて大きい場面でも効果は小さい。実際のところ、社会的ジレンマを解決する方法が返報性しかなかったら、ヒトが協力関係にもとづいて築いた世界はいまよりはるかに小規模で、家族と大切な友人といった主要な仲間だけで構成されていただろう。

協力関係を広げる私たちの能力は、返報性とは異なる能力に由来する。それは、自然がもたらすゲームに対して新たなルール（または制度）を考案する能力だ。制度とは、ケーキにたとえればアイシング（糖衣）のようなもので、社会的ジレンマの上に塗り重ねることによって、やり取りの見かけや性質を変えるものである。制度はルールを変える手法の一つであり、すべての人にとって裏切ることが最善の状況を、各人が協力することによって成功する状況に転換することができる。

社会的ジレンマの誘因を変えるために最も重要な制度の一つは、罰だ。罰の脅威を社会的ジレンマに加えると、協力や裏切りをもたらす誘因が一変する。大規模な集団で、罰が返報性よりも大きな効果をもたらすのは、その対象を定められるからだ。罰は協力的な人々を傷つけずにフリーライダーを罰することができる。

２０００年代初め、経済学者のエルンスト・フェールとジーモン・ゲヒターが、人間（この場合、スイスの学部生）は実験室という抽象的な環境下で罰を利用してみずからを律するかどうかを調べる一連の実験をした。[4]被験者の学生たちは2種類の公共財ゲームを行なった。一つは前述したのと同じ標準的なゲームで、プレーヤーは公共財に投資して協力するか、それとも資金を出さずにただ乗りするかを選択することができる。もう一つは罰を伴うゲームで、プレーヤーは決定を下したあと、1ドル（これは実験で用いる仮想の通貨単位）を支払えば、ほかのプレーヤーに3ドルの「罰金」を科すことができる点が、標準的なゲームと異なる。実験の結果は驚くべきものだった。標準的なゲームでは、公共財への投資は小規模に始まり、回を重ねるにつれて減る一方だった。協力的なプレーヤーがフリーライダーに利用されていることに気づき、投資を見合わせる対応をとったからだ。しかし、罰を伴うゲームでは、標準的なゲームよりも投資額が最初から高く、最後まで高い状態を保った。こうした研究から、協力関係を維持する難しさが浮かび上がる。適切な誘因がないと、協力関係は壊れやすく、利己的な個人の行動によって簡単に崩壊してしまう。

このような研究から得られる一般的な結論の一つとして、「罰は協力を促す」というものがある。罰はジレンマの形を変えることによって、裏切りよりも協力することが利益になるようにしているという

解釈だ。この結論は広い意味では正しいのだが、私たちの日常生活で罰がどのように協力を促すことができるかを考える際に、注意すべき重要な点がいくつかある。チェスには「脅威は実行よりも強い」という格言がある。この格言は罰にとりわけよく当てはまるように思える。それは、前述の実験のような経済ゲームにも言えるし、私たちの刑罰制度の仕組みを考えたときにも言える。罰の脅威は協力を促すうえで重要な要素であるように思えるが、実行された罰は協力関係を支えることもあるものの、それと同じぐらいいたやすく協力関係を壊すこともあるのだ[5]。

「目には目を」という手法をとると、当初はささいな論争だったものが、果てしなく続く確執へと発展するおそれがある。それは争いにかかわるすべての人に有害な結果をもたらす。実験室のゲームでは、プレーヤーに別のプレーヤーを罰する選択肢を与えると、協力行動よりも報復行動が生じることが頻繁にある。罰は執行する側にも受ける側にも代償をもたらすため、こうした設定では富が切り崩される傾向があり、すべてのプレーヤーの状況が悪くなる。実験室では長期的な報復の応酬によって収入が台無しになるが、現実の世界では人の命が奪われることもある。一つ極端な例を挙げると、中国の農村に住む2人の隣人によるささいな口げんか（一方の住宅から落ち葉やごみが風に吹かれてくることをめぐる言い争い）として始まった争いが、殺人事件に発展した事例がある。20年近くたって、その隣人の1人がニューヨークで相手の息子に射殺されたのだ。争いを鎮めることができないという点で、罰は協力を強制させようとする手段としては危うく、争いを爆発的に加速させる危険をはらんでいる。

長い歴史を通じて、社会は罰を適用できる状況を制限する規則や仕組みを設け、誰が誰を何のためにどのぐらい罰することができるかを規制することに何度も注力してきた。罰に制限を設けること（そし

て、裁判所や刑務所といった機関に罰の決定や執行を委ねること）によって長期にわたる確執を防ぐことはできるが、現代の刑罰制度では犯罪者を更生させられないことが多く、したがって、広い意味で協力を促すことができない[*]。犯罪者を更生させる刑罰制度とは、壊れた関係の修復、被害者への償い、犯罪者が社会に復帰できる道筋の提供をめざすものだ。こうした目的は欧米の刑罰制度と食い違うことが多い。欧米の刑罰制度では、矯正よりも報復に主眼が置かれているように思える。報復は心理的には満足感をもたらすかもしれないが、社会にもたらす利益はあったとしても限られている。

罰が協力を促す

これらの注意点を念頭に置いたうえで、無難な結論を出すと、「罰の脅威は協力を促す一助となることがある（ただし、不正を働く人を更生させるとは限らない）」となる。しかし、ちょっと考えてみると、一つの難問を別の難問にすり替えただけであることがわかる。これは、罰というのは提供するのに代償が伴う行為だからだ[6]。実験環境では、集団のほかのメンバーを罰しようとすると身銭を切らなければならない。現実の世界では、刑罰を執行するのは公的機関ではあるが、それらは公共財であり、その運営コストは税金によってまかなわれる。不正を働く人を自分独自の判断で罰しようとする人には、違った代償が伴う。自分の労力や時間、相手に報復されるリスクという形の代償だ。罰によって集団内での協力は増えるだろうが、その利益は、フリーライダーの取り締まりに参加したかどうかにかかわらず、集団のすべてのメンバーで共有される。罰は他者に危害を加える行為ではあるが、利益が共有されるとい

う見方をすると、罰は社会に利益をもたらしうる行為でもあると考えられる。罰する人は個人的に代償を支払って、集団レベルの利益と思えるものを提供する。したがって、他者を罰するという決定は、もともとの投資ゲームの上に重ねられた二つ目の公共財ゲームだ。このため、罰は「二次的な公共財」と呼ばれることもあり、罰を提供しなかった人々は「二次的なフリーライダー」とされる。

罰を協力の一形態、あるいは二次的な公共財と考えると、「人間は罰せられたくないから協力する」という堂々巡りの議論が浮かび上がってくる。おそらく罰が協力を促すことは確かだし、ヒトが最も近い血縁者を越えて協力のネットワークを広げることができた過程を説明するうえで、罰は重要な部分を占めるだろう。しかし、ヒトはなぜ協力するのかという問いに対する答えとして「罰」を提示すると、別の問題が出てくる。罰の仕組みは、それが支える協力とまったく同じ問題をはらんだ誘因があるように思えるにもかかわらず、なぜ存在するのか。この問題をどのように説明できるだろうか？

罰することは楽しい？

ヒトが代償を支払ってでも罰する理由に対する一つの答えとして、「私たちは罰することを楽しんで

＊刑罰制度は、犯罪者の更生によってではなく、ほかの人々が類似の罪を犯さないように抑止することによって、協力を促している可能性はある。「一般抑止」に関する文献は多数あるが、ここで深く掘り下げることはしない。ここでは、いまも昔も罰則の厳格化と犯罪率の低下には関連が見られないことだけ指摘しておく。

いるように見える」というものが考えられる。社会に利益をもたらす善行（およびその他の有益な行動）の最中に活性化するのと同じ脳の報酬系が、他者を罰する機会を得たときにも活性化する。[7] 子どもでさえも、悪い人が天罰を受けているのを見て楽しんでいるようだ。[8] 操り人形劇の「パンチとジュディ」の設定を利用した研究で、子どもは一つの（やんちゃな）人形が別の人形に殴られている場面を見るために本物のお金を払った。実際のところ、社会に反する者を罰する傾向はあまりにも強く、被害者に代わって介入したいと思う人もいる。自分に直接のかかわりがない状況で違反者を罰する行為は「第三者罰」と呼ばれている。

社会に反する者に罰を与えると、よい気分になるのかもしれない。しかし、そこからは、私たちの脳がなぜ、代償を伴う危険をはらんだ行為を楽しむようにできているのか、という問題が浮かび上がってくる。私たちの心理はたいてい、危険な行為や代償を伴う行為を不快なものと知覚し、その行為を避けるように進化してきた。たとえば、痛みは体の一部が傷ついたことを脳が伝える手段だ。あなたは痛みを感じたら、けががそれ以上悪化しないように対処し、すでに負った傷の治療に当たるだろう。空腹も不快な感覚の一つであり、そろそろ何かを食べるときだということを教えてくれる。反対に、長期的な利益を生む行動はたいてい、楽しい気持ちや心地よい体験をもたらす。だから私たちは、短期的な代償を伴ったとしても、そうした行動をしたいと思うようになる。一つの好例がセックスだ。ヒトはほかの多くの生物と比べてセックスの回数が多い。それはセックスを楽しいと感じる傾向があるからだ。しかし実際のところ、セックスは少なくとも短期的には代償を支払わなければならない行為である。まず、時間を犠牲にしなければならない。セックスをしなければ、代わりにほかのことができる。セックスは

また、病気にさらされる可能性を高めるし、多くの生物にとっては、捕食される危険がきわめて高い場面でもある。こうした短期的な代償があっても、セックスは繁殖に直接つながる可能性を秘めている。私たちの脳がこのように明らかな利益をもたらす行為を楽しむようにできているのは、理にかなっている。

他者と協力することと他者を罰することは、少しセックスに似ているように思える。短期的には代償を伴うものの、将来的には利益を生む可能性を秘めているからだ。こうして考えると、脳がこの種の行為を楽しむようにできている理由を説明できるかもしれない。実際、罰する者がその労力から確かに利益を得ることが、今ではわかっている。この可能性を実証した最初の具体例の一つは、私がオーストラリア沿岸の沖に浮かぶ小さな島で行なった一連の実験で得られた。この分野で行なわれた既存の研究の大部分とは異なり、私の実験の対象は学部生ではなかったし、そもそも人間でもなかった。実験対象は魚だった。

魚のあいだにある利害の衝突

オーストラリア沿岸のグレート・バリア・リーフでは、ホンソメワケベラという小さな魚が驚くほどたくさん見られる。私は２０１０年から、共同研究者のレドゥアン・ブシャリーとともにソメワケベラの行動を研究してきた。研究の現場は、南太平洋に浮かぶ小さな島にあるリザード島調査基地だ。リザード島は、クイーンズランド州北部のケアンズから飛行機でおよそ1時間の小さな島で、１７７０

年にイギリスの航海家ジェームズ・クックによって名づけられた。この島を自由に歩き回る（ちょっと怖い）オオトカゲ〔英語でモニター・リザード〕がその名の由来だ。とはいえ、クックが航海の難所だったこの海域のほかの場所に与えた地名（トリビュレーション〔苦難の〕岬、ウィアリー〔うんざりする〕湾など）を考えれば、彼はリザード島が好きだったに違いないと私はいつも思っている。その理由はわかりやすい。空撮写真を見れば、三日月形の小さな島が白い砂浜とサンゴ礁に縁取られ、青い海に囲まれている姿は美しく、のどかに見える。フィールドワークをするにはもってこいの場所だと、すぐに納得した。

残念ながら、熱帯の島での日常生活は思っていたよりはるかに地味だった。ソメワケベラの行動をきちんと理解するためには、海ではなく、実験室で研究する必要があるのだ*。この魚は実験室という仮のすみかにすぐに慣れた。餌はすりつぶしたエビを四角いアクリル樹脂のプレートの表面に塗って与えたが、それをすぐに食べるようになった。ビーチでピニャコラーダを飲む生活を期待していたのに、リザード島での暮らしの大部分はエビをすりつぶしているか、水槽がある部屋に閉じこもり、蚊を追い払いながら魚の行動を詳しく観察するという日々だった。

ソメワケベラはサンゴ礁の美容師のようなものだ。「クリーニング・ステーション」と呼ばれる小さななわばりをもち、そこでサンゴ礁にすむほかの魚、いわば「顧客」にサービスを提供する。どんなサービスかと言うと、外部寄生虫などの不快な虫を顧客の体の表面から取り除くほか、時にはおまけとして胸びれで気持ちよくマッサージすることもある（マッサージは人間と同じように魚のストレスを軽減する）。定期的なクリーニングは顧客の健康にとって重要で、ソメワケベラはたいてい気前よくサービ

スする。しかし、ときどきごまかして顧客の粘液とうろこを食べることがある。粘液は外部寄生虫よりも栄養が豊富であるほか、紫外線を吸収するアミノ酸を含み、ソメワケベラにとっては「飲む日焼け止め」のような役割を果たす[9]。あまり食欲をそそらないのだが、粘液は外部寄生虫よりもおいしいようだ。顧客の魚を麻酔して、かまれても反応しないようにしたところで、ソメワケベラが食べられる状態にすると、ソメワケベラはたいてい外部寄生虫よりも、粘液とうろこを食べる。

　このように、ソメワケベラと顧客の魚のあいだには利害の衝突がある。顧客はソメワケベラに外部寄生虫を取り除いてほしいが、ソメワケベラは粘液とうろこを食べたいと思っている。このシステムで協力関係を維持するためには、利害の衝突を解決しなければならない。一見したところ、私たちヒトとサンゴ礁にすむこの小さな魚には共通点などたいしてないように思えるのだが、この魚も大規模な社会に暮らすヒトと似たような社会問題を抱えている。ヒトもソメワケベラも、見知らぬ者とのごく短いやり取りを頻繁に行なう。こうした場面では、協力が互いに最良の結果をもたらすが、相手を裏切りたいという誘惑も常にある。意外かもしれないが、どちらの種でも、協力させるような類似の仕組みが進化で個別に見いだされた。ソメワケベラの行動とヒトの行動に類似点があることから、もっと普遍的な点も浮かび上がってくる。生命の進化の系統樹で近い関係にあるからといって、その生物で私たちが「人間らしい」と考える行動が観察されるとは限らないということだ。そうではなく、視点を広げて生態学的に考える（自然環境または社会環境が何らかの行動をどこで選択したと考えられるかを問う）ほうが、

＊ご心配なく。ソメワケベラは最終的に元のサンゴ礁に返した。

ヒトの行動をほかの種の行動と比較するときに大きな成果を生むことが多いだろう。

罰を与える動機

水中で協力関係を維持するうえで鍵となる手段の一つが、罰であることが明らかになった。その理由を理解するためには、ホンソメワケベラの暮らしぶりを調べる必要がある。ソメワケベラはなわばりのなかで、1匹の雄と複数の雌からなる集団（ハーレム）をつくって暮らしている*。ソメワケベラは通常、クリーニング・ステーションを訪れる顧客を単独で検分するのだが、雄はときどき1匹の雌と共同で、大きな顧客の魚を検分することがある。

ここでちょっと顧客の魚の立場に立ってみよう。1匹ではなく、2匹のソメワケベラにサービスしてもらうと考えると、あまり気が進まないかもしれない。その理由を探るために、この状況でそれぞれのソメワケベラが直面する誘因について考えてみる。ソメワケベラが外部寄生虫の除去よりも粘液の摂取を好むことはすでに述べた。2匹ともこの誘惑に負けて顧客の体をがぶりとかんだら、顧客は怒って泳ぎ去ってしまうだろう。これはランチを逃してしまうということであり、2匹ともひもじい思いをすることになる。したがって、この状況は水中の「囚人のジレンマ」だ。それぞれのソメワケベラが我先に顧客の体の一部を食べるという利益を得ようと、「底辺への競争」を繰り広げることになると考えられる。

当然ながら、この状況で本当の敗者はかわいそうな顧客だ！　本来、顧客はこの状況にかなり用心す

るはずである。2匹のソメワケベラからは、期待する五つ星のサービスには程遠い、ひどいサービスを受けると考えるだろう、と。しかし、実際は正反対であることがわかった。2匹からクリーニングを受ける顧客は、1匹にクリーニングされる顧客よりもはるかによいサービスを受けており、しかも、サービス品質が向上した分のほぼすべては雌のソメワケベラによるものだ。いったいどういうことだろうか？

ソメワケベラを水中で調べた当初の観察結果から、雄はこうした共同での検分のあいだ事の成り行きに目を光らせていることがわかった。顧客が動揺した場合（かまれたというしるし）やクリーニング・ステーションから逃げた場合、雄は雌を責めているように見える。顧客が泳ぎ去ったあと、雄は雌を追いかけてその鋭い歯で雌の尾の一部をかみ切ろうとして嫌がらせをする。こうした観察結果は、まさに雄が雌を罰しているかのように見える。雌にかまれた本当の被害者はソメワケベラの雄ではなく顧客であることを考えると、これは興味深い行動だ。被害者の顧客の代わりに雄のソメワケベラが雌を罰するというのは、ヒトで言う第三者罰のように思える。それは罰する者の集団に利益があるように意図された利他行動と言われてきた行動であり、ヒトの大規模で超協力的な社会が発達するうえで主要な役割を

＊興味深いのは、すべてのソメワケベラが雌として生まれてくることだ。多くの魚と同じく、ソメワケベラも性別を変えることができ、一定の大きさになると雄になる。ソメワケベラの雌は、現在なわばりにいる雄がいなくなるか、その雄よりも大きく成長すると、雄に変わる。交尾相手が競争相手になることがあるという事実があるため、ソメワケベラの雄と雌のあいだの採餌行動の競争はいっそう激しくなる。

果たした要素だ。それと似たような行動をソメワケベラがとっている可能性はあるだろうか。そのとき何が起きていたのかを探るため、そして、雄が本当に雌を罰していたのかどうかを確かめるために、私たちは実験室でこの行動を詳しく研究する必要があった。

先ほど述べたように、ソメワケベラは訓練すれば、アクリル樹脂のプレートに塗った餌をすぐに食べてくれるようになる。実験室では、そのプレートが模擬の顧客の役割を果たすようになった。プレートには、すりつぶしたエビ（ソメワケベラの好物）と、市販の魚フレークをどろどろにしたもの（ソメワケベラはあまり好きではない）という2種類の餌を塗る。ソメワケベラにこうした好みがあるのは実験にとって好都合だ。この事実を利用すれば、好きな食べ物と好きでない食べ物の選択という、現実の顧客とやり取りするときに遭遇する状況と似たような状況を実験室でつくり出せるからである。ソメワケベラの訓練では、魚フレークを食べた場合、引き続きそれを食べることができるが、エビを食べた場合には、模擬の顧客が「逃げる」（餌を塗ったプレートには長い取っ手がついていて、実験者である私がすぐにそれを使ってプレートを水槽から取り出す）ようにした。つまり、私たちの実験では、魚フレークを食べることは外部寄生虫を食べることに相当し、エビを食べることは、ごまかして粘液を食べることに相当する。目を見張ることに、ソメワケベラはたちまち（6回以下の試行で）模擬の顧客を、自然界での好みに反して食べることを学んだ。ソメワケベラが実験室でこれほど早く学んだ理由の一つは、私たちが教えたルールが、サンゴ礁で本物の顧客に対して1日２０００回近く下している判断の基本的な特徴を備えているからだ。それはつまり、好物を食べるかどうかという判断である。

２０１０年、共同研究者のレドゥアンがソメワケベラの8組の雌雄のつがいを捕まえて、実験室に

持ち込み、罰に対する私たちの見方を検証する準備が整った。その夏は数週間かけ、医療用のピンセットを使ってプレートの表面に小さな魚フレークやエビを置き、そのプレートを水槽に沈めて、ソメワケベラに食べさせるという、かなり骨の折れる作業を行なった。ソメワケベラのつがいが1匹の顧客を検分する状況をモデル化するため、つがいに同じプレートの餌を食べさせた。そして、どちらかがエビを食べたら（ごまかすことに相当）、すぐにプレートを取り除いて、顧客がクリーニング・ステーションから逃げ去った状況を模倣した。

　罰を受ける状況では、雄と雌は同じ餌を食べるため、餌が水槽から取り除かれてしまった場合、雄は雌を懲らしめることができる。雄はごまかした雌に対し、主に水槽中を追いかけ回すなどして激しく攻撃する。雄もよくごまかすのだが、雄は雌の攻撃を比較的簡単にかわすことができる。雌は雄よりも小さく、雄に従属しており、雄がごまかしても罰することがないのだ。したがって、ソメワケベラの雄は猫をかぶったいじめっ子に少し似ている。雌には自分が言ったようにやってほしいが、自分と同じことをしてほしくない。かわいそうな雌は雄によくいじめられ、雄を怖がっていて、避難所のチューブに逃げ込んで隠れていることが多い。とはいえ、雄の罰は雌の行動に思いどおりの効果を与えているようだ。厳しく叱責されたあと、雌はその後の試行でより協力的に振る舞い、エビを食べたいという誘惑にあらがって魚フレークを食べる傾向にあった。

　しかし、雄の罰が雌の行動を変えたという予測を本格的に検証するには、対照群を使った実験が必要だった。これを行なうために、雄と雌は同じプレートの餌を食べられるが、雄は雌に罰を与えることができない状況を用意した。ソメワケベラがいる水槽に透明なプラスチックの仕切りを数枚挿入したのだ。

これによってそれぞれの魚は水槽の半分の領域に閉じ込められるが、同じプレートの餌を食べることができる。雄と雌は互いの姿を見ながら、同じ餌を食べることができるが、採餌行動が終わっても、雄は雌を追いかけ回すことができない。予想どおり、雄が雌を罰せられない状況下での試行では、雌は罰を受けずに行動し、引き続きごまかして自分の好きな餌を食べた。

一見、顧客に代わって雌に罰を与えているようにも見えるが、雄の動機はとても利他的とは言えない。雄は明らかに、雌の振る舞い方に強い関心をもっている。顧客はクリーニング・ステーションで悪いサービスを受けると、早々に逃げ出すだけでなく、そのことを覚えているし、ほかの選択肢がある顧客は二度とそのクリーニング・ステーションを訪れない。そのため、雄は雌をルールに従わせることによって(雄自身がルール違反をしても)利益が得られる。私たちの実験では、雄は協力的な雌といっしょに同じプレートの餌を食べたときのほうが、多くの餌を食べることができた。原則として、サンゴ礁で実際の顧客に接するときも、おそらく同じことが当てはまるだろう。

罰するのは私利私欲のため?

ホンソメワケベラを対象としたこの研究は、ヒトが社会的ジレンマのなかで互いに罰し合うことがある理由を理解するうえで異なる視点を提供してくれる。一つの一般的な見方として、ヒトの罰は集団レベルの利益を獲得するようにつくられている、つまり、自分が暮らしている共同体をより協力的にして繁栄させるようにつくられているというものがある。しかし一方で、罰する者は、罰が集団レベルで利

益をもたらすかどうかに関係なく、その労力から個人的に恩恵を受けるという、より単純な見方もある。罰する者がその労力から恩恵を受けると考えられるわかりやすい方法の一つに、「罰を与える人」という評判を獲得することがある。他者を罰することで、あなたは不正を許さない人物であるというふうに見え、人々が罰を与える人物に直面したときに協力（または屈服）することが多くなる。罰はまた、傍観者に異なる種類のシグナルを送ることもある。罰する人は人々を協力させるためにみずから代償を支払ってもいいと考えている公正な人物だというシグナルだ（たとえば、ロビン・フッドのような人物[11]）。これも実験では、罰する人（不正を働くプレーヤーやただ乗りするプレーヤーに罰金を科すために、自分の実験上のお金を使う人々）は協力ゲームで信頼されやすく、その勇敢な行為に対して他者から見返りを得られることが多くなる。つまり、こうした研究は、罰に注ぐ労力は集団レベルの利益の訴求という考え方でのみ理解できるという説に疑問を投げかけ、多くの場合、罰する人は結局のところ私利私欲を追い求めている可能性があることを示している。

評判は私たちが他者を罰する理由の説明に役立つだけではない。人間が行なう多数の奇妙な行動も説明できるのだ。前章では、テレビ番組『ゴールデン・ボールズ』の最後のコーナーに出演したスティーヴンとサラを取り上げた。その後、人間は重要な関係を維持したり、他者から罰を受けるおそれを回避したりするためにしばしば協力するという事例も見てきた。しかし、繰り返しのやり取りや罰の脅威では、スティーヴンがサラとお金を分け合う理由を説明することはできない。『ゴールデン・ボールズ』の最後のコーナーは明らかに一度限りのやり取りだ。スティーヴンとサラは見知らぬ者どうしであり、その場で「山分け」か「総取り」かを決めるだけで、その後は別々の人生を歩む。「総取り」を選んで

も罰を受けるおそれはないし、この特定の関係の未来に影が差すこともない。

しかし、今後も繰り返される可能性がほとんどないと思える出会いでも、協力したほうがよい理由はほかにもある。それは、あなたの「評判」だ。この特定のエピソードが不快だとはいえ視聴者を引きつける理由の一つは、大半の人がおそらくサラよりも自分の評判をある程度気にしているからだ。サラがこの決定を非公式の場で、つまりかわいそうなスティーヴンでさえも知り得ないかもしれない状況で下したと聞いたら、せいぜい眉をひそめるぐらいかもしれない。しかし、サラの決定はテレビ放送という公共の場で下された。ほかの人がその行為を目撃でき、それに伴ってサラという人物を評価できる状況で決定されたことは、かなりの驚きだ。この露骨に利己的な行為とは対照的に、大半の人々はたいてい他者からどう思われるかを気にしているかのように振る舞い、自分をよく見せて欠点を隠すようにする。他者にどう思われるかを気にするというのは、自然淘汰で選ばれた心理の一つだ。しかし、なぜ選ばれたのだろうか？

第12章

見栄の張り合い

クジャクの尾羽を1枚でも見ると、そのたびにうんざりする！

——チャールズ・ダーウィン（1860年[1]）

評判の力

私と似たような考えの持ち主だったらおそらく、ネット通販のイーベイで買い物をするとき、売り手のフィードバックスコアをチェックしてから、買うかどうかを判断するだろう。スコアが高くて評判のよい売り手は手っ取り早く稼ぐために評判を犠牲にしてまで買い手をだますことはなさそうだと推測できるから、そうした売り手を選べば安心だ。評判とは、元をたどれば他者に関する情報である。その人

物が将来どのように振る舞うかを、過去の行動にもとづいて推測することができる。私たちは評判にもとづいて他者を評価する。そして、他者が見ていそうなときに協力することによって自分自身のイメージをつくろうとし、見られる可能性が小さいときにはあまり協力しない。したがって、有益な評判をつくることは労力を伴う行動の一つだが、長い目で見れば利益をもたらす。イーベイでは、評判がよければまさに金銭的な利益が得られる。フィードバックスコアが高い売り手は、評判がそれほどよくない売り手に比べて、同じ製品でも高い価格をつけることができる。

　お察しのとおり、人々はたいてい自分の評判が大事であると認識しているかのように振る舞う。人々は自分の行動が他者に知らされる場合、知らされない場合と比べて気前よく振る舞う傾向にあることが、数えきれないほどの実験で示されている。知識のある政策立案者は、こうした研究成果を利用して、社会的に好ましい行動を低コストで市民に勧めることができる。２０１３年、アメリカの研究チームがカリフォルニアの電力会社と共同でこんな研究をした。エネルギー需要が高い期間にエネルギー供給を抑制する装置を設置する電力会社のプログラムへの参加を、評判を誘因にして促すことができるかどうかという研究だ。この会社は以前、この需要抑制プログラムに参加した各世帯に25ドルの報奨金を提供していた。それが参加を促す最も単純で効果的な方法であると、会社は思い込んでいたのだ。

　しかし、研究チームは違う案を出した。アパートメントのある区画の目立つ場所に、登録用紙を掲示するという案だ。こうすることで、住民は自分がこのプログラムに参加したことを広く知らせることができるだけでなく、近所の誰が参加したかを確認することもできる。電力会社が驚いたことに、自分の善行を他者に知らせるというこの単純な手法は、報奨金と比べて7倍以上の効果があった[2]。自分の行動

を他人に見られて評価されるかもしれないという感覚を抱かせないようにすると、反対の効果をもたらすことができ、社会的に好ましい行動があまり見られないようになる。このことから、よかれと思って決められた政策がときどき裏目に出る理由を説明できる。スイスでは、投票率を上げようと導入した郵便投票があまり効果を上げなかった[3]。これはひょっとしたら、市民が投票所にいかなくてすむようにしたことによって、民主主義に参加しているという評判を得る恩恵を受けられなくなったからかもしれない。

評判を気にする魚

自分のイメージを気にする生物はヒト以外にもいる。ホンソメワケベラもまた、私たちと驚くほど似た行動をとるようで、他者に対して自分を好意的に見せようとする。ソメワケベラと顧客のあいだに利害の衝突があることを思い出してほしい。顧客は寄生虫を取り除いてほしいが、ソメワケベラは粘液とうろこを食べたい。人間とは違って、ソメワケベラと顧客は座って話し合うこともできないし、顧客は悪いサービスに対する意見を伝えることもできない。しかし、両者の対立はヒトと驚くほど似たような方法で解決されている。

ソメワケベラに誠実に振る舞ってもらうために顧客がとる方法の一つは、行動で意思表示することだ。行動範囲内に行きつけのクリーニング・ステーションが複数ある顧客は、標準以下のサービスに我慢する必要はない。こうした「気難しい」顧客は、お高くとまったプリマドンナのように振る舞う。到着し

たらすぐにサービスするように求め、待つことを拒むのだ。クリーニング・ステーションで目にした光景が気に入らないと（ソメワケベラとその時点の顧客がもめているなど）、泳ぎ去って、もっとサービスのよいクリーニング・ステーションを探しにいく。[4]

プリマドンナはよりよいサービスを要求し、それを手にする。庶民は寄生虫を除去してもらうために待たなければならないが、気難しい顧客はしばしばクリーニング・ステーションに到着すると列の先頭に導かれる。さらに驚くのは、アナ・ピントが博士課程に在籍していたときに率いた研究で発見したことだ。ソメワケベラは気難しい顧客に近くで見られていると、その時点の顧客にいつも以上のサービスを提供するのだ。[5]これは評判を気にする初歩的な行動を示すもので、自然界ではきわめて珍しい。ヒトであっても幼少期の中期までは評判の管理に苦労するし、[6]類人猿が他者にどのように見られているかを自覚したり気にしたりしているという証拠は乏しい。[7]

ソメワケベラが評判を気にし、ほかの生物が気にしないという事実は、ソメワケベラがチンパンジーやヒトの子どもより何らかの点で賢いことを意味しているわけではない。ヒトの子どもは成長するにつれて認知的方略を発達させ、評判の管理に利用するが、ソメワケベラがその同じ方略を使っているとは考えにくい。ヒトの場合、評判の管理には、他者の立場で考え、自分に対する考えや印象がさまざまな状況下でどのように変化しうるかを推測することも含まれる。そうした状況は必ずしも現実に起こらなくてもよい。私たちは仮に税金をごまかした場合やノーベル賞を受賞した場合に、人にどう見られるかを想像することができる。こうした仮想上の行動が誰にも気づかれなかったときの状況も想像できる。このような想像は私たちにとってはたやすいように思えるが、このような推論を導き出すのは一苦労で

あるし、ヒト以外の種にはできない。ソメワケベラは評判の管理をヒトのように思考して解決するわけではない。ソメワケベラの能力はおそらく、かなり単純な形の連合学習にもとづいているのだろう。ソメワケベラは顧客と何度も接するうちに、ある種の顧客はよいサービスを受けられなかったり、ほかの顧客がかまれているのを目撃したりすると泳ぎ去る傾向にあることを学ぶのだ。別の言い方をすれば、ごまかしたソメワケベラはその場面を目撃した顧客が泳ぎ去ることを予測できるかもしれないが、泳ぎ去る理由は理解できない。

私たちはまた、教示行動の発生に関する発見と、この行動を支える認知能力の種類に強い共通点を見いだすことができる。教示行動には、教えられる側が何を知っているかを知るという優れた認知能力が伴うことがあるが、必ずしもこの能力が必要なわけではない。アリやチメドリ、ミーアキャットなどの生き物は（私たちが知る限り）そのように考えることができなくても、教師役として振る舞うことができる。評判の管理も似たようなもので、ヒトの場合は、他者の考えや印象を推測する能力に頼っているように見えるが、必ずしもその能力に頼る必要はない（ソメワケベラは頼っていない）。これもまた、ヒトとほかの生物が認知的に異なる道筋をたどりながら同じ行動に到達したように見える事例の一つかもしれない。

信頼を維持する

他者の評判を追跡・監視するシステムがなければ、あらゆる人間社会を特徴づける相互取引の複雑な

システムは出現しなかっただろう。「囚人のジレンマ」ゲームでの協力と同じく、市場での売買はリスクを伴う行動であり、相手が裏切る人物ではなく、協力する人物である場合にのみうまくいく。この賭けに価値があると思えるようにするためには、個人どうしが互いを信頼しなければならない。大部分の取引のやり取りでは商品やお金を同時に交換することはなく、それぞれが相手に片方の手で与えて、もう片方の手で相手から受け取るわけではない。取引の行動は同時には起こらない傾向があり、最初の一手を打ったほうが利用されやすい。

　あなたはレストランで、ウェイターが料理をもってくるたびにお金を払うわけではない。料理は先に提供される。レストランは客が食べ終わったあとにお金を払ってくれると「信頼」しているのだ。ファストフード店では逆で、食べる人が先にお金を払い、そのあとに食べ物が提供されると信頼している。すべてのやり取りで商品やお金をまったく同時に交換できる方法を見つけられたとしても、リスクの問題が解消されることはないだろう。取引の当事者どうしがもっている情報には、たいてい差があるからだ。売り手は基準以下の製品を相手に売りつけることができる。これは理論上の抽象的な話というだけではない。２０１３年には、イギリスで「馬肉スキャンダル」が起きた。多数のスーパーマーケットが馬肉を牛肉と偽って売っていたことが判明したのだ。この出来事からは、売り手（この場合）が買い手に対してどれだけの情報を隠せるか、そして、こうした不正が発覚したときにどれだけ信頼を失うかがわかる*。

　信頼が不足すると、相互に利益をもたらす取引を妨げるおそれがある。解決策の一つは、法の執行を上位の機関に委ねることだ。現代の工業化社会では、社会契約に違反した人物の逮捕や懲罰を担当する

さまざまな機関（警察、裁判所など）を設けることがよくある。こうした権力機関はそれ自体が重要で、議論に値するものだが、ここでは考慮に入れないことにする。取引の当事者間に信頼関係が生まれる原因は権力機関だけではないことがわかっているからだ。まず、こうした上位の公共機関の創設自体が協力の一形態である（結局のところ、警察の運営資金は国民が納めた税金だ）。協力関係を支える重要な柱として公共機関の存在を挙げると、そもそもこうした機関に資金を提供する問題をどのように解決したかという疑問が浮かび上がる。さらに、社会的ジレンマを解決するうえで権力機関は必ずしも必要ではない。それなしでホンソメワケベラはうまくやっているし、ヒトもまた多くの市場でうまく問題を解決している。

　一例として、ダークウェブ（麻薬や武器など、非合法の商品を売るオンライン市場）で信頼がどのように維持されているかを考えてみよう。オンラインの麻薬取引にかかわる人物は、取引相手にだまされても警察に通報することはまずできないし、たとえ通報したとしても、警察にできることはほとんどない。「暗号マーケット」とも呼ばれるこうした市場での取引は完全に匿名で行なわれ、取引の当事者は暗号化ソフトウェアを使って、身元や現在地の特定につながるあらゆるデータを削除する。身元を隠した犯罪者どうしがやり取りし、法律を守らせる当局がいない市場では、信頼は存在しないも同然で、取引は成り立つはずがないと思うかもしれない。しかし、評価システム（ほかのオンライン通販と同じよ

＊このスキャンダルにかかわった主なスーパーマーケットの一つであるテスコは、偽装の発覚後に株式の時価総額が3億ポンドも下がったと推定された。

うな星印の評価やフィードバックなど）が存在することで、そうした市場はにぎわう。たとえば、ダークウェブのある販売プラットフォームから入手した1カ月分の売り上げデータから、２０１７年にはおよそ3億９０００万ドルの売り上げがあったと推定される。[8]

プリズン・ギャング（刑務所内のギャング組織）も似たような機能を果たしているようだが、この場合は個人というよりも集団の評価を管理しようとしている。学者のデヴィッド・スカーベックは、ギャングはたいてい民族の系列に従って形成されるが、民族間の暴力を促すことはしていないと主張する。プリズン・ギャングが急激に流行すると、刑務所内での殺人率は下がるという。だが、プリズン・ギャングの使命は殺人率を下げることではなく、価値ある取引組織としての評判を維持することのようだ。[9]この使命は結果として、異なるギャングどうしに協力関係と信頼をはぐくみ、それによってドラッグなどの密売が刑務所の内外で円滑になる。ギャングのメンバーは系列組織の行動を入念に取り締まる。不正を働いたり、盗んだり、組織の評判を広く傷つけたりしたメンバーは「要注意人物リスト」に加えられ、見つかりしだい攻撃される。こうした組織内の取り締まりによってギャングどうしの抗争を防ぎ、滞りなく取引を続けられるようになる。

評価システムの誕生

罰と同じく、公の評価システムは制度の一種でもある。ふつうなら信頼度が低くなりそうな状況を、互いに相手が協力する気があると安心できる状況に変えるルールを、人間が考案したのだ。こうしたシ

ステムがなければ、民泊サービスのエアビーアンドビー、配車サービスのウーバーやリフトといったプラットフォームはおそらく存在できないだろう。とはいえ、評価システムは現代に考案されたものではない。中世のヨーロッパにはすでに、他者の記録を残す制度的な仕組みがあり、外国の領土で商業取引を円滑に進める一助となっていた。

11世紀の商人は外国で商品を売るときに、あるジレンマに直面していた。自分で商品を携えて外国の市場に行って売るか、それとも、外国の代理人に商品を託して、自分の代わりに売ってもらうのがいいのか。後者のやり方のほうが効率的ではあるが、そこには信頼の問題が伴う。外国の代理人が商品を持ち逃げしないという保証をどうやって得ることができるのか。

この問題の解決策として登場したのが、商人ギルドだ。[10]社会で最も信頼の置けるメンバーのみが入会を許される団体で、その一例が「マグレブ商人」である。取引の相手としてマグレブ商人ギルドのメンバーを選ぶことで、商人は相手が誠実に取引してくれると信頼することができる。マグレブ商人は規則に従わなければ、ギルドから追放されるという痛手をこうむることになる。ロンドン名物の黒塗りタクシー「ブラックキャブ」を一目見て信頼するのも同じ理由によるものだ。ブラックキャブの運転手は難関の試験（ナレッジ試験）に合格するために2年かけて勉強し、市内で出発地から目的地に行くためのさまざまなルートを記憶しなければならない。この試験に合格すると、「タクシー運転手名誉組合」のメンバーになれる。この特別な組合員という立場は、サービスを保証する役目を果たす。客を「眺めのよいルート」に連れていって目的地まで遠回りするなどの不正を働けば、組合から追放されるおそれがあるため、運転手はそのような不正をする気が起きないようになる。この仕組みを一歩進め、「社会信

用システム」というかなり陰湿な仕組みを構築しつつあるのが中国だ。その目的は同じで、すべての個人と組織に評価スコアを与え、子どもが通う学校、旅行の可否やその旅行先、出会い系サイトでいっしょになれる相手などの決定に使う。公式文書によると、このシステムで「信用できる人物が自由に動き回り、信用できない人物が身動きをとりにくく」なれば成功であると見なされる。

信頼させるシグナル

協力的な個体はよい評価を集めれば自分の実績を示すことができるが、こうした伝達システムは不正をたくらむ仲介者に悪用されやすい。たとえば、ホンソメワケベラは、まさに次の事例のように、サンゴ礁でほかの種と争う必要がある。その相手は、イソギンポ科のニセクロスジギンポという名前の魚だ。恥を忍んで正直に言うと、経験豊富なソメワケベラの研究者である私でさえも、その擬態能力に数日間だまされていたことがある。そのとき私は、捕まえたばかりのソメワケベラを実験室での暮らしに慣れさせていた。ソメワケベラが実験室という仮住まいに順応するのを助けるプロセスだ。ある晩、私は共同研究者のレドゥアンに、1匹が奇妙な振る舞いをしていると話した。その魚は、ほかのソメワケベラのように水槽のなかを動き回るのではなく、身を隠すためのチューブに潜むのを好んだのだ。しばらくして、レドゥアンがその奇妙な魚を調べて、大笑いした。なんと、私を悩ませていた魚はイソギンポだった！　その奇妙な行動の理由はすぐにわかった。イソギンポのほとんどの種は、サンゴ礁の小さな隠れ家に身を潜めて待ち伏せし、何も知らない魚が泳いできたら、さっと飛び出して、その鋭い歯で肉片

をかみ切る。イソギンポは顧客が信頼するソメワケベラに似ていることを利用して、獲物に近づき、間近で襲うことができるのだ。

時にはソメワケベラ自身も不正を働き、顧客をだまして信頼させることがある。前述のように、ソメワケベラは顧客の粘液を摂取することで、栄養上の恩恵のほか、日焼け止めの一種も得られる。しかし、この点に関してはすべての顧客が必ずしも同じというわけではなく、なかにはほかの個体より粘液が多い顧客もいる。ソメワケベラは食物に飢えているとき、粘液をたくさんもっている上客をだまして、サービスを受けさせる。近くにいる別の魚をえらで気持ちよくマッサージして、「ほら、お客さんに最高のサービスを提供するよ。信頼していい」というようなメッセージを送るのだ。だが、これはだますための行動であり、おいしい粘液をもっている顧客が近づくやいなや、ソメワケベラはその貴重な粘液の一部をかっぱらう[11]。

シグナルの発信によって何らかの恩恵が得られる場面では必ず、不正やごまかしがどこかに潜んでいる。テレビ番組の『ゴールデン・ボールズ』に出演したサラが自分のことをスティーヴンにたやすく信頼させ、最終的に打撃を与えたことを思い出してほしい。「口では何とでも言える」という古い言い回しには、もっと深い生物学的な真理が含まれている。「簡単に偽装できるシグナルはたいてい信頼できない」というものだ。労力を要するシグナルは、偽装が不可能か無益であるから、本質的に信頼性が高い。その一例が、インドの裕福な実業家であるダッタ・プゲ氏*だ。同氏は金だけでつくった時価25万ド

＊プゲ氏は金銭トラブルが原因で２０１６年に殺害された。

ルのシャツを着たことで有名になった。衣服としての機能を考えれば、黄金のシャツは最悪だ。生まれたばかりの赤ちゃんより重いし、洗濯できないうえ、着ているときには警備のために必ずボディーガードの一団を従えなければならない。しかし、富のシグナルとしては、黄金のシャツはきわめて効果的だ。こんなシャツを買って身につけようと考えるのは富豪ぐらいしかいない。

飾り羽を見せびらかす目的

派手なディスプレイ（誇示行動）は、隠れた資質を見せる手段としてはたいてい代償が大きい。自然界で鼻持ちならないディスプレイをする生き物として最初に思い浮かぶのは、クジャクの雄だ。その飾り羽は長さ1・5メートル、重さ300グラムほどで、自分に魅力があることをうっとり見つめる雌に納得させる以外に役割はない。ただ、飾り羽は大きければいいというものではない。誰もがよく知るように、何をもっているかではなく、もっているもので何をするかが重要だ。大きな飾り羽をもっているだけで雌が寄ってくるとは限らない。世の中そんなに甘くないのだ。雌を口説き落とすために、情熱的な雄は、数分にわたって飾り羽をちょうどよい周期で震わせながら、羽根の虹色の目玉模様が日光で輝き、かつ雌をうっとりさせられるちょうどよい角度になる位置に身を置くなど、激しいディスプレイを見せなければならない。大量のエネルギーを使うディスプレイには、正直な気持ちが込められている。本当に優れた個体だからこそ、ここまで激しい行動をとろうと考える。劣った雄はそこまでしない。クジャクの飾り羽はダーウィンをうんざりさせたかもしれないが（彼の自然淘汰による進化論ではこの一

見無駄だらけの派手なディスプレイをうまく説明できなかったから）、クジャクの雌に対しては交尾相手候補について重要な情報を伝えている。いちばん派手な雄を選べば、優れた子を残せることになるという情報だ。雌にとっては、どの雄と交尾するかを慎重に見きわめられるという利点が、雄の飾り羽にはある。

大きな労力を伴うシグナルは飾り羽だけではない。ガゼルが捕食者に追われたときによく跳びはねて逃げるのは、その運動能力を示す率直なシグナルの役割を果たしている。つまり、捕食を逃れる能力があることを伝えているのだ。鳥のひながさかんに食べ物をねだるディスプレイにもまた、似たような役割がある。こうした激しい行動には大きな労力を要するため、ひなが自分の空腹を親鳥に大げさに伝える動機には理論上限りがある。一口分の食料から得られるカロリーより多くのカロリーをディスプレイにつぎ込むのは得策ではないからだ。これは直接的な代償だが、代償には間接的なものもある。1羽のひなが受け取った一口分の食料は、現在や将来のきょうだいの口には入らないからだ。食料を十分に受け取っているひなは、激しく（そして不正直に）食べ物をねだって自分のものにするのではなく、自分のきょうだいに食べてもらうのを「好む」かもしれない。ご想像どおり、ひなと巣の仲間や将来のきょうだいとの血縁度が低い（したがって、きょうだいの生存にあまり関心がない）場合、不正直な行動をとる可能性が高くなる。

オーストラリアのニワシドリは、雌を誘うために飾り立てたあずまやをつくるだけでなく、近隣の個体がつくったとりわけ美しいあずまやを破壊することもある（競争相手を排除するため）。雄は自分のあずまやを入念に手入れし、ベリー類や貝殻、ガラス片など、雌が好むもので飾る。確実に雌の目を引

くよう、飾りは目立つ場所につけられる。実用的でない黄金のシャツと同様、ニワシドリのあずまやは巣として使うためのものではなく、雄も雌もそこにすむことはない。この派手な宮殿は、大きな労力を要するシグナルでしかないのだ。雄が雌の目を引き、(願わくば)繁殖成功率を高めるためのものである。

自分自身の評判をよくするために発するシグナルの多くもまた、この原則に当てはまることがある。ヒトを対象にした私の研究の大部分は、明らかに評判にこだわっているヒトの性質を理解し、その性質が社会的なやり取りにおいて仲よく振る舞う傾向にどのような影響を及ぼしているかを解明するのが目的だ。ここでもう一度強調したいのは、こうした研究をしているからといって、ヒトは協力的な行動が評判にもたらしうる利点を当たり前のように考慮していると言っているわけではないことである。母親が泣いている赤ちゃんにおっぱいを飲ませる前に、授乳が生存にもたらす利点を考慮しているわけではないのと同じだ。私たちはあらゆる善行が評判を得るために計算ずくで行なわれていると主張することなく、人々が評判を気にしているかのように振る舞うという前提を受け入れることができる。

気前のよさがよい評判をもたらす

社会的行動が評判にもたらす結果を研究することによって、人々が時間と労力を注ぐさらに謎めいた行動のいくつかを説明しやすくなる。評判を気にする行動を考慮に入れることで、狩猟採集民が採集だけに力を入れるのではなく、わざわざ狩猟もする理由を理解できるかもしれない。大きな獲物を狩るの

は、食料を入手する手段としてはリスクが大きい。タンザニアのハッザ族の場合、狩猟の旅が成功する確率は3%に満たないと推定されている。それだけでも大変な状況なのに、ハンターは自分が仕留めた獲物のすべて（あるいは大部分）を自分のものにすることはまれだ。獲物の肉は通常、野営地のほかの家族と広く共有され、大部分は集団の親類以外のメンバーに配られる。

　オーストラリアのトレス海峡諸島の先住民であるメリアム族のあいだでは、男性はリスクや代償が大きく長時間にわたる任務に当たる。[12]それは、島々を隔てる浅いサンゴ礁でウミガメを捕まえるというものだ。しかし、そうやって捕まえた価値ある獲物はまるごと、公の祝宴や式典の際にほかの人々によって食べられる。狩りをするかどうかの判断に影響する要因が、カロリー摂取量を最大にすることだけだとしたら、わざわざ狩りをしようとする人はいないはずだ。徒労に終わることが多い狩猟の旅に長い時間をかけるより、もっと手に入れやすい食物の採集や加工という、リスクの小さい手法を追い求めたほうがよいだろう。

　肉を共有する利点として一つ考えられるのは、大きな獲物を捕まえると、一つの家族では食べきれないほど多くの食料が手に入り、そのまま置いておくと腐ってしまうからというものがある。肉をまるごと自分のためにとっておくのではなく、日常的に交流があるほかの人たちに余った肉を食べてもらうのが得策だろう。そこには、隣人を助けられるときに助けておけば、隣人が肉を手に入れたときにお返しをもらえるだろうとの想定がある。しかし、リスクの軽減だけではすべてを説明できない。まず、こうしたシステムでは一流のハンターが実質的な貢献者となる傾向にある。肉の供給者と肉の共有の恩恵を受ける者とのあいだにあるこのような不均衡は、狩猟の恩恵がこうした仕組みだけに依存していれば、

もともと時間の経過とともに不安定になるものだ。さらに、肉を共有する傾向の少なくとも一部をリスクの軽減で説明できたとしても、そもそも人間が大きな獲物を狩る理由は説明できない。

もう一つの可能性として、狩猟によってハンターは自分自身に関する何かを伝えることができるという点が考えられる。たぶん最もわかりやすいのは、ハンターとしての能力（そして、その能力に関連した上半身の強さや認知能力、視力のよさといった性質）を伝えられるという点だ。この説を支持すると見られるデータは、ハッザ族に関する２０１８年の研究から得られた。集団内で最も優秀なハンターと評価されたハッザ族の男性は、矢を標的に当てる、環境内でさまざまな鳥類や哺乳類の鳴き声を言い当てるといった、狩猟関連の能力の検査を目的とした一連の課題にも長けていた[13]。

にもかかわらず、この論文の筆者らは、人々が自分の能力を見せびらかすために狩りをするという説を疑う理由はまだいくつかあると結論づけている。主な理由の一つは、狩猟の成功というのは確率に左右されることが多く、ハンター自身の能力と結びつけにくいという点だ。二つ目は、多くのハンターは集団から離れているときに獲物の大部分を食べるか、共有を避けるために夜の闇にまぎれて肉をくすねようとするという点である。これはつまり、野営地に持ち帰った肉は必ずしも獲物そのものではなく、したがって、個人の能力を表しているとは限らないということだ。そして最後に三つ目として、一つの集団内で誰が最高のハンターで、誰が最悪のハンターかという評価はあるように見えても、その中間のハンターの実績はかなり悪いという点が挙げられる。猛烈な日差しの下で1日6時間とぼとぼ歩き回っても、獲物を仕留める恩恵を得られるのは最高のハンターだけであり、誰が中間のハンターで、誰が最悪のハンターかを気にする理由ははっきりしない。

肉を野営地に持ち帰ることで、ハンターは狩猟の能力以上の何かを伝えることができる。それは、協力的な性質だ。肉を共有する意思を示すことによって、その人物は尊敬と名声の両方を手に入れられる。したがって、肉の共有は地位の獲得という恩恵を生むのだ。地位はおそらく、進化上妥当な指標である。世界中の社会を調査して得られたデータから、地位によって男性の繁殖の成功、もうける子どもの数、生き残る子の数を予測できることがわかった。より気前のよいハンターはまた、利用できる社会的ネットワークが大きくなり、そのなかで受けられる支援も大きい。この恩恵はおそらく男性だけでなく、女性にも及ぶだろう。パラグアイのアチェ族の場合、より多くの食料を他人に分け与えた者は、自分が病気のときや食料を得られないときに支援を受けられる可能性が高い。地位を得られる恩恵は、能力を問わずすべてのハンターにある。最高の評判を得られるのは最も生産性が高い人物ではなく、最も気前のよい人物であるというのが、よくある傾向だ。

西オーストラリア州にすむマルトゥ族の場合、女性たちが協力して狩猟の旅に出発し、オオトカゲ（そして最近では野良猫）などの生きた獲物を捕まえる。ハンターたちが戻ってくると、野営地の仲間が共同のたき火を囲んで夕食を分け合う。調理した肉は、火から下ろされるたびに、それを捕まえた女性に渡されるが、その女性は肉を自分の分にするのではない。ここから、肉を分け合う儀式が始まる。ハンターや集団の仲間がほかの仲間に肉を回し、誰が獲物を捕まえたかに関係なく、たき火を囲むすべての人に肉をだいたい均等に分配する。この分配の儀式でよくある（そして意図された）結末は、最も多くの成果を上げたハンターが受け取る分が、たき火を囲むほかの人たちよりわずかに少ないというものだ。ここでもまた、最も有能なハンターではなく、最も気前のよいハンターが、付き合う相手として

ほかの人たちに選ばれる。[14] こうしたハンターは持ち前の気前のよさで社会資本に投資することによって、支援のネットワークを築き、必要なときにそれを活用することができる。

人々が専門的な能力のシグナルだけでなく、気前のよさのシグナルにも注意を払うのは納得できる。結局のところ、最良の社会的パートナーというのは、あなたを助けることができるだけでなく、進んで支援してくれる人物だ。私の研究（パット・バークレーとの共同研究）のいくつかは、評判は絶対的な富や能力ではなく気前のよさにもとづいて形成されるという説を裏づけている。私たちの研究では、先ほど取り上げたマルトゥ族の事例を出発点とした。優れたハンターだが獲物をめったに分けてくれない人物か、狩りの腕は劣るが獲物を何でも分けてくれる人物のどちらと付き合うかというシナリオだ。私たちはこれを実験用のゲームに変え、人々は実際に相手の支援の能力よりも支援する意欲を優先することを示そうと考えた。私たちの実験の被験者は、賞金の半分を分けてくれる「貧乏だが公平な」人物と、賞金の額は大きいが分けてくれる割合は少ない「金持ちだがケチな」人物のどちらかを、付き合う相手として選ばなければならない。実験の結果、被験者は気前のよい人物と付き合うのを好むことがわかった。たとえ、金持ち（だがケチな）相手を選べば、このゲームでおそらくより多くのお金を手にすることができるとしてもだ。[15] この結果は前述のフィールド研究の結果を裏づけるもので、人々は相手の共有能力よりも共有する意欲を重視することが示唆された。共有する能力のむらが大きい世界では、こうした好みがあることは理解できる。狩猟採集民の社会で最も優れたハンターであっても狩りに失敗する確率は高いし、富は消えてなくなることもある。自分の能力よりも重要なのは、共有できるときにするかどうかだ。

異性へのアピール

私がもう一つ強い興味を抱いてきたのは、協力的なシグナルが異性の仲間を引きつけるために使われている可能性だ。先ほど述べたように、男性は協力的な性質を示すことで地位という恩恵を手に入れられる。しかし、果たして女性は男性の地位を気にしているのだろうか。既存のデータからはそれが示唆される。１９８０年代後半以降、配偶者の好みに性差がある可能性に関心をもつ科学者が、性的パートナーを探すときに優先する性質が男女間で異なるかどうかを調べようと、アンケートや、婚活パーティーの参加者、交際相手募集広告、さらには花嫁斡旋サービスからデータを集めて、見事なデータ群を残してきた。こうした研究による成果は、時代や地域を問わず、驚くほど一致している。男性と女性が異性のパートナーを選ぶ際に重視する性質はたいてい異なるということだ。男性も女性も好ましいと考える性質はいくつかあるが（やさしい、誠実であるなど）、男性はたいてい生殖能力（若さと関連）や魅力を示す性質にも重点を置いている。一方、女性は地位や富を示す性質を重視し、自分より少し年上で、裕福であるか、あるいは多くの収入を見込める男性を好む[16]。男性は女性とは違う惑星からやって来たかのようだ。

　こうした確立した知見を出発点として、私は慈善団体への寄付がもたらすシグナル上の利点を研究するプロジェクトを始めた（経済学教授のサラ・スミスとの共同研究）。慈善団体への寄付は明らかに「謎めいた向社会的な行動」の一種だ。当然ながら、慈善団体への寄付には代償が伴い、それを受け取った

団体からの見返りを明らかに期待できない。返報性が働くことはないものの、これも狩猟と同じように、向社会的な好みが選択される領域であり、それは少なくとも一部には、支援することで評価を得られる利点が寄付をする側にあるからだ。私たちはこの論法を一歩進め、人々が評価という恩恵を得るために競争するかどうか、したがって、人々が気前のよさを競って、互いに他者より多くの寄付をしようとすることがあるかどうかを調べたいと考えた。

シグナルがライバルとの競争にどのように使われるかを理解するためには、再びクジャクについて考えるのがいいだろう。クジャクの派手な飾り羽とそれを揺らす魅惑のダンスは、雌の目を引くように見えるのだが、一方でこんな疑問も頭をよぎる。なぜ、飾り羽はこれほど大きくなければならないのか？　この半分の大きさだったら、依然として代償を伴うとはいえ、それほど大げさではない。半分の大きさでも目的を果たせるのか？　雄は気取って歩いたり、羽根を入念にかさかさ揺らしたりする必要は本当にあるのか。単に飾り羽を雌に見せ（「僕の正直なシグナルを見て！」）、用がすんだら隠すだけではだめなのか？

答えは、経済学で言うところの需要と供給にある。1羽のクジャクの雄はおおむね、数羽の雌の子をもうけることができる。これは、理論上、一つの個体群にいる雄のうち比較的少数の雄だけが繁殖できるという不均衡が生まれることを示し、その他多くの雄が何もできないことを意味する。1羽の雄が繁殖に成功するかどうかは、雌に選ばれるかどうかにかかっている。そして、お察しのとおり、雌は雄のディスプレイが派手であることを気にする。クジャクの雌が、いちばん大きな飾り羽で最も派手なディスプレイを見せる雄を選ぶ傾向にあるとしたら、自然淘汰ではこのような形質を強める遺伝子（雄で発

現した場合）が選択される傾向にあるだろう（ただし、こうした大きな付属肢を備えて揺り動かす雄への代償が過度に大きくなるまでの話だが）。このような競争下にあると、大げさなシグナルが持ち主の繁殖の成功に効果をもたらすので、広く見られるようになる。

気前のよさの競い合い

どうやら、これと似たような淘汰圧がヒトにおいても働いているようだ。性的魅力のある飾り羽にしろ、慈善団体への寄付にしろ、その根底にある論理は類似している。財産をもっているというシグナルや、財産を共有する気があるというシグナルを発している男性を女性が好む傾向があり、それが気前のよさで評判の男性にとって繁殖の成功にはっきりつながるのだとしたら、ここでの競争もまた競い合いになることがあり、クジャクのディスプレイと同じく、気前のよい行動がだんだんエスカレートする。

この説を検証するため、私たちはオンラインの資金調達プラットフォームを利用した。これは、個人的な挑戦を行なうための資金を集める人が利用する（たいていは友人や家族、知り合いに寄付をせがむ）種類のものだ。それぞれの資金調達者は個人的に資金集めのウェブページを制作・運営し、挑戦の内容（マラソン、トライアスロンなど）や、支援している慈善団体、調達したい金額などを掲示する。ここで重要なのは、資金調達ページにはすでに獲得した資金の総額や、それぞれの寄付者が寄付した金額が表示されることだ。したがって、資金調達ページは人々が競い合うように寄付する証拠を探すのに絶好の場所である。寄付を考えている人物は、それまでに寄付した人やその金額を見ることができるか

らだ。寄付者はこうした情報を利用して、寄付する金額を決める。

男性は資金調達ページでほかの男性が高額の寄付をしているのを見て、気前よさの競い合いに参戦するだろうというのが、私たちの当初の予測だった。[17]一方で、シグナルの発信はそれほど単純ではないかもしれないとも考えていた。資金調達ページに載った高額の寄付金の閲覧者としてまず思い浮かぶのは、資金調達者自身だ。だから私たちは、男性は寄付するうえで資金調達者が女性なのか男性なのかを気にするのではないかと予測した。資金調達者がとりわけ魅力的な異性だった場合、おそらく寄付金を増やすのではないかとの考えだ。

この説を検証するため、私たちは、２０１４年のロンドン・マラソンに出場した人々がインターネット上に立ち上げた２５００を超える資金調達ページのデータを利用した。それぞれのページには資金調達者自身の顔写真が掲載されている。私たちはその魅力度を個別に評価した。次に、その資金調達者のページに集まった寄付金の額を調べた。そこでまずはっきりさせたかったのは、新規の寄付者が以前の個別の寄付金額を気にしていたかどうかだ。調査の結果、気にしていたことがわかった。一つのページの個別の寄付金額は平均でおよそ20ポンドだったが、50ポンド以上の高額の寄付が存在すると、それ以降の個別の寄付金額はおよそ10ポンド上昇する。ページを閲覧した新規の寄付者がその金額を基準に検討したのだ。少額の寄付金は逆の影響を与え、それ以降の寄付金額は減少した。

まずまずの結果だが、それでは寄付の競い合いはあったのだろうか。前述のように、私たちは当初、男性はおそらくこのような寄付の競い合いに参戦するだろうと予測した。だとすれば、この行動が最も如実に表れるのは、魅力的な女性の資金調達者が立ち上げたページを支援するときだろう。この説を検

証するため、資金調達ページに高額の寄付金（50ポンド以上、あるいはそのページの平均寄付金額の2倍以上と定義）が寄せられたあとに何が起きたかを調べた。

私たちの予測では、男性はこうした目立つシグナルに反応するとはいえ、それはほかの男性が高額の寄付をした場合で、かつその寄付が魅力的な女性の資金調達者のページで行なわれた場合にのみ反応すると考えた。これはまさに私たちが発見したことで、こうした「見栄を張りたい」状況では、男性の寄付額は4倍近くまで増えた。*繰り返すが、この結果は、男性がその判断を意識的に計算ずくで下したこと、およびあらゆる寄付がシグナルの利点だけを理由に行なわれることを示していると考えるべきではない。しかし、この結果は、評判を気にすることがヒトに有益な傾向をどのように形成したか、そしてなぜ形成したかについていくつかの知見を与えてくれる。

人々が自分の評判を守ったり高めたりする証拠はあっても、なかには半信半疑の読者がいるかもしれない。確かに、人々は自分が他者にどう思われているかを気にするし、最低な人間だと思われたい人はいない。しかし、評判を気にすることだけが、私たちが食料の共有や寄付といった善行をする理由ではない。人々はしばしば、他人が見つける可能性がない場面でもよい行ないをするし、時には善行を他者に知られないようにすることさえある。たとえば、前述した資金調達ページでは、匿名で寄付するオプ

＊女性はどうだろうか？　私たちの研究では、女性のあいだでも寄付を競い合う証拠を探したが、見つからなかった。とはいえ、この結果は地位や評判が女性にとって重要でないことを示しているわけではない（マルトゥ族のハンターがその一例）。女性は異なる手法を使って、こうした目標を達成している。

ションがよくある。オンラインで寄付した人の12％前後が、寄付したことを隠している。[18] これまでにわかったことから考えると、匿名での寄付は自分が損をするだけの奇妙な行動のように思える。代償を伴う向社会的な行動をとりながら、評判を得られる利点を手放しているからだ。直感に反するようにも思えるが、人がしばしば自分の善行を隠すという事実もまた、評判を気にするという観点で理解することができる。その理由は次章で説明しよう。

第13章

評判をめぐる綱渡り

私たちは明らかに、遺伝的に利己的になるように進化したという考えを否定するように進化した。

――リチャード・D・アレグザンダー「ヒトの社会的行動の難題（The Challenge of Human Social Behaviour）」（２００６年[1]）

評判を管理する能力

２０１４年、humblebragという単語がオックスフォード・オンライン・ディクショナリーに追加された。その定義はこうだ。「表面上は謙遜しているか自分を卑下しているように見えても、本当は自慢したいものに注目させるための発言」。実生活では、こうした自慢話は虚偽の不満として表れるか（「体

重が減りすぎちゃって、着るものが何もない！」や「まいったなあ、6つの求人に応募したら全部通っちゃった！」）、あるいは謙遜を装った自慢話（「拙著がベストセラーになったなんて信じられません」）といった形をとることが多い。さらに別の形としては、自分がいかにすばらしい人間であるかを直接言わずに伝える発言もある。たとえば、次のような（本物の）ツイートを見てほしい。「さっき、すごく無欲なことをした。でも、もっと大事なのは、それは心からの行為だったし、長い目で見てその人のためになると思うこと。#SoWorthIt」

　こうした発言を読んで鼻で笑った人がいたとしたら、それはあなただけではない。自分のすごさを公然と言いふらす発言は、たいてい讃辞よりも懐疑心をもたらすものだ。8歳の子どもでさえも、[2]そうした利己的な主張は話半分で聞き、自分の善行を公の場で自慢する人物よりも、人知れずよい行ないをする人物のほうに高い道徳的価値を与える。大人を対象にした実験では、誰かが自分の善行をフェイスブックなどのウェブサイトで発信した場合、その人物のことを気前のよい人だと感じる度合いが下がることがわかった。オスカー・ワイルドはうまく言ったものだ。「世界で最も気持ちのよい感覚は、匿名でよいことをして、誰かにそれを見つけてもらうことである」

　こうした行動に対する説明として、非科学的ながら、わかりやすいものが一つある。人間は直感的にたわごとを検出できる、というものだ。私たちは行動を額面どおりに受け取らず、その裏側を調べようとし、その行動をとっている人物に何らかの思考や感情、信念、欲求があると考える。自分の評判を管理できる能力は、ヒト独特の能力をもとに形成されている。それは、他者の視点で世界を見ることができる能力、そして他者が観察した行動（あるいはほかの人から聞いた行動）からあなたに関する考えを

どのように更新できるかを問う能力だ。さらに私たちは、この同じ認知能力を利用して、ほかの人がなぜその行動をとるかを理解しようとする。

この行動がかなり高度な社会認知能力によるものであるという証拠は、子どもを対象とした研究から得られた。人間の子どもは生まれつき他者の精神状態を推測する能力や、自分の行動を恥じる能力を備えているわけではない。他者の視点で考える能力は、成長に伴って現れるものだ。5歳頃まで、子どもは他者が自分についてどう考えているかを知らないし、気にしない[3]。また、自分の評判をまったく管理しようとしない。自分の行動がどう見えるかを完全に理解し、他者の向社会的な行動を利己的な動機の観点で解釈し始めるのは、8歳頃になってからだ。一方、チンパンジーは自分の評判を戦略的に管理しようとすることはいっさいなく、他者の好意的な行動の裏にある動機を推測することもない。

地位をめぐるゲーム

ここまで見てきたように、ヒトとホンソメワケベラが評判を管理する方法は大きく異なっている。この魚がヒトの認知能力とほんのわずかでも似た能力を備えている可能性はまずないと言っていいが、おそらくソメワケベラはその能力を必要としないだろう。顧客とのやり取りを決めているルールは試行錯誤を通じて学ぶことができる。1日に何千回もやり取りしているソメワケベラには、学習する機会が十分にある。別の言い方をすれば、ソメワケベラはうまくごまかせるように顧客の心を読む必要はない。単に、実際に起きたことから推測し、粘液を食べると一部の魚は泳ぎ去るということを学習できるだけ

だ。認知能力に関するこうした違いから、心を読めるヒトと、心を読めないソメワケベラのような種における評判システムの相違点がいくつか浮かび上がってくる。

たとえば、私たちはよい行ないをした人物が恩恵を受けることを理解しているから、そうした善行が評判や名声といった恩恵を得る（たいていはそれを自分のものにする）ために行なわれたかどうかを推測しようとする。協力的な人は道徳性の高さをひけらかすことがあるので、その行動の動機に問題がなくても、嫌われることがある。一例として、ビーガン（完全菜食主義者）が、肉を食べる人々から受ける容赦のない嘲笑や軽蔑、皮肉を込めた殺害の脅迫*を考えてみよう。よく知られたジョーク**とは裏腹に、ビーガンが評判を気にしてこの食生活を選んだということはきわめて考えにくい。肉の消費量を減らすことが道徳的に価値があるのは、動物の苦痛を軽減するという理由のほかに、肉を食べないことは個人の炭素排出量の削減に役立つ最大のライフスタイルの変化であると考えられているからだ。本当はビーガンを称賛すべきなのに、なぜ人々は彼らをけなすのだろうか。

「慈善家ぶった人への軽蔑」は人々が何を食べるか食べないかに関係なく、抽象性が非常に高い実験下でも再現できると知ったら、ビーガンの人たちは気を取り直すだろうか[4]。たとえば、公共財ゲームの参加者は、共同の基金に資金を出資する形で協力するか、協力せずに資金を自分のために確保しておくかを選ぶことができる。このとき、同じグループのメンバーは、共同の基金に最も多くの資金を提供した人物のことが嫌いだと告げることが多い。できればその人物をグループから追い出したいというのだ。こうした敵意をもつ理由を尋ねると、「彼以外にあんなことやっている人はいない。私たちみんなが悪者に見える」や「グループのほかの人も同じことをやっていればいいけど、誰もやっていないからよく

ない」といった意見が聞かれる。罰する機会を与えると、なかには一歩踏み込んで、グループで最も協力的なメンバーを罰するためにお金を払う人さえいる。この「反社会的な罰」はもともと実験上の例外と見なされて考慮されなかったが、世界中のこの種の実験環境で（大なり小なり）繰り返し観察され、罰する者がゲームにおける自分の地位をほかのメンバーよりも上げるために利用する手法の一つと考えられている。[5]どのように行なうにしろ、これは地位をめぐるゲームに変わりないのだ。

「汚れた利他主義」効果

以上のことを考慮すると、匿名での寄付のような行為も一理あると思い始める。資金調達ページでほかの人を大幅に上回る寄付をした人物は、悪い意味で目立つおそれがある。２０１４年、私はオンラインの資金調達ページへの寄付例を利用した研究を行ない、匿名での寄付例はあらゆる種類の寄付者に均等に分布しているわけではないことを見いだした。[6]お察しのとおり、人々はそのページにすでに寄付した人と比べて寄付額がとても少ない場合だけでなく、はるかに高額の寄付をする場合にも匿名で寄付

＊２０１８年、イギリスの高級スーパーであるウェイトローズの雑誌『フード』の元編集長ウィリアム・シットウェルが、「ビーガンを一人ずつ殺す」という特集を掲載したいと冗談で書いた電子メールを社内宛てに送り、その責任をとって辞任した。

＊＊質問「誰かがビーガンかどうか、どうやったらわかる?」　答え「大丈夫、向こうから言ってくるから」

する傾向が大きかった。自慢屋と思われないようにする欲求があると、自分が慈善団体に寄付したことをほかの人に言わないことがある。寄付したことをソーシャルメディアに投稿すれば、自分の社会的ネットワークに寄付の輪が広がるとわかっていてもだ。２０１０年、資金調達プラットフォームのジャストギビングは、フェイスブックにシェアされた資金調達ページへの「いいね」一つにつき、およそ5ポンドの追加の寄付を生んでいると弾き出した。彼らはこの数字に着想を得て、寄付者が寄付した直後にその資金調達ページをフェイスブックの友だちにシェアするよう促そうとした。しかし、寄付した人々はその慈善行為をシェアすることにいささか気まずさを感じていたようで、あのような公共の場で自慢しようとしなかった。

　自分の寄付行為をソーシャルメディアでシェアしてもらおうと、ジャストギビングのチームは寄付者に表示されるメッセージに手を加えて実験してみた。最も効果が小さかったのは、「あなたはすばらしい人。寄付したことをシェアしよう！」という、公の場で自分自身をほめたたえようと誘いかけるメッセージだ。同様に「友だちもこのページに興味があるかも？」というメッセージも効果が小さかった。反対に最も効果が大きかったのは「友だちが寄付しやすくなるように、このページをシェアしよう！」というメッセージだった。このメッセージが効果的だったのは、寄付した人が自分の善行を宣伝してもいいと思わせながら、妥当な理由でシェアしているという感覚を保っていることだ。つまり、自慢しているのではなく、友だちが寄付しやすいように教えてあげるという感覚である。このようにメッセージを変えただけで、フェイスブックへのシェアが28％増え、1年で３００万ポンドの寄付金増加につながったと推定された。投資に対するリターンとして悪くない。

このように、善行は名声や地位という恩恵を得るための特効薬ではない。人々はよく善行のもとになっている動機を推測しようとし、気前のよすぎる行為は利他的というよりも競争的と見なされることがある。こうした「汚れた利他主義」効果は、特に非営利の慈善事業に従事する人々や企業にとって、きわめて残念な結果を生むことがある。[7] 一例として、「パロッタ・チームワークス」という資金調達企業を挙げよう。「自分にできる最小限ではなく、最大限の行動を求める」のが原動力だという企業だ。1982年にダン・パロッタによって設立され、慈善目的で資金を調達するための革新的な手法を切り開いた。資金調達者が希望の金額を集める場をつくるのではなく、「乳がん3日間ウォーク」など、複数の日にわたる独自のイベントを開催し、それをやり遂げることによって数千ドルの寄付を集めるよう人々に求める。この手法により、かかわった慈善団体に9年間でなんと3億5000万ドルもの資金を集めた。しかし、この企業には広報上大きな問題があった。パロッタ・チームワークスは非営利組織ではなく、営利企業だった。2002年、ダン・パロッタの給料が数十万ドルであること、そして同企業の売上総額が明らかになり始めると、世間から抗議の声が上がり、慈善団体はパロッタ・チームワークスとの縁を切らざるを得なくなり、同社は廃業に追い込まれた。皮肉なことに、慈善団体もまた大幅な減収に見舞われた。ジャストギビングも営利企業であることに対して世間から同様の抗議を受けた。慈善団体のために何億ポンドもの資金を調達する手助けをしていたにもかかわらずだ。

別に、パロッタ・チームワークスやジャストギビングといった企業を擁護しているわけではない。こうした事例を利用して、ヒトの心理にある奇妙な癖が一種の道徳的偽善をどのように引き起こすのかを示しただけだ。私たちは、よい行ないをする人々を好きと言うこともあれば、彼らをからかうことや、

仲間外れにしようとすることもある。慈善団体への寄付や環境保護はよいことだと考える一方で、そうした目標をめざす過程で利益を上げている企業を非難する。私たちは利益と慈善が両立できるという事実を受け入れがたいために、慈善行為で得た収入の一部を受け取らず、利益をいっさい上げない結果や人物、企業を選択する。慈善行為で利益を上げることに対する私たちの直感的な反応が客観的に悪い結果につながる可能性があるということを知れば、道徳観が強い人物や組織が向社会的な事業への投資で利益を得ていると反射的にけなす前に、いったん立ち止まって、善行に対する自分の反応を見直そうと思うかもしれない。

自慢屋は嫌われる

善行の宣伝が完全に裏目に出た過程を示す事例として私が気に入っているものの一つは、人類学者のリチャード・リーが書いた短い論文「カラハリでクリスマスを食べる（Eating Christmas in the Kalahari）」[8]だ。リーはカラハリ砂漠のジュホアンシ族の伝統的な狩猟や採集の手法を研究していた。当時、リーはケチだと評判だった。それは一つには、データを集めることしかやらず、自給自足の暮らしをしている研究対象の人々に、自分の食べ物などの物資を何も分け与えなかったからだ。そこでリーはおわびに、宴会用に肉を提供することにした。見つけたなかでいちばん大きな雄牛を買い、食料の少ないこの環境では、たいそう喜ばれるものと確信していた。しかし、彼らは敬意も感謝の気持ちも見せず、その贈り物を頭ごなしにけなした。この雄牛は骨と皮しかないぐらいにやせこけていて、野営地にいる

全員に肉が行き渡らないというのだ。これだと寝るときに絶対腹が減るとか、これだけしかくれないのだとしたら悲しいとか、この雄牛の肉はあまりにも貧相で、くず肉をめぐって争いが起きるに違いないといった不満の声を聞いた。

　リーはそのあと数日かけて牛をもう1頭見つけようと必死に探したが、見つからなかった。そして、クリスマスを迎えるまでに、自分の非礼の大きさに気づいた。ジュホアンシ族の友人の1人と話しているとき、大見得を切って渡した贈り物が感謝ではなく嘲笑の対象になった理由がわかったのだ。

「あれが僕たちのやり方さ」と彼はほほ笑んだ。「いつもああやって人をいじるんだ。たとえば、狩りから帰ってきた仲間がいるとしよう。そいつは帰ってくるなり、『ブッシュででかい獲物を仕留めたぜ！』って自慢げに話すことは絶対にない。まず黙って、たき火のそばに座り込む。すると、僕か誰かが近づいて、こう聞くのさ。『今日はどんなやつを見た？』ってね。彼はぼそっと答える。『いやあ、俺は狩りが苦手だからな。何も見なかったよ［沈黙］ちっちゃいやつだけだね』。その言葉を聞くと、僕はほくそ笑む」。そう言うと、彼はこう続けた。「そいつが大物を仕留めたことがわかるからね」

「そう、若者は大物を仕留めると、自分のことを首長や有力者だと思い、ほかの人を召使いや部下だと考えてしまう。僕らはそれを認めない。自慢するやつを拒むんだ。自信満々の人間はいつか誰かを殺してしまうから。だから、僕らはいつも彼の獲物には価値がないと言う。そうすることで、彼は冷静になり、穏やかになるんだ」

私の同僚のエレノア・パワーは、調査地である南インドの農村で、名声を獲得する行動と自慢だと非難される行動の微妙な違いを研究した[9]。注目したのは、村人たちがマリアンマン（村と住民を守る女神）にささげる誓いを果たす毎年恒例の祭礼だ。信者は自分の誓いを自由に選ぶことができ、したがって信仰の表現もさまざまである。多くの村人は、女神への感謝の気持ちを表す儀式として、ミルクを満たした陶器の壺や熱い石炭を入れた火壺をもって行進に加わる。ほかの人（主に男性）が果たす誓いはもっと過酷だ。なかでも見ていてつらいのは「パラヴァイ・カヴァディ」と呼ばれるものである。パラヴァイは「鳥」を意味する。これはこの誓いを言い表すのにぴったりの言葉で、信者は背中と脚の皮膚にいくつかの鉤《かぎ》を突き通し、それにつながったロープでクレーンから吊り下げられる。クレーンからぶら下がった信者は葉っぱを握り締め、上下にゆっくり揺れながら村中を行進する。

このようにして信仰心を示す人々は「ペルマイ」（大ざっぱに訳すと「大きいこと」あるいは「名声」）を得ることになる。しかし、ペルマイを得るのは、たとえてみれば綱渡りをするようなものだ。タミル語で「自慢げ」や「うぬぼれ」を意味する「タルペルマイ」は、語源的にペルマイと近い。前述の行動のいずれかに参加して祝福されても、信者は自分の功績を認めず、「単なる誓いですよ」という広く受け入れられた決まり文句を繰り返すだけだ。こうした派手な行動に力を注ぐことで評判が得られる恩恵はあるのだが、パワーの研究では、ささやかな社会的シグナルに力を注ぐ重要性も浮かび上がった[10]。定期的に寺院を参拝する、相手にだけわかる小さな親切をするといった行動をとることによって、「自慢屋」や「尊大な行為」といった非難を受けずに重要な関係を構築し、はぐくむことができる。

第4部

協力に依存するサル

腕力よりも社会性

ここまで私はヒトを広大な系統樹の一員である動物の一つとして（主に）扱ってきた。ヒトだけでなく、アリやミーアキャット、シロクロヤブチメドリも教示行動をとる。ホンソメワケベラはヒトと同じようにごまかした者を罰し、自分の評判を気にする。ヒト以外に、ハダカデバネズミやシロアリも緊密な家族集団を築き、個体どうしが助け合って繁殖する。

　このように、ヒトにはほかの生き物との共通点が驚くほど多くあるかもしれないのだが、最後のパートとなる第4部では、最も重要な相違点に着目していきたい。これまでの章でそれとなく言ってきたように、相違点は私たちの行動というよりも、私たちのやり方にある。進化では同じ行動にたどり着くまでの道筋が数多くあり、ヒトの場合は認知能力を利用した道筋をとることが多い。それが、ほかの生き物との違いだ。

　第4部では、ヒトはなぜ、どのようにして異なる種類のサルとなったのかを探っていく。まず、更新世の荒々しい気候のもとで歩んだ私たち独自の進化の歴史と、協力を極度に必要としたことが階層制に反対する大衆の蜂起を生んだ過程について考える。これがまた、ヒトの心理のきわめて独特な特徴を生む道を開いた。独裁制からより平等主義的な生活様式への移行で、自分の財産のほか、それが他者の財産と比べてどのくらい違うのかに注目し始めたのだ。公平の感覚を抱いたのである。

　これはヒトの歴史においてきわめて重要な瞬間だった。協力関係を築いたことが一助となり、優勢だ

った社会秩序を覆したものの、それが違った種類の圧力を生み出し、力と地位が腕力ではなく、社会的ネットワークと密接に結びつくようになった。つまり、私たちの運命が腕力よりも付き合う仲間に左右される度合いは、ほかの大型類人猿の場合よりも大きいということだ。この社会への依存がヒトの心理を形成してきた。このことから、私たちの（ほかの生物にとってはきわめて奇妙な）信念の多くを説明できる。また、このために私たちはサイコシス（精神病）のような精神障害を患いやすくなった。

第14章

他人と比較することへの執着

人間と下等動物とを分けるすべての違いの中で、道徳観念または良心の存在が最も重要な違いだと主張する人々がいるが、私はその結論にまったく賛成である。

――チャールズ・ダーウィン『人間の由来』（1871年）[1]

「チンパンジーのフェイスブック」が生まれない理由

お金で幸せを買えるかどうか聞かれたら、あなたは何と答えるだろうか？　既存のデータが示すのは、二つの対照的な答えだ。大規模な調査では、社会で相対的に裕福な人のほうが貧しい人よりも幸せだという結果が得られることが多いから、そこから考えると答えはイエスかもしれない。しかし、多くの欧

米諸国では過去50年で1人当たりの収入は大幅に増えたにもかかわらず、市民の平均的な幸福度はほとんど変わっていない。この結果からは、冒頭の問いへの答えはノーと言えそうだ。この明らかな矛盾は「イースタリン・パラドックス」と呼ばれている。この奇妙な傾向を最初に記載した教授にちなんだ用語で、次のように説明することができる。「幸せを買うのはお金そのものではなく、自分と似たような人々よりも多くお金をもっているという認識だ」。さらに言うと、仲間よりも財産が少ないという考えは、ヒトにおいて人生の満足度を下げる最大の原因の一つである。カナダで行なわれた調査では、誰かが宝くじに当たると、その隣人たちが借金を重ね、自己破産に陥る傾向が高まることがわかった[2]。彼らは幸運な隣人に追いつこうとして、失敗したように見える。同様に、年収が上位1％（50万ドル超）に入るアメリカ人のなかには自分が中流階級であると言う人が多い[3]。これはたぶん、自分よりも裕福な人々と自分を比べているからだろう。

これこそが、チンパンジーのフェイスブックが生まれない理由である。それは、チンパンジーがコンピューターやスマートフォンを使えないからだけではない。フェイスブックが多くの人間を魅了し続けているのは、社会的比較に取りつかれた人間の執着心をあおっているからだ。私たちはたいてい、他人に対して自分をできるだけよく見せようとするものの、ほかの人が完璧な人生を送っている姿を受動的に見ることで幸福感や精神衛生に悪い影響が及ぶという考えは、今ではまずまず定着している。とりわけ、自分自身の人生が他人と比較してあまりうまくいっていない場合にはそうだ[4]。

実際、自分と同等の人よりも暮らし向きが悪いことはかなり不快であり、私たちは社会的パートナーがさらに多くのものを手に入れるのを阻止するためだけに、進んで自分のお金や労力をつぎ込む。実験

室で公平性に対する人々の好みを測定する際に用いられる標準的な方法は「最後通牒ゲーム」だ。これは2人のプレーヤーで行なうゲームで、一方のプレーヤー（提案者）がお金を預かり、そのうちどれぐらいを相手（応答者）に分配するか提案することができる。ここでの問題は、応答者に拒否権があることだ。応答者が提案を拒否すると、どちらのプレーヤーも取り分はゼロとなる。人々が古典派経済学のモデルに従って振る舞い、単にゲームでの取り分を最大にしようとした場合、応答者は取り分がゼロでなければ提案を受け入れるはずだ。提案者はそれを期待して、相手の取り分をゼロにせずにできるだけ少ない取り分を提案するはずである。しかし、お察しのとおり、こうしたことはめったに起こらない[*]。私たちの大半は合理的に考えて取り分を最大にするのではなく、社会的比較と公平性にこだわって、最後には取り返しがつかない事態に陥る。不公平と受け取られる提案[**]はたいてい拒否され、どちらのプレーヤーも手ぶらで帰ることになるのだ[5]。これは経済学的には不合理かもしれないが、両者が手ぶらで帰ることは、相手の取り分が自分より多い場合よりも満足度が高いようだ。

　公平性に対する好みは、ヒトの成長のかなり早い段階で現れるようだ。それを測定するために研究者がよく用いるのが、子どもたちが大好きでどうにか手に入れたいと思うもの、そう、お菓子だ。私たちは世界中の子どもを対象に、こんな実験を行なった。2人の子どもが、一つの装置を挟んで向かい合わせに座る。装置にはお菓子が載った二つのトレイが置かれ、それぞれの子に一つのトレイが割り当てられる。1人の子（決定者）のところには二つの取っ手（緑と赤）があり、それを操作することでお菓子が載った二つのトレイを傾けることができる。緑の取っ手を引くと、二つのトレイがそれぞれの子のほうに傾き、それぞれの子の容器にお菓子を移すことができる。しかし、赤の取っ手を引くと、二つのト

レイが子どもたちとは反対のほうへ傾き、お菓子は中央の容器に移され、その容器は取り除かれる。この装置を用いることで、子どもたちが不公平な分配に直面したときにどのような反応を見せるかを知ることができる。決定者のトレイに載ったお菓子が1個で、相手のトレイに載ったお菓子が4個である場合、決定者は緑の取っ手を引いてお菓子を受け取るか、赤の取っ手を引いて受け取りを拒否するか、どちらの反応を見せるだろうか。

大人と同じように、子どもも不公平を拒む傾向があり、自分と相手のお菓子を放棄して、相手が自分より多くのお菓子を受け取れないようにする。前述の実験では、年上の子どものほうが不公平を拒むことが多かったものの、被験者で最年少だった4歳の子どもでさえも、不公平な扱いを受けると、進んで赤い取っ手を引いた。[6] こうした傾向がさまざまな国や社会で見られるという事実から、自分の取り分が他者より少ないことを嫌う性質（代償を支払ってでもそうなることを避けるほど嫌う性質）は、成長中に習得した好みというよりも、ヒトの心理にもともと刷り込まれている可能性が高いことが示唆される。

自分の財産と他人の財産を比べるというこの気むずかしい傾向は、人間に固有の短所なのか？　それ

＊経済学を学んでいる学部生を除く。さまざまな研究で、経済学の学部生はほかの学部生に比べて「経済学的に合理的」に振る舞う傾向が大きく、最後通牒ゲームでは提案する取り分も受け入れる取り分も少なめだ。[7] この傾向がもともと経済学者のあいだに存在するのかどうか、教育によって彼らの行動が変わるのかどうかは、はっきりしない。

＊＊欧米社会では概して、応答者は取り分が20％未満の提案を拒否する。提案者はそれを見越して40〜50％の取り分を提案することが多い。とはいえ、「公平」の受け取り方や、提案者によるそれに応じた提案、提案の拒否と承諾を分ける境界値には、文化によってかなりの違いがある。[8]

とも、進化のより深い系統に由来する性質なのだろうか？　初期の研究では、公平性への関心はヒトとほかの霊長類に共通するものである可能性（したがって、社会的比較はヒトとほかの霊長類の最後の共通祖先にも存在した可能性）が示唆されたが、これらの結果はほかの研究者が再現しようとしても、これまであまりうまく再現できていない[9]。また、ヒト以外の霊長類で不公平を嫌う性質の存在を肯定する結果の多くは、もっと単純な解釈とも整合性がとれている。それは、被験者となった霊長類は報酬を手に入れられるという期待を抱いており、その期待を下回る何かを与えられたために不機嫌になったという解釈だ。公平性への好みは、その定義からして社会的な要素を含んでいる。自分の報酬を他者の報酬と比較しているからだ。ヒト以外の霊長類はこうした社会的比較の手順を踏まず、自分が手に入れたものと理論上手に入れられるものとを比較して評価している。

ヒトとチンパンジーの違い

私たちは隣人や友人に負けていないかどうかを絶えず気にしてやきもきする唯一の霊長類であるようだ。一方、チンパンジーはそんなことをまったく気にしない。その理由を理解するには、ヒト自身の進化の歴史と、初期人類に働いた淘汰圧が大型類人猿に働いた淘汰圧とどのように違っていたかを調べる必要がある。はっきりとは言えないが、ヒトとチンパンジーの最後の共通祖先*はおそらく、見た目や暮らし方がヒトよりもチンパンジーに近かっただろう。何がヒトと類人猿のいとこを分けたのかを詳しく知りたいと思ったら、チンパンジーの社会と行動をもっと深く知ることがその理解に役立つ。

これまで見てきたように、核家族に重点を置く欧米式のヒトの社会は、さまざまな文化のなかでも、ヒトの進化という大きな歴史の文脈においてもきわめて特異なものだ。ヒトは地球上に出現してから大部分の歳月を、いくつかの家族がいっしょにすむ大規模な集団のなかで暮らしてきた。チンパンジーもまた、ヒトと同じように複数の雄と複数の雌を含んだ集団で暮らしているが、ヒトと違うのは、その集団のなかに複数の家族集団が存在しないことだ。

ヒトの祖先（農耕が発達する以前のヒト）の社会に対する従来の見方は、小規模で限定された共同体で、せいぜい数十人で構成されていたというものであり、「ヒトの祖先はそれぞれが生涯にわたって野営の旅に出ていたようなもの」と考えられていた。[10] しかし、この考えはかなり時代遅れであることがわかってきた。おそらく当時のヒトも（現代の私たちと似たように）広い社会的ネットワークのなかで暮らしており、親しい友人や家族の多くが遠方で暮らしていた。平均的なチンパンジーの雄が生涯で交流するほかの雄は20頭ほどしかいないと考えられるのに対し、平均的な狩猟採集民の社会には最近の推定でおよそ１０００人が含まれていると考えられている。[11] したがって、ヒトの最初期の社会は、協力的繁殖を行なうほかの種に見られる血縁者だけの拡大家族と、主に血縁者以外の個体と交わるチンパンジーのようなより流動的な社会が交じり合った独特なものだった。しかし、ヒトはチンパンジーよりも一歩進み、身近な集団の外にも仲間の輪を広げ、一つの場所にすむ人々とそれ以外の場所にすむ親族を長

＊ここで言うヒトとチンパンジーの最後の共通祖先とは、ヒト科に属する霊長類を指す。現代のチンパンジーやヒトが属するチンパンジー属とホモ（ヒト）属のメンバーが地球上に現れる前に存在していた生物だ。

い糸で結びつけた。
チンパンジーの集団での暮らしは入り組んでいて、それぞれの個体は多くの異なる社会関係をやり繰りする必要がある。なかには穏やかな関係もあるが、争いの絶えない関係もある。雄は精力的に地位を追い求める。その目標を達成するために、雄は自分の集団内で築いた関係を役立てることができる。アルファ雄は協力的な子分たちの助けを借りて自分の支配権を手に入れるし、ベータ雄はほかの冷酷なメンバーと力を合わせれば、アルファ雄を倒す可能性を高めることができる。アルファ雄が腕力を使って地位にしがみつく一方で、その地位を狙う雄たちは支配力が低下した兆候が少しでも出ないか目を光らせている。アルファ雄は病気になったり、負傷したり、単に年をとりすぎたりすれば、野望に燃える下位の雄たちの攻撃を受け、徹底的に地位を追われるおそれがある。したがって、集団内でほかの個体に対する支配権を主張することや、支配権を手に入れる手段として他者との連携を利用することは、ヒトとチンパンジーの最後の共通祖先も備えていた性質である可能性が高く、ヒトの心理的能力にも存在する（ヒトが他者と連携する性質と、それがヒトの精神衛生にどのような影響を及ぼすかは、のちの章で述べたい）。

複雑な社会をうまく渡っていく必要性は脳の大きさの進化を進めた可能性がある。チンパンジーもヒトと同じように大型の脳をもつ。脳は大量のエネルギーを使う器官で、体内に蓄えられたエネルギーの20%前後を使い、同じグラム数の骨格筋のおよそ10倍ものエネルギーを消費する。[12] こうした大型の脳をもつ代償は、伝統的なボードゲームであるチェスにはっきりと表れている。2人のプレーヤーがじっと座り、何時間もずっと木製のボードを見つめているだけのゲームが、テニスやフットボールの試合に匹

敵するほど肉体を使うとは思えないかもしれない。しかし、チェスの名人は対戦の最中に、一般的な長距離ランナーと同じぐらい呼吸数や心拍数が増加するという。1回の試合で、最大６０００キロカロリーものエネルギーを消費することがある。[13] １９８４年には、当時の世界王者アナトリー・カルポフが、ガルリ・カスパロフとの5カ月にわたる対戦の最中に急激に体重を落としたために、その試合は主催団体の会長によって予期せず中止され、議論を呼んだ。

したがって、脳が大型化すると高カロリーの食事が必要になる。このあたりから、ヒトとほかの類人猿との分岐が見え始める。ヒトのいとこに当たる現生の大型類人猿は、比較的樹木が多く季節変動の小さい環境にすんでいる。そうした環境では食料が手に入りやすく、食料の予測もしやすい。たとえば、ゴリラは巨大なサラダボウルのなかにすんでいるようなもので、身のまわりの木々の葉や樹皮を食べて生きていくことができる。チンパンジーの食生活はゴリラより豊かで、主に熟した果実を食べるが、それらは個体が自力で比較的見つけやすいものだ。ヒトは違う。一つには、チンパンジーやゴリラより（体の大きさとの比較で）はるかに大きい脳を備えていることがある。前述のように、ヒトはこの内蔵コンピューターへのエネルギー供給がより難しい環境で進化してきた。地球上に出現してからほとんどの期間、ヒトは乾燥した不安定な環境で、大部分の食料を狩猟や採集、腐肉あさりで手に入れてどうにか命をつないできた。食料を見つけるためには仲間と協力する必要があり、チンパンジーとは違った状況で互いを必要としたのだ。

みずからの生存と繁殖の成功を他者の労力に頼る割合があまりにも大きいことを考えると、ヒトがやり取りする相手の観察と評価、そして自分自身をできるだけよく見せることに特化した一連の社会認知

的な性質を進化させたのも納得できるように思えてくる。公平であるとの評判を得れば、生存に欠かせない危険な冒険に付き合ってもいいと仲間に思わせることもできる。相互に依存する性質を考慮に入れれば、ヒトがチンパンジーより効率的に狩りを行なえるようになった過程が説明しやすくなる。荒々しい腕力と暴力だけで生存していけるのならば、チンパンジーはヒトを完全に打ち負かせたはずだ。しかし、チンパンジーは重要な分野で何かが欠けていたようだ。それはヒトの得意分野である「共同作業」だ。

　チンパンジーはサルの仲間のアカコロブスを狩って食べることが知られている。通常、狩りを始めるのは1頭の雄だが、ほかのチンパンジーが狩りに加わることも多く、狩りの成功率は1頭よりも集団で狩りをしたほうがはるかに高い。狩りのあいだ、チンパンジーたちはそれぞれ異なる役割を果たす。1頭の雄がサルを隠れ家から追い立て、別の1頭が逃げ道をふさぐと、どこかで待ち伏せしていたもう1頭が現れて、獲物を仕留めるのだ。これはまさにチームワークのようにも思えるのだが、最近の研究からはもっと単純な解釈が提示されている。[14] チンパンジーが他者の狩りに加わることが多いのは、狩りの集団が大きければそれぞれの個体がサルを手に入れる可能性が高まるからであり、集団に共通する目標には興味がない、という解釈だ。狩りでそれぞれ専門的な役割を果たしているという解釈も、思い違いかもしれない。もっと単純な解釈では、それぞれのチンパンジーが他者のすでに選んだ配置と比べて、自分がサルを捕まえられる可能性の最も高い位置についたとされる。[15] チンパンジーの共同作業は「それぞれが自分のため」という精神から生まれたように見える一方で、ヒトは違った行動をとり、チンパンジーとは違うやり方でチームワークを行なうようだ。チンパンジーは「私」のためだが、ヒトは「私た

ち」のために行動する。

ヒトの子どもは、報酬を得るために共同作業をするか、単独で作業するかを選ぶように言われたら、共同作業を選択する傾向にある。一方、チンパンジーは単独での作業を好む。[16] この違いが生じた理由は、チンパンジーの社会に序列があることと、チンパンジーは共有が好きではないという事実にあるようだ。アルファ雄と行動をともにして共同で報酬をもらおうとしても、下位の雄は何も得られない可能性が高い。上位の雄は報酬を奪って自分のものにすることができ、おそらくそうするだろう。コロブスを捕まえたチンパンジーはたいてい、その獲物を独り占めしようとする。少量の残り物を大切な仲間や交尾相手になりそうな雌に与えることもあるが、こうした取引に使われる肉の大部分は、獲物をもっている者がしぶしぶ差し出したものか、すぐ近くにいる誰かから何度もせがまれた末に渡したものだ。チンパンジーがせがまれたり、他者から嫌がらせを受けたりすることなく自発的に食料を共有した事例は、ほとんど報告されていない。

一方で、ヒトのチームワークは能力主義の原則をもとに形成されている。狩猟採集社会では、ハンターは獲物の獲得を助けた者やその役割の重要性にもとづいて肉を共有する。アフリカの狩猟採集民であるエフェ・ピグミーのあいだでは、最初に矢を放った者が肉の大部分を手に入れ、獲物を追いかけた犬の飼い主が次に多くの肉を受け取るといった分配の仕方をする。ドミニカの漁師のあいだでは、魚を売った収益はまず船の所有者に燃料代として支払われ、残りはすべての船員に等分される。幼児たちが協力して報酬を手に入れる実験では、報酬を手にしたあとに進んで分け合う。対照的に、チンパンジーは共同で成功を収めたときに何らかの役割を果たした者に報酬を与えることはないようだ。コートジボワ

ールのタイ国立公園にすむチンパンジーを対象にした最近の研究で他者に報酬を与える可能性が示唆されたものの、[17]飼育下のチンパンジーを対象にした追跡実験では、肉の所有者の最も近くにいることが、肉を分け与えられる主な条件だった。[18]共同作業への参加ではなく、ちょうどよいときにしかるべき場所にいることが、チンパンジーが肉を分け与えられるかどうかを左右するようだ。共同作業で得られる報酬があまりにも少ないことを考えれば、チンパンジーが単独での狩りを好むことが多いのはそれほど意外ではないかもしれない。

「私」の視点と「私たち」の視点

共同作業にはコミュニケーションが必要だ。これもまた、ほかの類人猿とヒトを分ける領域である。それはヒトが言語を使うというだけではない（言語がコミュニケーションに役立っていることは確かだが）。手を使ったジェスチャーや目で見つめることなど、言葉によらないコミュニケーションに限ったとしても、ヒトはチンパンジーとは大きく異なるやり方でそれらを使い、理解していることがわかる。両者の大きな違いは、ヒトは支援を目的としたシグナルとしてジェスチャーを理解するが、チンパンジーは理解しないという点であるようだ。[19]子どもたちが隠されたおもちゃを探す実験では、子どもは大人がひっくり返ったバケツを指でさす（あるいは意味ありげに見つめる）ジェスチャーが、おもちゃのありかを示しているということを直感的に理解する。このようなシグナルを送ったり受け取ったりする能力が狩りなどの集団行動でいかに役立つかは、容易に想像がつくだろう。指さしや視線を使ったジェス

チャーは、獲物の場所を示したり、狙っている獲物にハンターの位置を悟られないようにほかの人物がとるべき配置を教えたりするために用いることができる。興味深いことに、飼い犬はこのような課題をチンパンジーよりうまくこなし、さまざまなヒトのシグナルを有益で協力的なものとして理解することができる。イヌ属のオオカミにはこうした能力がないことから、犬は長きにわたるヒトとの協力関係を通じてこの社会認知的な性質を共進化したことが示唆される。

チンパンジーには、有益なシグナルを利用するうえで根本的な障壁がある。それは、そのシグナルが支援や情報伝達を意図したものであることをチンパンジーは直感的に理解しないからだ。前述の実験と同じく、実験者が隠された報酬のありかを指し示す実験では、チンパンジーは実験者が場所を教えようとしていることをなかなか理解できない。チンパンジーは「私が何かを見つけるのを助けようとしてくれている」という結論にはめったに達しない。それは、チンパンジーがジェスチャーを使わないからではない。実際のところ、チンパンジーはヒトよりもはるかに多様なジェスチャーを使う（ヒトの多くのジェスチャーは言語に置き換わったからかもしれない）。しかし、チンパンジーのジェスチャーは自分の希望どおりのことをほかの個体にやらせるために使われる（「それを少しちょうだい」や「消えうせろ」など）。ほかのチンパンジーの目を目標物に向けさせたり、共通の興味の対象を示したりするのを助けるためには使われない。

指さしがその好例だ。野生のチンパンジーは通常行なわないが、ヒトに育てられたチンパンジーは指さしを習得することができる。しかし、ヒトの子どもとは異なり、チンパンジーは何か興味深いものを強調するために指さしを使うことはなく、ほしい何かを示すためにだけ指さしを使う。ヒトの子どもの

場合、飛行機や鳥など、興味深いものを誰かに見てほしいときに使うジェスチャー（原叙述の指さし）は重要な成長段階の一つであり、大半の子どもが生後9カ月頃までに自然に行なうようになる行動だ。このやり方で（世間の興味深いものを大人と共有するために）指さしをしない幼児はたいてい、その後に自閉スペクトラム症（他者の精神状態を考慮する傾向が小さいという特徴がある）と診断されるリスクが大きい。誰かに何かを見せるための指さしには、他者に精神状態があり、それらは自分が影響を及ぼせるものであるという基本的な認識が少なくとも必要だ。一方、「それをちょうだい」ということを示す（原命令の）指さしは、他者の精神状態の理解や共有は必要とせず、試行錯誤（自分がほしいものを指さしたら、それを手に入れる確率が高まる、など）を通じて向上させることができる。

それぞれ異なるこれらの研究すべてから導かれる全体的な結論としては、ヒトは「私たち」の視点で考え、ほかの類人猿は「私」の視点で考える傾向にあるということが一つ挙げられる。ヒトは社会的なやり取りにおいて手に入れられるお金などが他者より少ないことを嫌う。とりわけ、その確保に一定の役割を果たした場合はそうだ。しかし、チンパンジーはそうした社会的比較を行なわない。おそらく、公平性や、やり取りする相手の意図を気にするヒトの性質が、他者の幸福を心から気にかけたり、みずからを犠牲にして自発的に他者を助けたりする傾向など、ヒトの協力行動の独特な側面のいくつかを形成したのだろう。

事実、他者を助けたいというヒトの欲求は、測定可能になる時期にはすでにヒトの認知能力のなかに存在しているようだ。たとえば、ヒトの幼児は1歳半前後から、誰かに言われなくても、ご褒美がなくても、大人の目標達成を自発的に助けるようになる[20]。飼育下にあるチンパンジーをヒトの幼児と同じよ

うな状況下に置くと、そのチンパンジーはときどき他者を助けることはあるのだが、その頻度はヒトの幼児には程遠い。ほかの研究では、チンパンジーは社会的パートナーの幸福をまったくと言っていいほど気にしないことが示された[21]。チンパンジーを対象にした実験で、ご褒美の食べ物を自分と親しいパートナーの両方が受け取る選択肢と、自分だけがご褒美を受け取る選択肢を選べるようにすると、チンパンジーはどちらの選択肢も特段の意図なく選ぶ。ヒト以外のほかの霊長類と同様、チンパンジーも集団内のほかの個体が手に入れるものを気にしていないようだ。自分自身にしか注目していない。

反乱の始まり

共同作業の能力を備えたことで、ヒトは恐ろしいハンターになった。しかし、狩猟能力の発達は、思いがけない別の影響ももたらした。社会秩序を破壊する能力だ。チンパンジーの最上位の雄は力ずくで集団を支配し、腕力に頼って権力を振りかざす。ほかのメンバーは意思に反して支配を受ける。しかし、ヒトの祖先がやったことはそれとは違っていた。誰もが遠くから石を投げたり、槍で襲ったりできる世界では、腕力は権力を振るう手段としては使えなくなった。か弱い敵でさえも反撃できるからだ。こうして反乱が始まった。

第 **15** 章

連携と反乱

人間は生まれつき国家《ポリス》的動物である。

——アリストテレス『政治学』（紀元前３５０年[1]）

バウンティ号の反乱と海賊の民主主義

１７８７年の冬の日曜日、イギリス海軍のバウンティ号がポーツマスの港を出た。その使命は、地球の南半球を一周するという大胆なものだった。船がめざしたのは、南太平洋に位置するタヒチ。そこでパンノキを採取し、太平洋を横断して、当時イギリスの植民地だったカリブ海の西インド諸島まで輸送しようというのだ。パンノキは西インド諸島でよく育つだろうと考えられ、この諸島でイギリス人が

奴隷にした人々の食料を安く生産する手段として活用できるだろうと思われていた。

　バウンティ号はタヒチに到着したものの、その先の旅を終えることはできなかった。熱帯の島に5カ月暮らしたあと、船員たちは過酷で規律正しい船上生活に戻るのを嫌がった。タヒチまでの船旅ではもめ事はほとんどなかったのだが、船長のウィリアム・ブライは反抗的な船員を規律に従わせるため、だんだん懲罰を与える手法を使うようになった。むち打ちや、屈辱行為、食料配給の停止が横行し、船上の雰囲気は悪化した。そしてタヒチを出港してからわずか3週間後、船員たちは反乱を起こした。真夜中、ブライの右腕だったフレッチャー・クリスチャン率いる何人かの男たちが船長を拘束し、数人の忠実な船員とともに手こぎ舟に乗り込ませた。数本の短剣とたった数日分の水と食料だけを舟に放り込むと、反乱者たちはかつての仲間や友人を海に漂流させたのだった。

　反乱の物語として最もよく知られているのはバウンティ号かもしれないが、18世紀と19世紀の商船では反乱の脅威は常に存在した。これはおそらく、船の運航方法に起因したのだろう。船の所有者はたいてい裕福な商人で、自分では大洋を渡る危険な長旅をしたいと思っていなかった。しかし、何カ月にもわたる航海でリーダー不在の船員の一団に船と貴重な積み荷を託すのも、気が進まなかった。どうすれば、船員が船や商品を大切に扱うような環境を確実につくれるのか。船員が船や商品を奪ったり、売り上げ金の額をごまかして利益を多めに着服したりする事態を防ぐには、どうすればいいのか。

　この問題に対する解決策の一つは、それぞれの船にリーダーを割り当てることだ。バウンティ号のブライのように、船の所有者と金銭的な興味が一致している船長を指名し、船員たちを厳しく管理して規律に従わせるのである。船員が不正を働いた場合、船長はさまざまな懲罰を執行する許可をもっており、

多くの船長はその立場を乱用した。経済学者のピーター・リーソンは、権力で腐敗した船長がしばしば「略奪的」になる過程を記載した（その論文のタイトル*は間違いなく史上最高だ）[2]。略奪的な船長は、契約にない場所へ無理やり航行させる、食料の配給を制限する、賃金を減らしたり払わなかったりする、船の外へ投げ飛ばす、たたく（時には死に至るまでたたく）など、ありとあらゆる手を尽くして部下にみじめな暮らしを送らせる。この時代は「大反乱時代」とも呼ばれるが、それも驚くには当たらない。

しかし、反乱だけが懸念されていたわけではない。当時は海賊の黄金時代でもあった。外洋で海賊船に遭遇したら、さぞかし恐ろしかったに違いない。海賊船の乗組員は非常に多く、150人を超えることもざらだった**。一方で、商船には船員が20人ほどしか乗っていなかった。ならず者や悪漢の大集団を統率するのは商船の船員をまとめるよりもはるかに難しく、海賊船では反乱が日常茶飯事だっただろうと思うかもしれない。しかし、現実は正反対だった。たいていの場合、海賊の暮らしは商船に比べて穏やかで、統率をとりやすかった。

海賊はわずかな者が権限を握るのではなく、多くの乗組員に権限を与えることによって反乱の問題を解決していたようだ。言い換えれば、彼ら独自の民主主義を考案したのである。海賊船はたいていすべての乗組員が共同で所有していたため、全員に船を大切に扱おうという意欲があった。海賊船にも船長はいたのだが、その権限は商船に比べてはるかに制限されていた。海賊船の船長は戦闘時には意思決定者としての役割を果たしたものの、その他すべての事項についてはほかの乗組員と対等の関係にあった。とりわけ重要なのは、船長は民主的に選出され、乗組員に最大限の利益を与えられていないと見られたら、たいてい降格させられたことだ。

海賊の民主主義でもう一つ重要な要素は、乗組員の管理と財宝の管理が分けられていた点だ。ほかの船から略奪したすべての戦利品の分配は物資補給係によって決定され、この役割もまた民主的に選出された。船長と同じく、物資補給係も利己的に振る舞えば降格させられるおそれがあった。海賊船の平穏を保つために、すべての乗組員は書き起こされた合意済みの規則、ある意味で憲法のようなものに従わなければならなかった。海賊の憲法には、船上での暮らしを許容できる範囲に保ち、平穏に過ごせるようにするための規則が含まれている。たとえば、「夜8時には明かりやろうそくを消すこと」や「船上では殴り合わず、いざこざは上陸後に剣や拳銃で決着をつけること」といった規則だ。重要なのは、こうした規則では襲撃による略奪品をどのように分配すべきかも決められていることだ。襲撃中にとったリスクがより大きい者、あるいは重傷を負った者は、それに比例して多めに略奪品を受け取ることができた。民主主義、権力の分立、正式かつ正当な憲法という三つの土台を設けたことが、海賊船の平和を保つ一助となった。それは、商船における力ずくの独裁支配ではなし得なかったことだ。

---

*「アナーキー　海賊組織の掟と経済学（An-_arrgh_-chy: The Law and Economics of Pirate Organization）」

**ほとんどの海賊は男性だが、いくつか注目すべき例外もある。史上最も成功したと広く考えられている海賊（鄭一嫂）は女性だった。

交友関係がもたらす利益と脅威

　商船の船上で生まれた一種の社会組織と海賊がみずから築いた社会組織の違いから、ヒトの性質の全般的な特徴のようなものが浮かび上がってくる。他者よりも優位に立ちたいという欲求、公平な分配よりも少し多めに手に入れようとする欲求、そして可能なら権力を掌握したいという欲求はすべて、ヒトがもともと備えている性質の一面だ。しかし、海賊が考案した民主的な制度のような文化的な発明は、この上なく冷酷な人物を抑え込むことができる。前述のような暴動や反乱の事例からは、ヒトの社会生活についてより根源的な要素も浮かび上がってくる。このような対立を詳しく調べると、権力や地位が社会的ネットワークにいる他者の支援にどれだけ依存しているかがわかってくるのだ。友人は利益をもたらすということがはっきりわかる。

　無粋な現実ではあるが、連携や交友関係、同盟は私たちの目標の達成を手助けする社会的な手段として機能している（たとえこのように思っている自覚はなくても）[3]。第10章では、友人どうしがどのように助け合うかを取り上げた。これは、食料などのリソースが手に入るかどうか予測がつきにくいときには、とりわけ重要になる。マサイ族のオソトゥアという交友関係を思い出してほしい。彼らは最も重要なパートナーに対しては見返りを求めずに支援する。そこには、将来自分が困ったときに似たような支援を受けられるだろうとの考えがある。ほかの研究からは、交友関係を通じて得られる支援は幸福や健康の度合いを高め、ストレスを軽減し、免疫機能を活発にできるほか、長生きにも効果があることがわ

かった。コンゴと中央アフリカ共和国にすむ狩猟採集民のバヤカ族を対象にした実験では、友人の数が多い人ほどＢＭＩ（体格指数）が高かった。[4] これは女性にとっては生殖能力が高いことを意味する。バヤカ族の社会では、最も強固な社会的ネットワークをもつ男性はさらに多くの妻を迎えられる可能性が高まり、これが繁殖の成功にじかに影響を及ぼす。交友関係がとりわけ重要なのは、逆境に直面したときだ。アメリカ南北戦争当時の南軍の捕虜収容所だったアンダーソンヴィルでは、半数近い収容者が死亡した。こうした劣悪な環境で、生き延びるための最大の条件の一つが、友人をもっていることだった。[5]

　交友関係は逆境を乗りきる一助となるだけでなく、身を守る手段となったり、他者と競う能力を高めたりすることから、社会的地位の安定や向上にも役立つ。ヒヒの雌は血縁関係のない雄と交友関係を築くことで恩恵を得られる。[6] 群れのなかで子を殺そうとするほかの雄から自分（および自分の子）を守ることができるからだ。チンパンジーの場合、交友関係は雄にとって特に大切であるようで、地位の向上や雌との出合いに役立てることができる。[7] アルファ雄がその地位にとどまれるかどうかは、親しい仲間の支援にかかっていることが多い。仲間はライバルの攻撃からアルファ雄を守る手助けをし、その見返りに寛容に接してもらい、交尾の機会を与えられる。

　とはいえ、すべての交友関係が持続するわけではない。連携の形成は対立の最中にさかんになり、利害の対立がさまざまな個人や集団のあいだで変化することがあるように、社会的な結びつきの強さも変化することがある。思い出してほしいのだが、バウンティ号のブライ船長に対する反乱を主導したフレッチャー・クリスチャンは、それ以前には船員のなかで船長と最も親しい味方だった。以前の航海でブ

ライは、通常上級の船員にだけ与えられる特権をクリスチャンに与えたし、バウンティ号の往路の航海では、賛否はあったもののクリスチャンの地位をより経験豊富な船員よりも上に昇格することまでした。にもかかわらず、反乱を主導したうえに、ブライを南極海に漂流させたのは、その弟子で友人でもあるクリスチャンだったのだ。

1970年代前半にタンザニアのチンパンジーの個体群を観察した一連の研究からは、交友関係の移り変わりが運命にどのような影響を与えるかがわかる。[8] その研究の核心である対立の中心となるのは3頭の雄だ。アルファ雄のカソンタは「きわめて攻撃的で影響力のある」チンパンジーで、6年ものあいだ群れをほぼ支配していた。そのあいだ、直属の部下であるソボンゴから挑発を何度か受けてきた。カソンタが度重なる挑発を受けても、それだけ長期にわたってアルファ雄の地位を維持できたのは、地位の低い第3の雄、カメマンフの支援を受けてきたからだ。

ほかのメンバーとは違って、カメマンフは小柄で、トップをめざして戦っても雌と交尾できる望みはなさそうだ。しかし、彼は腕力が足りないところを、知力で補った。時がたつにつれて、カメマンフは自分に有利になるように、カソンタとソボンゴの対立をあおったのだ。どちらかの雄の恩恵を受けるのではなく、気まぐれに忠誠心を示す戦略をとり、支援する対象の雄をころころ変えていた。それによって序列が不安定になり、2頭の対立がいっそう悪化した。2頭の雄は対立のことを考えると、カメマンフを仲間はずれにするわけにはいかない。支援してくれそうな雄がいるかいないかが、戦いの勝敗を分ける可能性があるからだ。この対立をあおる戦略によって、カメマンフは上位の雄たちから寛容に接してもらうことができ、支援の見返りに集団内の雌と交尾する権利を得た。その支援がどれだけ気まぐれ

だったとしてもだ。この研究は性質上、裏づけが難しい事例であるのは確かだが、その後の研究で、チンパンジーの社会においてリーダーの進退に影響を及ぼす政治的な駆け引きの重要性が確認された。

「内集団」と「外集団」

忠誠心が移り変わり、昨日の友が今日の敵になりうる世界では、他者からの脅威（「社会的な」脅威）の兆候に細心の注意を払い、集団内の他者どうしの関係に目を光らせ、将来の問題になりそうなときにはその関係を壊すことさえ必要になる。たとえば、野生のチンパンジーに関する最近の研究で、他者どうしの毛づくろいをそばで見物している個体がそのやり取りをじゃまする行動が、よく観察された。これはその見物者が自分も毛づくろいをやってほしいからではなく、そうした親密な行為を通じて形成されようとしている結びつきを壊すためだという[9]。見物者がじゃまをすることが特に多いのは、毛づくろいをしている1頭が親しい仲間である場合（これは見物者がその仲間から受ける支援を独占したいと思っていることを示唆している）や、毛づくろいをし合っている2頭の両方が下位の個体である場合だ。前述の事例からわかるように、下位の雄2頭が忠誠を誓い合うと、それより上位の個体に壊滅的な影響を及ぼすおそれがあるからだ。

ヒトはとりわけ、こうした社会生活の細部を気にしている。私たちは他者を反射的に「内集団」と「外集団」に分け[10]、その判断のもとになる手がかりは完全に恣意的な場合さえある（初期の実験では、名札の色や、ピカソとモネの絵のどちらが好きかといった要素でも、こうしたグループ分けが生じた）。

このように過度にグループ分けを好む私たちの心理は、皮肉にもヒトの過度に協力的な性質から生まれたものだ。最初期のヒトは互いに力を合わせることにより、自然のなかで直面する困難をだんだん乗り越えられるようになり、食料の欠乏、水の不足、危険な捕食動物の問題はどれも協力を通じて軽減することができた。しかし、その結果、ほかのヒトの存在が主な脅威となった。ヒトは自然との戦いをしなくなり、ヒト同士で戦うようになったのだ。

こうした状況で、進化は社会的な能力に重きを置いたのだろう。自分自身の社会的な支援ネットワークの構築と整理、出会った他者の交友関係や同盟の監視、そして、何よりも重要なのは社会的な脅威の検知と回避の能力だ。こうした脅威の検知システムがうまく働けば、自分に危険が及ぶことはない。しかし、検知に失敗すれば、自分自身が危険な存在になるおそれがある。

第16章

パラノイアと陰謀論

パラノイアの人物にさえも敵はいる。
――ゴルダ・メイア（1973年）[1]

パラノイア的思考が果たす役割

今なら統合失調症と診断されるであろう疾患の事例研究として最も古い記録の一つに、イギリスのベスレム病院に入院していたジェームズ・ティリー・マシューズという精神病患者についてのものがある。[2] マシューズは「エアルーム・ギャング」に迫害を受けていると言い、その架空のメンバーの名前を一人一人挙げることができた。マシューズによると、犯罪者とスパイからなるこのギャングは「エアルー

ム」という装置を使うことができる。それは光線を放つ装置で、「ロブスター破砕《クラッキング》」（彼の体内の血流を阻害し、激痛を伴って即座に死に至らしめる）や「思考操作」（マシューズの思考と当時の政府指導者の思考を挿入・制御する能力）など、さまざまな能力をギャングに与えているという。

ジェームズ・ティリー・マシューズが経験した厄介な思考は、精神病スペクトラム障害*の主な症状の一つで、衰弱性であることが多い。実際、マシューズの妄想の主題（遠くの他者が彼の思考をコントロールしたり、彼を傷つけたりするという考え）はこうした障害を抱えた患者によく見られる。そのかなり風変わりな内容から見ると、マシューズの考えることは変わっているのだが、こうした妄想のもとになったパラノイア（妄想症）は、実際のところ人々のあいだに広く見られ、その度合いは大小さまざまであり、何らかの精神障害を示しているとは限らない。[3] 日常会話で、人々は心配事や懸念を現実に抱えている場合にパラノイアになったと話すことはよくあるが（「ノロウイルスに感染するんじゃないかと思うと、すごくパラノイアになった」など）、臨床上のパラノイアはそれとは違った意味で使われる。心配や懸念には何か悪いことが起こるかもしれないという考えが伴うのだが、パラノイアにはもう一つの特徴がある。その悪いことが他者によって意図的に引き起こされようとしているとの考えだ。

パラノイアの症状は、社会的な評価に関してやや大げさに心配するという形で表れたり（他人が自分の噂話をしていると信じるなど）、不信感や疑念として表出したりすることが最も多い。しかし、ジェームズ・ティリー・マシューズのように極端な事例では、病的な症状が表れることがある。度合いの大小にかかわらず、パラノイア的思考への陥りやすさは、アンケートで他者の悪質な意図について書かれた文章にどのぐらい同意できるかを尋ねることによって測定することができる。その文章とは、「人々

が私だけを標的にしていると確信している」や「特定の人物が私に恨みを抱いている」といったものだ。十分な数（無作為に選ばれた１０００人）の一般の人々を対象にした調査では、パラノイアをほとんど、あるいはまったく経験しないと見られる人が参加者の半数以上にのぼった。参加者のうち１５０人（15%）が日常的に不信感や疑念を抱いていると見られる。そして、30～40人（３～４％）がパラノイア的思考に強く取りつかれていると考えられ、これは精神病スペクトラム障害と診断された人々と同程度の割合だ。

　パラノイアを単に病理学として見るのは、一つの考え方ではある。精神障害の望ましくない症状で、治療すべきであり、理想的には根絶すべきという考え方だ。しかし、私はここ数年にわたり、ヴォーン・ベル（ユニバーシティ・カレッジ・ロンドンの臨床心理学者）と共同で違った視点を提供しようと研究してきた。パラノイアはヒトの心理における病気というより、特徴であるかもしれないという視点だ[4]。私たちは決して、統合失調症のような精神障害に伴う極度のパラノイアが進化で選択されてきたとの説を唱えようとしているわけではない。パラノイアはふつうに機能しているヒトの心理の一部ではあるものの、なかにはパラノイア的思考の頻度と度合いが高くなりすぎて、厄介で不適応な状態に陥る人が少数いることは否定できない。しかし、軽度のパラノイアはおそらく、社会的な脅威の検知と管理を

＊サイコシス（精神病）はサイコパシー（精神病質）とは異なるので混同しないように注意しよう。サイコシスは現実に対する理解力を失った状態だ。精神病スペクトラム障害の主な症状には、幻覚や幻聴（声が聞こえるという形で表れることが多い）と偏執性の思考や妄想がある。

助ける重要な役割を果たしている。

パラノイアがたいていは保護に役立つ一方で、時には悪い影響を及ぼしうる仕組みを理解するには、ほかの保護機構にたとえてみるとわかりやすいかもしれない。その好例が発熱だ。深部体温を上げる能力は免疫反応に欠かせない能力であり、その熱によって体は感染した病原体を撃退することができる。しかし、時には熱自体が調節不能に陥り、生命が危機的な状況に陥るおそれもある。同様に、痛みも不快で苦痛を伴うものではあるが、体に損傷が起きていることを痛みが知らせてくれるおかげで、損傷が広がらないように防ぐことができる。しかし時には、痛みは当初の傷害が治癒したあとも長期にわたって続くことがある。これは慢性疼痛症へと至り、この場合、痛みは何の恩恵ももたらさない。パラノイアも同様の考え方で理解することができる。大半の人にとって、ほとんどの場合、パラノイアは本来の機能を果たし、身を守ってくれる機構だ。しかし、少数の人々には、明らかにうまく働いていない。

では、他者に不信感や疑念を抱く利点として、どんなことが考えられるだろうか。これまで見てきたように、ヒトは複雑な集団のなかで進化してきた。そこで最大の脅威のいくつかは、ほかのヒトによってもたらされた。このような環境では、脅威が到来する可能性に目を光らせ、悪意のある他者を避けたり他者の能力を奪ったりすることによって脅威に対処できる認知機構が自然淘汰で選ばれるはずだ。私たちが進化を通じてその能力を獲得する方法の一つは、パラノイア的思考の能力を備えた脳を発達させることだ。重要なのは、パラノイアになりやすい性質は、それが誤った警報をたびたび発していても進化で選ばれる可能性があることだ。これは「煙感知器の原理」として知られている。後悔するよりも安全のほうが大事、というわけだ。煙感知器の原理から、パラノイア的思考の能力、もしかしたらパラノ

イア的思考をもつ傾向でさえも、正常に機能している認知能力群の重要な部分、つまり自分を傷つけたいと思っていそうな人々から自分の身を守るのに役立つことが示唆される。

進化の観点で見ると、パラノイアがどのように表出しうるかもわかってくる。具体的に言うと、パラノイアはボリュームのダイアルに少し似た働きをし、社会環境の特徴に合わせて柔軟に変化するはずだ。そして、パラノイアは社会的な脅威を強く感じるときには増え、弱く感じるときには減るはずである。これは、体内のブドウ糖不足とその結果生じる空腹感の関係に少し似ていると考えることができる。私たちの体は体内のブドウ糖濃度を絶えず監視し、移り変わる体内環境の変化を空腹感や満腹感といった主観的な感情を通じて経験する。これと同じように機能するのが、ヒトが備えている「社会・安全指標」だ。[5]この指標は社会環境に目を配り、社会的な支援と社会的な脅威の兆候が現れないか監視するためのものである。その指標から主観的な安全の度合いが推定され、それがパラノイア的思考として表れる。これは誰もがときどき経験する。

絶食や摂食に伴って空腹感が高まったり収まったりするように、社会・安全指標も安全の度合いや他者からの脅威の変化に応じて変わると予測される。また、社会的な脅威の兆候に絶えずさらされている人は、日常生活でパラノイア的思考を経験することが多いと予測される。サイコシス（この特徴の一つがパラノイア）になるリスク要因を調べた大規模な疫学研究から、次のような考えが裏づけられている。それは、サイコシスには遺伝要素*が含まれているものの、サイコシスへのなりやすさを決定するうえでは環境要因も大きな役割を果たしているという考えだ。人々をサイコシスやパラノイアになりやすくする環境要因の種類を詳しく見ると、社会的な脅威にさらされている状態が大きな影響を及ぼしているこ

とがわかってくる。いじめられたり、不当に苦痛を与えられたりした経験のある人のほうがパラノイア的思考を経験したことがあると報告する傾向が強い。同様に、地位が低いことはサイコシスを発達させるリスク要因の一つで、社会の隅に追いやられた民族集団や宗教集団もそれに当てはまる。ロンドン南東部のある地区では、同じ地区に住んでいる白人よりも黒人のほうが精神病スペクトラム障害の発病率が3倍も高いことがわかった。[6]

　隅に追いやられているとの感覚や、低い地位にある状態、自分の社会的ネットワークが小さい状態は、社会・安全指標の警報を鳴らすはずの要素だ。しかし、少数民族が経験するサイコシスのリスクは、同じ民族集団が高い密度で暮らしている場合には軽減されることがある（これは「民族密度効果」と呼ばれる）。この一見矛盾する発見は、パラノイア的思考を社会・安全の視点で考えれば、まさに予測できるものでもある。孤立した状態より、仲間の数が多いほうが安全だからだ。[7] ロンドン南東部を対象にした研究で、黒人が住民の4分の1以上を占めるコミュニティではサイコシスと人種の関連ははっきりしなくなった。

　しかし、こうした疫学的な研究は示唆に富んでいても、社会的な脅威とパラノイア的思考の因果関係については何も示すことができない。つまり、社会的な脅威を経験することがパラノイアの度合いを高める原因となるのかどうかや、あるいはその逆のことが起きているのかどうかは、疫学研究ではわからないということだ。因果関係が逆転すると考えられる状況の一つは、パラノイアの度合いが高い人物が社会的なやり取りから退く傾向にある場合だ。これによって、その人物の社会的ネットワークが小さくなる。この場合、小さなネットワークはパラノイアの変化の原因というより結果だろう。

因果関係を証明するためには、社会的な脅威を操作することができ、パラノイア的思考の傾向をその場で測定できる実験的手法が必要だ。[8] そのため、私たちは一般の人々のパラノイア的思考の測定だけでなく、操作もできる実験的手法を開発した。パラノイアが社会的な脅威を監視する認知機構から生まれるのだとしたら、それは柔軟でもあるはずだ。つまり、実験室でパラノイアの度合いを調整することができるはずである。

私たちは、他者との実際の社会的なやり取りで人々を弱い社会的ストレス因子にさらすことによってこれを測定した。私たちが用いた実験手法は「独裁者ゲーム」だ。2人のプレーヤーが参加するゲームで、1人（独裁者）が資金を与えられ、もう1人（受領者）にその半分を与えるか、何も与えないかを選択することができる。このゲームでは、受領者は何もすることができず、独裁者が与えるものを受け入れるしかない（だから「独裁者ゲーム」と呼ばれる）。独裁者ゲームを使ったほとんどの実験では、独裁者のほうが注目される。** 一方、私たちの実験では、受領者の視点のほうにより大きく注目する。独裁者がお金を渡す（あるいは渡すのを拒否する）理由がわかりにくいときに、その意図をどのように独裁者に帰属させるかを知りたいからだ。

---

*ほぼすべての表現型と同じく、サイコシスになるリスクは多数の遺伝子と関連していて、それぞれの遺伝子の影響は小さい。

**これは、独裁者ゲームで与える行為は、ヒトの行動の合理的行為者モデル（個人がすべてのお金を自分のためにとっておくことを予測するモデル）を損なうように見えるからだ。

意図の帰属を聞き出すために、私たちは他者の行動をどのように解釈するかを被験者に尋ねる。独裁者から渡された金額を知ったあと、受領者は独裁者がお金を渡す（あるいは渡さない）と決めた動機を推測するように尋ねられる。重要なのは、独裁者の本当の動機はきわめて不明瞭であることだ。お金を自分のためにとっておく者は欲深いだけかもしれない。これは純粋に私利私欲が動機であることを示しているだろう。しかし、独裁者は受領者に何も渡したくないとはっきり考えてお金をとっておいたのだと、受領者が考える可能性もある。その場合、受領者は独裁者に悪意があったと信じるかもしれない。この設定の曖昧さは、実生活での経験と結びつくから重要だ。実生活ではほとんどの場合、他人の本当の意図を知ることができない。曖昧さが存在するところには、他者の行動の解釈にばらつきや誤りが生まれる余地もある。言い換えれば、このように不確かな領域が存在することによって、人々は同じ行動をさまざまに解釈しうるのだ。

　私たちの研究では、大部分の被験者が、利己的な独裁者（全額を独り占めする人物）は欲深いだけであると推測した。独裁者に悪意もあると考えた被験者は比較的少ない。しかし、ご想像どおり、日常生活でパラノイア的思考に陥りやすい人は、独裁者に悪意があると考える傾向がそれ以外の人より強く、パラノイアの度合いの大きさから、その被験者が考える独裁者の悪意の度合いを予測できた。これはそれほど意外ではない。私たちの考えで最も大事な部分は、実験環境に社会的ストレス因子を組み込むことにより、人々が相手に対してパラノイア的な帰属を行なう傾向を操作できるかどうかだった。

　実験環境に社会的ストレス因子を組み込むのに利用した方法はいくつかある。たとえば、被験者に質問して自分自身について話してもらう方法だ。政治的に保守派かリベラル派か、あるいは、社会のほか

の人と比べて自分の地位が高いか低いか、といった質問をする。私たちはこの情報を利用して、独裁者ゲームで被験者に経験させる社会的脅威を操作することができる。私たちの研究の被験者たちはアメリカ出身者だったので、共和党派と民主党派のどちらに近いかを答えてもらった。相手の支持政党が自分とは異なると知ることは、支持政党が同じ相手と組むことに比べると、社会的脅威がやや高くなる。同様に、やり取りする人物の社会的地位が自分より高いと知らされるのは、地位が同じか、低い人物とやり取りする場合よりも社会的脅威が高くなるはずだ。

予想どおり、私たちは人々をこうした社会的ストレス因子にさらすことで、決まってパラノイア的思考が始まることを発見した。人々は相手に悪意があると信じる傾向が高まったのだ。これが意味するのは、パラノイアはヒトの脳の不変かつ不完全な特徴というより、社会的脅威に対する柔軟な（ひょっとしたら有益な）対応であると考えたほうが理解しやすいということだ。

なぜ陰謀論を信じるのか

実生活でパラノイアが表れる経路として最もよくある経路の一つは、陰謀論を信じる傾向にある。強大な力をもつスパイの一団が不正な目的をもって行動しているという感覚だ。たとえば、ワクチンが自閉症の原因だとする誤った考えは、現在の世界で麻疹の流行を引き起こしている主な原因である。世界保健機関（ＷＨＯ）の最近の報告によると、２０１９年前半の麻疹患者の数はそれまでの10年間で最も多かったという。これと同様の陰謀論が新型コロナウイルス感染症のワクチンに関しても出現してお

り、この感染症の集団免疫をワクチン接種で達成しようとするうえで、おそらく大きな障害になるだろう。陰謀論は奇妙としか言いようがないものが多い。その一例が「トカゲ人間」説で、権力をもっているさまざまな著名人（ジョージ・W・ブッシュ、エリザベス女王など）は本当はトカゲで、完璧な人間になりすまして世界征服を狙っているというものだ（トカゲ人間の明らかな証拠は緑か青の目と、異常に大きい瞳、低血圧であるらしく、私はこれらすべての特徴をもっている）。

　陰謀論を楽しむのは少数の人というわけではない。アメリカ人の半数以上が陰謀論を少なくとも一つ信じており、一つを信じていると別の陰謀論も信じることが多くなる傾向にある。[9]世間で言われていることとは異なり、陰謀論を信じる人は政治的な右派か左派のどちらかに多いというわけではない。陰謀論を最も信じやすいのは、極端な政治信条をもっている人々だ。また、陰謀論はソーシャルメディアなど、情報や噂を拡散できる斬新な手法が登場したから生まれた新時代の弊害というわけでもない。ニューヨーク・タイムズ紙とシカゴ・トリビューン紙の編集長に１８９０年から２０１０年までに寄せられた12万通もの投書を調べた研究から、陰謀論を支持する内容の投書の割合は時代が違ってもだいたい一定であることがわかった。[10]悪意のある人物がみずからの邪悪な目標を実現するために社会秩序を壊す方法を探っていると疑う傾向は、最近生まれたものではなく、人類共通の思考の一部なのだ。

　しかし、ここには矛盾があるように思える。ヒトは核分裂や宇宙船の月面着陸ができると同時に、多くの人が不合理で根拠がなく無意味な信念だと思う説を集団的に信じやすい生き物だ。この二つの特徴をどのように併せもつことができたのか。

　この矛盾の原因を考えるためには、いったん問題から目を離して、本来ヒトの信念とは何のためにあ

るのかを問いかけなければならない。私たちはよく、自分自身の信念を地図にたとえる。世界について正確な情報を伝えてくれる表現であるというわけだ。この考え方に従うと、信念は人生を有意義に過ごすために存在し、目標達成のために適切な行動を選べるようにしてくれていると考えられる。なかにはこのような効果をもつ信念があるのも確かなのだが、大部分の信念、ひょっとしたらほとんどの信念は実際にはまったくと言っていいほど根拠がない。私たちは人類共通の想像の世界にのみ存在する信念、そして、簡単には証明できない何か、あるいは世界の立証可能な事実のどれにも当てはめられない何かにもとづいた信念を簡単に取り入れる。私たちはイングランドとスコットランドのあいだに境界があると信じているが、人間の活動のあらゆる痕跡が地球から消し去られたとしたら、地球を外から観察する宇宙人にその境界を示すことができるのか？　ほとんどの人は貨幣に付帯的価値があると考えているが、ただの紙切れに見える10ポンド紙幣に本当は価値があるのだと、宇宙人を納得させることができるだろうか？　世界のかなりの割合の人々が超自然的存在を崇拝し、あらゆる場所で自分の一挙手一投足を見られていると信じている。過ちを犯した者は地獄に送られ、永遠に業火の責め苦を受けるというわけだ。ならば、神への信仰と、エアルーム・ギャングに迫害されているとの信念あるいはＣＩＡが自分の骨を蒸発させたとの信念は何が違うのだろうか。

信念が不和や争いの種をまくとき

この疑問への答えの一部は、私たちが信じている「奇妙な」信念のほとんどは他者も抱いているとい

う事実にあるのかもしれない。このように考えることで、陰謀論と明らかな迫害妄想を区別しやすくなりそうだ。妄想というのは通常その本人自身が狙われているという個人的な信念だが、陰謀論はそれとは異なって、たいてい比較的大きな集団に受け入れられ、強大な力をもつスパイの一団が不正な目的をもって行動しているとの考えを伴うが、それを信じる者自身が狙われているという感覚はない。

　妄想としか思えない信念を奇妙に感じるのはまさに、それを受け入れる人が誰もいないからだ[11]。このことから、私たちは信念を二つに分けていることがわかる。「正当」な信念と「不当」な信念だ。私たちはこれを、合理的かつ科学的な手法ではなく、社会的評価の過程を通じて分けている。信じがたい信念でも、十分な数の他者が信じていれば「理にかなっている」と考えられるが、信じる者が1人しかいなければ「不合理」で、正気でないとさえ見なされる。

　したがって、信念はある意味で慣習、つまりやり取りに関する社会的な決まり事や規範のような機能を果たしている。その信念が大部分の人に受け入れられていれば、それに従うのが個人にとって最もよい。貨幣に価値があると信じるのは、社会のほかの人すべてが現時点でそう信じていれば、理にかなっている。しかし、貨幣の価値が崩壊すると、その信念に対する集団的な確信は弱まる。このことから、信念の役割を有益な虚構と考えることもできる。物事の道理について集団的な合意を形成し、私たちすべてが人生を生きるうえでよりよい解決策を導けるようにするためのものだ。

　しかし、ほかの状況では、信念は集団に属するためのタグの役割を果たすことがある[12]。気候変動の原因は人類にあるとの説をでたらめだとする信念は保守寄りの世界観と関連するが、男女のあいだに生物学的な差異はないとの信念は左派寄りの立場を示す。特定の信念が特定の集団に関連づけられる理由に

ついて明確に一致した見解はないものの、いったん関連づけられると、その信念を支持していることが、集団への参加の確かなシグナルとして機能することがある。つまり、信念をもつことが集団に加わるための必須条件である場合、あるいは自分が受けられる支援の度合いに影響すると考えられる場合、信念をもつことで恩恵を得られるということだ。社会的に認められた信念をもつと、社会的な恩恵を次々に得られるようになるが、「禁じられた」信念を支持すると、軽蔑や排除、追放、さらには殺害といった代償をこうむるおそれがある。歴史を通じて、無数の人々が宗教的な信仰や慣行を理由に投獄されたり処刑されたりしてきた。現実世界のほかの信念に反する信念をもっているという理由でだ。近年でも、ツイッターのようなソーシャルメディアで同様の傾向が見られる。そうした場では、大多数の人の見解と相反する見方や意見を投稿したために「キャンセル（追放、排除）される」おそれがある。

　信念が知識としての真実を伝えるものというより、集団の一員であることを示すシグナルとして機能すると考えることで、その信念に相反する証拠があったとしても、ヒトの脳にそうした信念を支持できる機能がぎっしり詰まっているように見える理由を理解しやすくなるかもしれない[13]。これは意識していても無意識であっても起きうるし、知覚、記憶、証拠の評価といった認知プロセスに幅広く浸透している。たとえば、ある研究によると、個人の政治的なアイデンティティはバラク・オバマの肌の色の知覚に影響し、共和党支持者が知覚しているオバマの肌の色は民主党支持者の知覚よりも濃いという[14]。ドナルド・トランプ支持者はクリントン支持者と比べ、バラク・オバマの大統領就任時の群衆を２０１７年のトランプ大統領就任時のものと勘違いする人が多かった。一方、ジョージ・Ｗ・ブッシュがハリケーン・カトリーナによる災害時に休暇をとっていたと記憶違いしている人は民主党支持者のほうが多

かった。保守派もリベラル派も、中立的な状況にあるときには数学の問題を解く能力に差はなかったが、同じ問題を解くときに、それぞれ銃規制は犯罪を抑止するか効果がないかを結論づけることを必須にすると、解答に苦労した。

したがって、「不合理な」信念や誤った論理（確証バイアス、動機づけられた推論、選択的記憶）を引き起こしているように見える認知能力の奇妙な癖は、適応を助ける「至近メカニズム」として理解できるとも考えられる。それは、客観的に正しい信念ではなく、現在の社会的状況で最も多くの恩恵をもたらす信念を採用・支持しやすくしている。私たちが証明できないものを信じる傾向、そして物語が世界に対する見方を形づくる傾向は、人類のサクセスストーリーで重要な部分だ。しかし、それは大きな害をもたらす可能性がある。個人レベルでは、こうしたプロセスが誤った方向に働くと、極度のパラノイアや妄想的な思考の体験として表れることがある。社会レベルでも、脅威は存在することがある。社会的な性質をもつ信念は、他者の視点に立つことを阻害し、真実と「オルタナティブな」真実の性質をめぐって混乱を生み、連帯が必要な状況で不和や争いの種をまくおそれがあるのだ。最近目立った事例を一つ紹介すると、新型コロナウイルス感染症のパンデミックが始まった頃、保守傾向の強いメディアが、新型コロナは季節性インフルエンザと同程度の死者しか出さないという誤情報を広めていた。この陰謀論的な情報は政治的なリベラル派よりも保守派のあいだで多くの支持を得ていた。しかし、11月になる頃には、その誤った考えの影響がはっきりと表れていた。１日１５００万台のスマートフォンの位置情報データを用いたアメリカでの研究によれば、保守派メディアの消費量と人どうしの物理的な距離のあいだにははっきりとした関連が見られたという。[15]その影響は当然ながら、保守傾向の強い地域で感

染率と死者数として表れた。

社会秩序を破壊する力

この章では、連携がヒトの心理をどのように形成したのか、そして、それが精神病スペクトラム障害に陥りやすい性質をヒトにもたらした可能性について考えた。また、連携がヒトの知覚や信念を形成していることも取り上げた。次の章では、連携によるほかの影響も見ていきたい。連携は私たちが暮らす社会の構造そのものを変えた。ヒトは、社会秩序が独裁と階層制にもとづいて形成される種の長い系統から生まれたという意味では大型類人猿である。しかし、他者と連携する性質をもったことによって、ヒトは並外れた行動をとれるようになった。力を合わせることで、ヒトは社会秩序をひっくり返し、ごく少数の支配者から権力をもぎ取って、多数の人々のあいだで権力を分散させることができたのだ。

この社会秩序の破壊を、人類学者のクリストファー・ボームは「逆支配階層」と呼んだ。その実例はおそらく、ヒトが独自の道のりを歩んだ最大の要因だろう。社会的な序列を逆転させることには、大規模な連携（集団の利益を優先する集団レベルの連携）を形成する能力が必要だ。大規模な連携は弱者をいじめる暴君のもくろみを仲間と力を合わせてくじくことで、立場を対等にし、集団内で力をもつ者が強引に支配者になるのを防いでいる。

第17章

平等主義と独裁制

団結すれば持ちこたえ、分裂すれば崩れ落ちる。

――イソップ「4頭の雄牛とライオン（The Four Oxen and the Lion）」[1]

ヒトの社会は平等主義だった

現代の私たちから見ると、人間社会の特徴を見つけようとする行為は無駄な努力に思えるかもしれない。ヒトの社会は数十人しかいない遊牧民の集団から、人口10億人を超える国家までさまざまで、いくつもの可能性がある。なかには正式なリーダーのいない社会もあれば、首長や独裁者に支配されている社会、あるいは民主的に選挙で選ばれた政府に統治される社会もある。自然界を見ると、社会構造は普

遍的であることがふつうだ。たとえば、私が研究したシロクロヤブチメドリの集団はすべて南アフリカのノーザンケープ州にすんでいたが、ボツワナやナミビア、さらにはジンバブエに行っても、シロクロヤブチメドリは似たような規模の集団で似たような暮らしを送り、同様の序列関係をもっている。

　ヒトの社会の多様性は自然界では珍しいものの、こうした状態になったのはおそらく５０００年前であり、その頃に最初の複雑な社会が現れ始めた。とはいえ、それ以前のヒトの集団がすべて同じだったというわけではない。最初期のヒトが暮らしていた集団でさえ、現代の平均的なミーアキャットやチメドリ、チンパンジーの集団どうしの違いよりも大きな違いがあっただろう。とはいえ、最初期のヒトの社会にもかなり重要な共通の特徴があったと考えられている。地球上に出現してからほとんどのあいだ、ヒトは人口密度の低い社会で暮らし、決まった住居をもたず、狩猟や採集が可能な食物に頼って生きていて、食料の栽培や飼育、購入はしていなかった。ヒトの社会はほかの類人猿の社会といくつか重要な点で異なっていた。その多くはすでに取り上げたもので、ヒトは類人猿より協力的であり、集団の境界を柔軟に変えることができ、家族をもっていた。しかし、それだけではない。最初期のヒトの社会はもう一つ重要な点で、チンパンジーやゴリラ、ボノボの社会と異なっていた。それは平等主義だったということだ。

　ヒトの社会を平等主義に分類するのは少し意外に思えるかもしれない。特に、平等というものをお金と所有物に限った話だと考えた場合はそうだろう。しかし、お金やそれが生み出す富は比較的最近の発明であり、最初期のヒトは自分が自由に使える住居をもっておらず、所有物もたいして多くなかった。社会の平等性を測るうえでより適切な進化上の指標は繁殖成功率だ。この尺度を用いれば、地球上に出

現してからほとんどのあいだ、ヒトの社会は比較的公平だった。大部分の人がもうけられる子の数は似通っていたのだ。これと比べ、序列のある大型類人猿の社会では、アルファ雄が集団内の下位の個体を排除してリソースの使い道を決め、雌を独占することができる。ゴリラなどの種では、繁殖できるのは最上位の個体に限られ、アルファ雄が集団内のほぼすべての子の父親となる。チンパンジーの場合は、下位の雄も繁殖できるのだが、その成功率はアルファ雄よりはるかに低い。アルファ雄は集団内の子の3分の1をもうけられると予想でき、子の数は直近の競争相手の2倍を上回る。

最初期のヒトの集団における繁殖の平等性に関するデータはないものの、現代の狩猟採集社会から得られたデータを用いて、情報にもとづく推定はできる。狩猟採集社会における男性の地位と繁殖成功率の関係を調べた大規模な研究によると、地位が重要であることは確かだが、序列のある類人猿の社会ほど地位の重要性は高くないという。[2] 繁殖の機会は、ヒトの男性のほうが、現存する近縁のどの類人猿よりもはるかに平等に与えられる傾向にある。

チンパンジーのアルファ雄は地位を乱用して自分のほしいものを手に入れ、ライバルを力ずくで脅したりいじめたりする。しかし、最初期のヒトの集団（および現代の多くの狩猟採集社会）では、トップをめざすという大型類人猿の典型的な行動は実質的に封印された。多くの狩猟採集社会では、威張った行動をとっても権力や栄光を手にすることはなく、たいていは嘲笑と追放の憂き目に遭うのがオチだ。集団生活では個人の自主性が何よりも重んじられ、他者を傷つけたりいじめたりしない限り、人々はだいたい自分の好きなことができる。ジュホアンシ族のある男性は、彼らに首長がいない理由を人類学者に聞かれたとき、こう答えた。「もちろん首長はいるさ。一人一人が自分の首長なんだ」[3]

平等主義の社会では、権力や脅しを使うのではなく、名声や尊敬を集めることによって地位を高めていく[4]。地位は権力を行使した結果ではなく、人々を納得させた結果だ。地位の高い人物はたいてい尊敬され、気前がよく、集団の利益を最大にするように行動する。良好な地位を維持するためには、その地位を気にかけていないように見せ、威張ったり威圧的に振る舞ったりしていると非難されるような行動を避けなければならない。この暗黙のルールに従わない者は、集団の仲間の怒りを買うおそれがある。

　ジュホアンシ族のあいだでは、うぬぼれの度が過ぎる者やいばり散らす者は「お偉いさん」と呼ばれることがある。これは小ばかにした非難の言葉で、態度を変えなければ、さらなる制裁が待ち受けているとの意味を含んでいる。人類学者による数々の報告には、権力を乱用する男性、あるいは集団内の女性やリソースを独占しようとした男性は仲間はずれにされるか、集団から排除されるおそれがあるだけでなく、殺されることさえある。次に引用する一節には、カリナ（南米ガイアナの部族社会）が弱い者いじめをする人物や偉ぶった人物にどのように対処しているかが描写されている[5]。こうした手法は工業化されていない社会によく見られ、おそらく初期のヒトの集団でより広く見られた特徴だろう。

> 　集落の男性たちは彼と話をする。しかし、彼が自分の立場を改善する努力を何もしていないように見えたら、集落を去るように忠告され、さもなければきわめて不快な生活を送ることになると言われる。それでも集落にとどまっていたら、彼とその家族は社会からのけ者にされる。飲み会にも誘われず、何も借りることができないようになり、狩りや魚捕り、作物の刈り取り、カヌー造りなどの活動を誰も助けてくれなくなる。ほかの男性たちはこうした活動で助け合っているにもかかわ

らずだ。彼の妻も仕事で支援を受けられず、彼の家族は水くみや水浴びをする場所にも入れない。つまり、彼は集団生活のあらゆる利点を失ってしまうということだ。この仕打ちに気づかず、さらに関係が悪化すると、ほかの男性たちに叩かれたり、最悪の場合は殺されたりするおそれもある。

ここで重要なのは、最初期のヒトと現代の狩猟採集民の社会で威圧的な支配がない理由は、序列を避ける性質がもともとヒトに備わっていたからではないことだ。交尾相手や食料、その他のリソースをめぐって他者と争う衝動は、すべての大型類人猿をはじめ、ほとんどの動物の脳に備わっている一般的な特徴である。ヒトも例外ではない。

このように考えるのではなく、ヒトの社会における権力分散を大規模な綱引きとして考えるのが最も理にかなっているというのが私の見解だ。綱の一端には個人が他者を支配したいという衝動がある（これは大なり小なりすべての人に存在する）。才能や技能、能力、あるいは幸運な状況を利用して、ほかの人々より少しだけ高い地位を手に入れたいという衝動だ。綱の反対側で引っ張るのは、要約すれば他者の集団的利益の力である。綱引きの例にもれず、たいていはどちらか一方の側が優勢になる。一部の社会や、歴史上の一時期には、「集団的利益」チームが優勢のように見えることもあるだろうが、時期によっては「個人の利益」チームのほうが強く引いているように見えることもある。そのとき、エリート（専制君主、皇帝、独裁者）の小さな派閥が、はるかに大きな集団を征服し、厳しく支配するのだ。

この綱引きのたとえは、二つの重要な原理を示している。一つ目は、ヒトはもともと権力の追求や保持に反対しているわけではない点。実際、ほとんどの人は地位や富を気にするし、なかには社会を支配

することによって得られる機会から大きな恩恵を受ける人もいる。そして二つ目の原則は、社会における権力の不在は欠落ではなく、機会を逸した結果でもないし、誰も得ようとしなかったからそうなったわけでもない点だ。権力の空白は、絶えず緊張状態が続いた結果であり、多数の人が少数の人に対抗しようとする努力を通じて能動的に維持されるものである。

勝者総取りの競争か仲間と戦利品を分け合うか

既視感を抱いた読者がいるとすれば、それはこのような社会主義の原理をすでに取り上げたからだ。これまでの章で、利己的な要素が配偶子に入り込みやすくしようとするのを防ぐために「遺伝子の議会」が結束する仕組みや、社会性昆虫のコロニーでワーカーが互いの行動に目を光らせ、仲間がこっそり産卵しないようにしている仕組みを説明してきた。そしてここでもまた、同じ仕組みが現れた。今回は、祖先の独裁社会から平等主義の人間社会への移行において、その仕組みが働いている。

　個人がみずからの野望を脇に置き、集団がめざす平等を追い求めることがある理由を理解するには、こうした競争における利害関係を考慮するとわかりやすい。すべての遺伝子と個人が繁栄をめざそうとすると考えるのは妥当であるだろうが、その勝利までの道筋は二つ考えられる。一つは、勝者が総取りするハイリスクの競争で、一人一人が自分だけの栄光を追い求めて、ほかの全員を相手に戦う。これは、第3章で利己的な遺伝子を列に割り込む人にたとえたことを思い起こさせる。すべての遺伝子（または個人）がこのように振る舞った場合、誰もが我先に列の先頭めがけて押し合う無法状態になる。しかし、

勝者は1人しかいない。列の先頭に立った者だけだ。このような競争に勝てば手にするものは大きいが、最も可能性が高いのは戦いに失敗することだ。列の最後尾、あるいは前から3番目、2番目であっても、何も得られない。

もう一つの道筋はチームに加わることだ。これは多くの人がとる手法で、1人で一か八かの戦いに挑むのではなく、組織を形成するのである。組織の一員になれば、運しだいの戦いで何らかの戦利品を手にする確率は高まる。その戦利品を仲間と分け合わなければならないとしてもだ。したがって、組織に加わることのほうが賢明な道筋となる。自分だけの勝利を得られるわずかな可能性を捨てて、戦いに失敗する可能性を最小限に抑える。進化では時がたつにつれて、より賢明な手法のほうが成功する傾向にある。

初期の文明で独裁制が誕生した理由

支配的で威圧的な個人を抑え込むヒトの能力を考えると、これまで弱者をいじめる暴君がどのように台頭したのかと不思議に思う読者もいるかもしれない。ヒトは地球上に現れてから今までの短い期間に、極端な変化を遂げたように見える。平等主義の狩猟採集社会を築いた私たちは、文明が始まる頃には極度に独裁的な政権を生んだ。私たちはなぜ皇帝や専制君主、そしてサダム・フセインやアドルフ・ヒトラーといった独裁者を生むことになってしまったのか。そして、最初の独裁国家に暮らしていた人々は、祖先がそのような生活様式を拒んでいたにもかかわらず、なぜ他者に抑圧される状況を受け入れたのだ

ろうか。

こうした極端な変化がどのように起きたかを示すためには、ヒトが定住生活を送り始めたおよそ1万2000年前までさかのぼる必要がある。この時期は、ヒトが作物の栽培と家畜の飼育を始めた時期に当たるため「農耕革命」と呼ばれることもある。遊牧生活からより定住性の高い生活への移行ができたのは、気候が変動した時期だったからだ。その数千年前よりも、気候が全体的にはるかに安定していた。気候の安定は農耕の助けになっただろう。作物が環境の激変によって全滅する可能性は低くなったし、最初期の農耕民がさまざまな農法を試すことができるようになったからだ。気象の激しい変動に対処する必要もなく、大量生産に最も適していそうな手法や種を突き止めることができた。

集団的な活動の例に漏れず、こうした初期の挑戦が成功する鍵となったのが、調整能力だ。ここにリーダーの存在がかかわってくる。これまで、平等主義の狩猟採集社会でさえリーダーが存在する事例も取り上げたが、それは、狩りの最中に行動を調整したり、野営地のメンバーどうしのいざこざを仲裁したりする必要が生じたときなど、特定の状況だけだ。[6] こうした社会では、リーダーが行使する権力はその必要が生じた場面に限られる。つまり、ある場面でリーダーとなった者はたいてい、ほかの場面では力をもたないということだ。たとえば、エチオピアのチャブ族のあいだでは、猟犬の群れを所有する男性は狩りの時期や場所を決定することがある。その男性は狩りの最中に作戦を指揮し、ハンターが幸運にも獲物を仕留めたときには、その肉を分ける役目も果たす。狩猟のリーダー役を務めるとはいえ、ほかの場面では彼の権力はなくなる。彼は狩猟のリーダーでしかないのだ。しかし、農耕社会での暮らしは狩猟採集社会とは異なる。狩猟は始まりと終わりの時間がはっきりと限定された活動だが、農耕はそ

うではないからだ。作物や家畜の世話は生活様式であることから、リーダーが社会に常に存在する状態へと移り変わることができた。

リーダーの地位が制度化されたばかりの頃はおそらく、包摂的で民主的な形式をとっていただろう。リーダーは合意の形成と行動の調整の能力が最も高い人物だった。したがって、このような初期のリーダーはおそらく、移動生活を送る古代や現代の狩猟採集集団で高い地位を手に入れられる人物と多くの共通点があっただろう。彼らは集団のほかのメンバーから尊敬を集め、好かれ、許容される人物だった。しかし、おおむね平等主義として始まったにもかかわらず、こうした初期のヒトの文明はなぜか独裁制へと変貌を遂げてしまった。リーダーは利己的で傲慢であり、多数の農奴を支配下に置き、彼らが生んだ余剰の恩恵を独り占めしていた。この変化は突然起きたわけではなく、何世代にもわたって徐々に起きたのだろう。信奉者がリーダーに与えるリソースの割合を少しずつ増やし、その強制的な支配をだんだん受け入れていくうちに起きたのだ。

信奉者がこのような（とんでもないように思える）扱いを受け入れた理由を理解するために、２０１４年に発表された理論モデルを取り上げてみよう[7]。そのモデルでは、もともと大多数の人が平等を好んでいた集団で、仮説上の「序列を受け入れる」性質がどのように広まりうるかを数学的に表現している。と言っても、ここで数式を羅列するわけではないからご心配なく。その主要な結論は言葉だけで簡単に表現することができる。理論モデルはとりわけ、ヒトの進化を理解しようとするときに役立つ。私たちは過去にさかのぼって、さまざまな生活様式が繁殖や生存に与える影響を測定することはできないからだ。理論モデルはデジタル版のシャーレのような役割を果たし、研究の対象とする仮説上の

世界の開始条件を設定すれば、それがどのように変化していくかを見せてくれる。とはいえ、このモデルに限らず、ほかのモデルを評価するときにも頭に入れておいてほしいのは、モデルの結果は研究対象の世界について設定した開始条件（つまり前提条件）に根本的に左右されるという点だ。言い換えれば、開始条件の設定の仕方が悪いと、出てくる結果も悪いということである。

今回のケースでは、序列の許容度を理解する目的でモデルを構築するが、このモデルは、平等主義の狩猟採集社会から階層制の農耕社会に向けた生活様式の変化を探るためのモデルとして考えることもできる。この手法を用いれば、平等主義の狩猟採集社会にかなり長く暮らしていたように見えるヒトが、農耕生活とそれに伴う不平等を選んだ過程と理由を探ることができる。このモデルでは繁殖成功率を生態学上の指標として用い、階層制の農耕社会での生活を好む人物が、平等主義の狩猟採集社会に暮らす人物よりも多くの子どもをもうける傾向があるかどうかを調べる。こうすることで、繁殖成功率の差という進化にとって重要な結果と心理的な性質を結びつけることができる。

今回のモデルは、いくつかの当たり障りのない前提にもとづいて構築されている。一つ目は、リーダーが組織的な行動を促進する、つまり農耕社会は狩猟採集社会より食料の生産性が高いという前提だ。二つ目は、集団行動を通じて生まれた余剰（狩りの獲物、生産した作物など）は農耕社会より狩猟採集社会のほうが平等に分配されるという前提である。この時点で想定するのは、全面的な独裁制ではなく、農耕集団のリーダーがリソースをほかのメンバーより少し多めに確保するという、もっと妥当なシナリオだ。そして最後に、これら二種類の集団が共存しているとも考える。つまり、1人の人物の繁殖成功率は同じ集団のほかのメンバーだけでなく、人口全体とも比較されるということだ。この点は重要であ

る。大量の食料のごく一部を受け取ること（農耕生活）は、少量の食料を平等に分け与えられること（狩猟採集生活）より絶対的に優れていることを意味するからだ。リソースは繁殖成功率に結びつくため、農耕社会にすむ人々は狩猟採集社会にすむ人々より多くの子をもうけられる。モデルの観点で言うと、これはある程度の不平等が伴うにもかかわらず、序列を許容する性質が自然淘汰で選ばれたということだ。

　最初の定住社会である程度の不平等が許容されたと考えられる過程を理解することはできても、多数の下位の人々が、人類の歴史のなかで出現してきた極端な独裁制を許容できた理由は理解しにくい。こうした極度の不平等の影響を評価する最も容易な方法は、祖先の狩猟採集社会における男性の繁殖成功率と既知の最古の文明社会にすんだ男性の繁殖成功率の差を調べることだ。ヒトがアフリカの外へ移動する前の時代（およそ10万～20万年前）を対象とした推定によると、こうしたヒトの祖先の集団では、生殖可能な男性1人に対し、その相手となる生殖可能な女性がおよそ3人いたという。これはつまり、子どもをもうけた男性1人に対し、子どものいない男性が2人いたことになる。しかし、農耕革命が十分に進んだ完新世半ばになると、生殖可能な男性1人に対する女性の数が16人前後にまで増えた。子どものいない男性の数が一気に増えたということだ。この繁殖成功率の偏りの理由は階層制だけではなく（たとえば男性は戦争中に女性よりも命を落としやすい）、地位もまた子どもをもうける人物を決定するうえで重要な役割を果たしていた。最初期の文明社会では、最も強大な権力をもつ皇帝や王が数百人の子どもをもうける一方で、ほかの男性には子どもがいなかった。多くの男性は幼少期に去勢され、リーダーの宮殿で宦官として強制的に働かされた。強大な権力を誇示したり、神にささげたりするために、

ほかの人を殺す儀式が広く行なわれるようになった。[8] そして、序列の出現に伴い、人を服従させる行為のなかで最も抑圧的な制度も出現した。奴隷制度である。

　いったいどうすれば、極端な独裁制の下での生活が狩猟採集社会の生活よりも好まれるようになったのか。実は、独裁制が好まれたわけではなかった。人々はこの生活様式を選んだわけではなく、そこから抜け出せなくなったのだ。その理由を解き明かすため、私たちの理論モデルに立ち戻り、社会がこの時代にどのように進化したと考えられるかを見てみよう。初期の農耕集団は近隣の狩猟採集集団より食料の生産性が高く、繁殖成功率の上昇と引き換えにある程度の不平等をおそらく許容したことはわかっている。しかし、人口というのは変動するものだ。私たちの理論モデルでは、農耕集団の規模が拡大し始める。これは単純に、集団の人々の繁殖成功率が上昇した結果だ。規模を増すにつれて、農耕集団が利用可能な土地へ進出するようになると、狩猟採集集団はだんだん隅に追いやられ、やがてその人口集団から完全に姿を消してしまった。後戻りができなくなったという点で、これは重要な出来事だ。農耕社会に暮らす下位の人々は、ほかの生活様式に戻ろうにも戻れなくなった。それまでほかのメンバーよりわずかに多くの食料を受け取っていたリーダーは、食料の大部分を確保できるようになった。リーダーに服従する人々はその状況を受け入れざるを得なかった。この生活様式にがんじがらめにされてしまったからだ。

　これは抽象モデルではあるが、不平等が時間の経過とともに出現する過程についてすでに知られていることを表している。序列は信奉者が抜け出せない状況で最も厳格になるという予測は、歴史的な事実によって裏づけられている。古代エジプトの王国では、神のような存在であるファラオが農民や奴隷を

支配した。こうした王国の出現を促したのは、ナイル川流域という王国の地理的な位置だった。四方を不毛な砂漠に囲まれているため、不満を抱えた家来が荷物をまとめて立ち去るのは途方もなく大きな代償を伴っただろう。同じようにペルーでも、農耕が行なわれていた肥沃な峡谷に初期の国家が出現し、その住民は簡単には国を離れることができなかった。定住する部族のあいだでは奴隷制も歴史的に広く見られた。北アメリカ北西部の太平洋沿岸に住むクワキウトル族やチヌーク族がその例であり、社会で支配されている人々が容易に土地を離れてほかの集団に加われない場所では、農耕が行なわれていなくとも、奴隷制への移行が起きやすいことを示している。

なぜ反乱が起きなかったのか

砂漠など、居住に適さない環境に囲まれていることが抑圧的な体制からの逃亡を難しくする、あるいは不可能にすることは確かだが、下層階級の人々は反乱を起こして抑圧的な体制を覆すこともできただろう。しかし、可能とはいえ、そうした出来事はおそらくめったに起きなかった。これは、下層階級の人々が上位のエリート層よりはるかに多かったことを考えると、困惑する見解ではある。抑圧的なエリート層と下層階級が結束した群衆との戦いではいつも、数的優位に立っているほうが勝つと予測できるはずだ。数に力があるというこの原則は戦闘の成功を普遍的に予測できるため、数学的な証明として要約されていて、「ランチェスターの二次法則」と呼ばれている[9]。この法則はあまりにも広範囲に見られ、まだしゃべれない子でさえも直感的に理解するほどだ。この法則によると、任意の集団の戦闘能力は人

数そのものではなく、人数の2乗に比例する。たとえば、2人と4人が対戦する場合、戦闘能力は4対16となる。国民国家レベルまで規模を拡大し、政界のエリート数百人と数百万人の国民が戦うとすると、これら二つの集団の戦闘能力に桁外れの差があることがすぐにわかる。

それならばなぜ、独裁政権の支配のもとで暮らしている人々は数的優位を利用して、独裁的なリーダーに対して反乱を起こそうとしないのか。採用されなかった政策に投票した何百万人もの人々や、リーダーに異議を唱える何百万人もの人々が政府の庁舎に押し寄せて、支配権を取り戻そうとしないのはなぜだろうか。それは、革命には集団行動の問題、つまり協力の問題が伴うからだ。集団は全員が一致団結していれば強大な力を発揮するが、反乱にはリスクが伴う。したがって、それぞれの人が身を引きたいという誘惑に駆られる。反乱の代償を他者に支払わせ、反乱の成果があれば、自分はその恩恵だけを享受したいと思うのだ。

かなり気が滅入る例ではあるが、奴隷貿易で何百人ものアフリカ人奴隷を乗せて大西洋を渡った船ではほとんど反乱が起きなかったことを考えてみよう。[10] 奴隷が自分を捕らえた人物に仕返しをする反乱が起きたのは、奴隷船の100隻に2隻しかなかった。奴隷船内の劣悪な状況、そして、捕らえられた男女が生きて航海を終えた先に待ち受ける悲惨な生活を考えると、この数は驚くほど少ない。当然ながら、反乱を起こすこと自体がきわめて難しい。奴隷は甲板の下に閉じ込められ、2人ずつ鎖でつながれている。その相手はたいてい見知らぬ人であり、自分とは異なる地域の出身で、話す言語も違うことがあった。奴隷どうしがコミュニケーションできない状況は偶然つくられたものではなかった。船長どうしが共謀して、同じ民族の奴隷が同じ船に乗らないようにしたのだ。言葉の壁を設ければ、反乱の画策

がきわめて難しくなることがわかっていたからである。

しかし、奴隷が自分を捕らえた相手に対して反乱を起こすことが少なかった理由は、鉄の足かせと言葉の壁だけではなかった。２０１４年のある研究が示唆するように、自由を取り戻す反乱への参加で予想される代償と恩恵を考えれば、おとなしくしておくという決断も賢明だったかもしれない。反乱への共謀に関与することの代償は大きい。船長はほかの奴隷が反乱を思いとどまるよう、反乱者に残酷な処罰を加えるだろう。反乱を画策するには奴隷どうしに信頼関係が必要だった。だから船長は、ほかの奴隷の動きを探り、船上で陰謀が進行していることを知らせた者に自由を与えることで、奴隷のあいだに不信感と疑念が生まれるようにした。これにより、集団行動の首謀者になることのリスクも生まれた。反乱のまとめ役になることは、共謀者が密告を企てているかどうかがはっきりしない場合には、さらに大きなリスクとなる。

このような誘因のバランスによって、かなり直感に反した結果がもたらされる。数が多いほど力が増すというのが私たちの知識ではあるが、じつは船に乗せる奴隷の数を増やすと、反乱が起きやすくなるどころか、起きにくくなるのだ。たとえば、船に乗せる奴隷を１００人増やすと、反乱のリスクが最大80％減少すると推定されている。その理由を理解するには、リスクを伴う集団行動への参加で予想される代償と恩恵について考えるとわかりやすい。人数が多いと、反乱に加わった一人一人が反乱の成功率を上げる度合いはごくわずかだ。一方で、反乱の共謀者として発見される代償は、人数にかかわらず大きいままだ。このような勝算では、他者が誰よりも早く最大のリスクを冒して動くのを待ち、反乱が成功した場合にもたらされる自由の恩恵を享受できるように願うのが賢明だろう。集団の規模が小さけ

れば、一人一人が反乱の成功や失敗に果たす役割が大きくなるため、反乱に貢献したいという動機が高まる。小さな集団ではまた、一人一人が他者の貢献度を監視することが容易になり、参加していないほかのメンバーに肩身の狭い思いをさせ、彼らを説得しやすくなる。

　これが地球上の大多数の人々にとってどのような意味をもつのかは一目瞭然だ。いまの世界では、地球の大規模な破壊や開発によって利益を上げる個人と組織の数はますます減ってきている。こうした地球規模の社会的ジレンマでは、奴隷船に乗っている男女ほど大きな利害はないように思えるが、動機はだいたい同じだ。気候変動に対する集団行動には、膨大な数の人々の取り組みが必要になる。だが、そこにはリスクがある。あなたが個人的な犠牲を払って飛行機を使わないとか、子どもをこれ以上つくるのをやめるとか、野菜と果物中心の食事をとると決断しても、その犠牲が無駄になる可能性が十分にあるということだ。この状況をコントロールできる方法を見つければ、私たちの大半は恩恵を得られる。しかし、それには史上類を見ない規模の集団行動が必要だ。

第18章

協力がもたらす代償

世の中の罪は、すべて協同の結果なのだ。

――スティーヴン・クレイン（1898年）[1]

協力の犠牲者

毎晩、アメリカの首都ワシントンに近いロナルド・レーガン・ワシントン・ナショナル空港に到着した飛行機から乗客が次々に降りてくると、空港の外で待っているウーバーの運転手たちが、空き状況を示すためのアプリをいっせいに切る。そして待機。時間がたつにつれ、需要が供給に見合うよう、価格は12ドル、13ドル、15ドルとリアルタイムで上昇する。やがて首謀者が合図を出すと、運転手たちはい

っせいにアプリを再開させる。乗客はちょっと割高な料金を支払って、目的地まで乗せていってもらうというわけだ[2]。

わざと供給を絞って価格をつり上げるやり方はそれほど協力的な行動には思えないかもしれないが、実際はまったく違う。協力と競争はコインの裏表のようなもので、表向きは協力に見えても、裏から見れば競争であると感じることが多い。アプリを切った運転手は乗客を食いものにしているのかもしれないが、それはほかの運転手の協力がなければできない。集団行動の結果として最高なのは運転手全員がアプリを切って料金を高騰させることであるとはいえ、乗車したい客よりも運転手のほうが多い可能性もある。そのため、それぞれの運転手が自分だけ儲けたいという動機を抱き、客を取り損ねないよう、ほかの運転手より少しだけ早くアプリを再開させたいという欲求に駆られる。

この例から、ことによると居心地の悪い真実が浮かび上がってくる。これまで取り上げたすべての事例の陰に隠れていた真実が見えてくる。協力は実際のところ、世界における自分自身の立場を高めるための手段だ。言い換えれば、協力はそれが競争を有利に進められる場合に選択されるということである。その結果、協力ではたびたび犠牲者が生まれる（実際、協力で犠牲者を生まないようにするのは何よりも難しい）。

協力をこのように見てみると、汚職や賄賂、身内びいきといった行為をそれぞれ協力の一形態として考えることができる[3]。その恩恵は仲間や協力者が手にし、代償は社会のほかの人々にのしかかる。自分の事業で身内を優先的に雇う行為や、儲かる契約を確実に成立させるために相手先の重役を買収する行為はどちらも協力を伴うやり取りであり、支援と信頼がかかわっている。このような行為をよこしまだ

と感じるとしたら、それはこうした局所的な協力によってたびたび社会的な代償が生じるからだ。ここで、がんを思い浮かべるとわかりやすい。第3章で、がん細胞が協力関係を築くことを紹介した。がん細胞は協力関係を構築することで私たちのほかの細胞に勝つことができる。しかし、がん細胞どうしの協力関係は深刻な事態を引き起こし、その宿主を死に至らしめる危険性を秘めている。このように、協力を有益と見るか有害と見るかは、完全に見る者の視点によって変わってくるのだ。

「えこひいき」のメカニズム

ここでこんな質問をしてみたい。身内の犯罪容疑を晴らすために法廷で嘘をつくことを、あなたは容認するだろうか？　能力の劣る友人ではなく最良の人材を雇用する道義的義務があるかどうかを問われたら、あなたは何と答えるか？　このような質問への回答は一筋縄ではいかず、万人が支持するものもない。一つの領域での協力はしばしば、別の領域での協力を台無しにする。道徳的かどうかの判断は、私たちがこうした競合する利益のバランスの取り方をどのように考えるかによって異なる。たとえば、「いつも友人を助けている」人物は他者に信頼されないことがあるが、同じような非難は「友人さえ助けない」人物にも向けられる可能性があるということだ[4]。

ここからは、あなた自身が一つの輪のなかにいて、地球上のすべての他者もその輪のなかのどこかにいると考えてみよう。近くに立っている人（家族や親友）はあなたが道徳的義務を最も大きく感じる人物であり、その人物に対して誰よりも気をつかう。これは意外ではない。すでに触れたように、協力や

相互依存の関係は血縁者どうしや長く続く関係において強くなる。私たちは社会的な輪のなかにいるこうした主要メンバーの幸福や成功により強く関与するから、私たちの向社会的な努力が彼らに向けられる傾向にあるのは納得できる。

しかし、この輪のなかには、少し離れたところにほかの人々も存在する。こうした遠い関係は家族や友人と同等には扱われないものの、彼らの命運も私たちに関係するのは確かであり、状況によってはある程度の支援や信頼を向けるべき対象だ。人々の世界に対する見方で最大の違い（お互いに対する見解の不一致を最も大きくする要因）は、最も身近にいる最愛の人々との関係をほかの人との関係よりどのぐらい優先させるべきかを決める場面で生じる。

リベラル派と保守派における「道徳的配慮」の傾向

話をはっきりさせるために、ここでは一般的な話をする。しかし、これは決して、私たちが政治的な傾向*、あるいは出身地や居住地にもとづいて人々を「道徳的に狭量」と「道徳的に広量」に分類できると主張しているわけではないので、誤解しないでほしい。たとえば、男性のほうが女性よりも平均身長

＊実際のところ、アメリカの歴代大統領のうちアフリカでおそらく最も人気があったのは、共和党のジョージ・Ｗ・ブッシュだった。在任中、ブッシュはＰＥＰＦＡＲ（米国大統領エイズ救済緊急計画）を創設し、２００９年までに８００億ドルを投入して、アフリカで推定１３００万人のＨＩＶ・エイズ患者の命を救った。

が高いのはわかっていても、身長からその人物の性別を判断する賭けに全財産をつぎ込むことはしないだろう。逆もまた同じで、ある人物が男性か女性かをわかっていても身長を正確に予測することはできない。これから述べる傾向を解釈するときにも、同じように考えてほしい。それは大まかな傾向であり、特定の個人について何かを主張するときに用いてはならない。とはいえ、そうした大まかな傾向は、私たちが暮らす社会の機能や構造、そして社会のなかで形成する関係の種類に実際に影響を及ぼしている。

人々が協力関係をもっと遠くの関係に広げるのではなく、小さい社会的な輪のなかにとどめるべきだと考える度合いは、政治的スペクトルに沿ってある程度変化する。これがよく表れているのが、近年のアメリカ大統領による就任演説だ。２００９年、バラク・オバマは「アメリカはそれぞれの国、そして男性や女性、子ども一人一人の友人である」と宣言し、「貧しい国の人々」と協力して「飢えた体に栄養を与え、ハングリーな心を満たす」と約束した。一方、ドナルド・トランプは２０１７年の就任演説で地球全体ではなく、国の利益だけを囲むはるかに小さな輪を描き、「海外に何兆ドルも」つぎ込んでいると嘆いて、「いまこの瞬間からアメリカ・ファースト（第一主義）になる」と約束した。[5]

大規模な行動実験でこうした傾向が確認されている。実験では、政治的に保守派であると自任する人は家族への愛情が強いが、人類全体への愛情は弱いことがわかった（政治的にリベラル派だと言う人は反対の傾向を示す）。同じ研究では、保守派は戦争や紛争のない世界を実現することより、祖国を敵から守るほうが重要だと考えた。また、保守派は人類全体より、自分に最も近いコミュニティのほうに強い共感を示す傾向にもあった。架空のリソースをさまざまなカテゴリー（家族と友人、全人類とヒト以外の動物）に配分するよう言われたとき、保守派はリベラル派よりリソースを配分する範囲が狭い傾向

にあり、ヒト以外の動物に何らかのリソースを配分することが少なかった。私が最近リー・デ・ウィット（ケンブリッジ大学の研究者）と共同で行なった研究で、新型コロナウイルス感染症の影響に対する人々の懸念も政治的スペクトルに沿って変化することがわかった。[6] 自分自身と親友や家族に対する懸念はあらゆる政治的立場の人が抱いていたものの、社会のほかの人々に対する影響をより熱心に広く懸念していたのはリベラル派だった。まとめると、これらの実験で、政治的な保守派のほうが道徳的配慮の輪が小さいことが明らかになった。つまり、共感や思いやり、懸念は遠くの関係よりも近くの関係に多く向けられるということだ。

集団主義の社会と普遍主義の社会

こうした道徳的配慮の輪は、近くの関係を優先して協力すべきか、あるいはもっと平等にすべての人に協力すべきかと判断する範囲に影響し、はるかに規模が大きい国レベルで見てもそれぞれ異なる。このように文化によって異なる傾向は、普遍主義と集団主義のスペクトルに沿った相違にもとづいて表現されることがある。[7] 集団主義の社会（中国、日本、韓国といった東アジアの国々など）は家族集団を中心に築かれる傾向にある。このような社会では、社会的な輪は比較的小さいが、そのなかのメンバーどうしのつながりはきわめて強く、一人一人が互いに依存しながら暮らしている。この小さな輪のなかでは互いを支援する強い道徳的義務があるが、その輪の外にまで支援を広げる必要はない。このスペクトルの反対側には、普遍主義の社会（西ヨーロッパの多くの国やアメリカなど）があり、人々は遠い関係

を多く含んだより大きな社会的ネットワークを築く傾向にあるものの、近い家族に対する道徳的義務の縛りはそれに応じて弱くなる。人々はそれでも友人や家族を優先的に支援し、信頼するのだが、この大事な集団の成功を手助けする道徳的義務は集団主義の社会と同じではない。普遍主義の社会における道徳的規範は公平な向社会性に重きを置いている。つまり、すべての人に同じルールを適用すべきとの考え方だ。

　このような社会的な輪の大きさは、社会が機能する仕組みについて大規模な相違のいくつかを生んでいる可能性がある。たとえば、集団主義の社会は汚職や賄賂、身内びいきが起きやすい傾向にある。これらはすべて、道徳的配慮の輪のなかの必要性を輪の外の必要性よりも優先していると解釈できる。実力主義で人材を雇うのではなく、友人や家族を重役に任命する行為は、家族の結びつきが強い文化のほうがよく見られる。また、集団主義では、友人を助けるためであれば、法廷で虚偽の証言をするなどの違法行為が支持される傾向が強いとも予測される。

　お気づきのとおり、集団主義（つまり、家族の絆が強いこと）は見知らぬ者への信頼が低くなることとも関連している。これはアンケートや実社会の行動を通じて測定できる。それが特によく表れているのがイタリアの事例だ[8]。イタリアでは北部よりも南部のほうが家族の絆が強い[*]。南部出身のイタリア人は組織や機関への信頼が北部の人より低く、世帯の財産を銀行貯蓄や株式投資に回さずに現金で所持する割合が高い。お金を借りる場合、南部出身のイタリア人は銀行よりも友人や家族に借りることが多い。また、買い物は小切手やクレジットカードではなく、現金で行なうことも多い。集団主義からは、見知らぬ者を助ける傾向が小さくなることも予測される。献血はイタリアの北部より南部のほうが少ない。

「ロストレター」の設定を用いた最近の実験（宛先の書かれた切手つきの手紙を路上に放置し、何通が投函されるかを調べる実験）では、手紙が投函されて実験者のもとに戻ってきた割合は南部より北部のほうが高かった。この大まかな傾向をまとめると、家族の絆が強いことは最も近い社会集団内での協力と信頼を増進するが、集団の外に対しては協力と信頼を減らすということだ。

この種の影響は複数の国々を対象とした大規模な研究でも観察されることがある。２０１９年に実施された壮大な実験では、研究チームが世界の３５０以上の都市で1万７０００個を超える財布を落とし、その財布（現金と氏名と住所が入っている）が一般の人々によって返却されるかどうかを予測する要素を探った[9]。お金の入った財布を一度も会ったことがない人（そしておそらく将来会うこともない人）に返却する行為は、見知らぬ者を進んで支援する気持ちを測るうえで、まずまず強固な指標だ。この実験での主な発見の一つは、「普遍主義」の国のほうが、親族の絆が強い国と比べて財布の返却率が高かったことだ。

＊教会がこうした地域的な相違に影響を及ぼしていると主張する研究者もいる。西暦５００年頃から、教会はいとこや拡大家族の血縁者との結婚を禁止した。これにより、若者たちは結婚適齢期になると、結婚の許される夫や妻を見つけるために移住しなければならないことが多かった。このような結婚を強いられたために、拡大家族のネットワークは身体的にも遺伝的にも希薄になり、いくぶん異例で孤立した核家族の誕生につながったと考えられている。今では、多くの欧米人が核家族で暮らしている。イタリアでは、血縁者どうしの結婚禁止は南部よりも北部で早く始まった。この事実から、現代の北部と南部で文化が違う理由を説明できるかもしれない。

協力という「保険」とネットワークの規模

　このような発見を解釈する際に道徳的な考えをもつべきではない。血縁集団、つまり小さな社会集団のなかで信頼を抱いたり協力したりすることは、血縁集団を超えた信頼や協力より必ずしも悪いわけではないのだ。実際にはそれとは正反対で、社会のほかの人々も同じように振る舞うことが多いなら、協力の対象として血縁者や親友に重点を置くのはきわめて合理的な方策である。

　こうした発見の解釈から道徳的な要素をなくすには、道徳的配慮の枠内で相違の起源を問うのも一案だ。そうするにはまず、ヒトが地球上に出現して以来、生活環境で懸念してきた三つの不確定要素である脅威、生活維持、病気について考えてみよう。これら三つの懸念はきわめて重要な事柄だ。攻撃や危害を加えられることを防ぎ、必要な食料を得て健康に過ごせることができるなら、最も基本的なニーズを満たせたということである。これが「物質的保障」と呼ばれるものの本質だ。[10]それを手にするためには協力が欠かせない。したがって、協力は社会保険の一種であると言える。暮らしにおける三つの基本的なニーズを一つでも満たせないリスクを軽減するための方法だ。

　ヒトが地球上に出現してからほとんどの期間、友人と家族からなる緊密な社会的ネットワークが保険の役割を果たしてきた。多くの人々にとって、このような局所的に選ばれた関係はいまでも生活のリスクを軽減する主要な手段だ。多くの工業化されていない社会では、人々は日常的に食料を隣人や友人と分け合っている。外部の市場ベースの取引を利用できない場合、食料の供給が大きく変動することがあ

る。食料の共有はそうした変動の影響を和らげる手段だ。牧畜民であるマサイ族のオソトゥアの関係を思い出してみてもいい。これは絆の強い者どうしで牛を失うリスクを背負い合うことができる仕組みで、必要に応じて互いに助け合う約束をしている。相互依存性がきわめて高い限られた関係のなかでリスクを背負い合うのは、ヒトが進化してきた厳しく変わりやすい環境でどうにか生き延びて繁栄していくための主要な手段である。そして、多くの人々にとって、このような関係は現代でも社会保険の主要な形態として残っている。

しかし、現代的な工業化社会に暮らしている人々にとっては、物事が違って見える。国家が前述の相互依存関係の大部分を担い、インフラストラクチャーを提供し、基本的なニーズが満たされるように支援している。軍隊や医療といった公共サービスを提供することによって、国家は外部からの脅威や病気から国民を守っている。取引の規則や規範を守らせることによって、国家は市場経済を活性化させ、資産の余剰を生むことができる。このような余剰は、国家に保証された貨幣として銀行に預けることが可能だ。この貯蓄によって私たちの供給網の変動を和らげることができる。つまり、他者からの支援に頼らなくても、資産を確実に利用することができるのだ。

物質的保障は私たちの暮らす社会の形態と規模を根本から変える。物質的保障の度合いが低いと、小さな社会的ネットワークで協力し合う傾向にある。互いに頼り合う必要がある場合、私たちは少数の非常に信頼できる関係を築くということだ。しかし、物質的保障が高まるにつれ、緊密な相互依存関係への依存が弱まり、その結果、そうした関係に注ぐ労力もたいていは減っていく。物質的保障が高くなると、人々は自分のネットワークを少し広げることもできるようになり、リスクがそれほど高くない場面

では新たな協力関係の構築によって得られる機会を探す。

以上のことから、私たちの暮らす社会を形成するうえで国家が果たす重要な役割が浮かび上がってくる。国家が私たちの最も基本的な社会的ニーズを満たしてくれる場合、少数の相互依存性の高い関係に頼らなくても物質的保障を獲得できるようになる。基本的ニーズを満たせずに存在が脅かされる状況から解放されると、ある程度の社会的なリスクを冒すことができるようになり、社会集団の境界を少し広げて、家族と親友だけの核となるネットワークの外の人々を受け入れる。国家は個人が他人から金品をだまし取る能力を制限する規則や、相互に恩恵をもたらす取引を（だいたいにおいて）促進する規則を施行することによって、核となる集団を越えたやり取りをさらに支援することができる。うまく機能している国家は、基本的ニーズを保障し、相互の取引を促進する規則を整備することにより、個人が身のまわりの道徳的配慮の輪を広げることができ、普遍主義の中立的な協力の規範を認めることができるようになる。機能している国家、そして国家が制定した制度は現代の民主主義を築く礎である。

コロナ禍における協力

物質的保障は国のなかでも国どうしでも大きくばらつきがある。ばらつきの理由の一つには、基本的な地理的要因がある。[11] たとえば、病原体の流行は緯度によって異なり、赤道では最も大きく、そこから離れるにつれてだんだん小さくなる。つまり、赤道付近に住んでいる人々は感染症にさらされる危険が大きく、それに伴って物質的保障の度合いが下がる。極端な気象現象や食料の入手のしやすさといった、

自然界にあるほかの脅威も同様に変化し、問題をさらに難しくしている。地理条件が一定している場所であっても、物質的保障は個人の状況によって変わることがある。裕福な人物は銀行に蓄えたお金で安定して食料を得られるが、このように食料供給を安定させる手段をもっていない人も多い。

たいていの場合、物質的保障の変動は比較的小さく、前年の状況から翌年の動向を予測することができる。アメリカでは、南部の州は極端な気象現象の影響を受けるリスクが常に高い傾向にあり、ある年に最低生活水準で暮らしていた人は（残念ながら）翌年もそうした生活を送る可能性が非常に高い。しかし、ときおり私たちは予期せず物質的保障を揺るがす事態を経験する。それは国全体のバランスを崩し、私たちの生存そのものを危うくさせるものだ。２０２０年には、まさにそうした事態が起きた。中国の武漢で恐ろしいコロナウイルスが出現し、国境を越えて数週間のうちに世界中で50万人近い人々に感染したのだ。

この新型コロナウイルス感染症による死亡率は、近年発生したほかの感染症の地域的流行（エボラ、ＳＡＲＳなど）[*]と比べれば低いものの、感染の規模がとてつもなく大きいために、病院が対応に追われて機能不全に陥るおそれが出てきた。これは新型コロナの感染者だけでなく、予期せず入院が必要になった救急患者にも影響する。医療システムが限界に達すれば、必要な人に医療を提供する能力が著し

＊本書の執筆時点で、ＷＨＯが推定した新型コロナウイルス感染症の死亡率（感染が確認された人が死亡した割合）は０・６％。これはエボラの死亡率（最大90％）、ＳＡＲＳ（約15％）、ＭＥＲＳ（約35％）と比べるとはるかに低い。

く低下するだろう。

　この状況では、物質的保障を手に入れるための通常の手段は効果を発揮しにくくなる。自宅に閉じこもらなければならなくなると考えた人々は、隔離生活を乗りきるために食料や日用品を備蓄し始めた。慌ててトイレットペーパーを買いに走るという笑い話のような行動が、「必要なときになかったらどうするんだ?」という危機感を生むことになった。「国民全員に十分な食料がある」と政府の役人は無責任に言うが、自分自身が実際に体験したことはそれとは正反対だ。スーパーマーケットの棚は空っぽだし、食品の配達サービスは大量の注文をさばききれず、店に行けば何時間も列に並ぶはめになる。重症患者が増えるにつれて、病院の集中治療室に患者が入りきれなくなり、国が提供する医療に疑問を抱く人々が出てきた。自分が病気になっても、適切な治療を受けられる保証がなくなったのだ。

　しかし、この危機が起きたときに私たちが目にしたのは、協力の復活だった。[12,13] 地域の社会的ネットワークが形成され、同じ境遇にある者どうし支え合って協力しようという気運が生まれた。隣人のドアに自分の電話番号を書いた紙を挟み、必要があれば手助けすると約束した。隣人どうしで食べ物を分け合う光景が再び見られるようになった。地域の店が連携して、コミュニティで最も助けが必要な人々に物資を提供した。健康上の理由で公共の場所に行けない人には、多くの店が配送料無料で物資を届けた。私の近所の書店は対面販売を取りやめたものの、電話での注文販売は受け付けていた。末息子（誕生日は不運にも3月下旬）に数冊買おうと電話したとき、その書店の店主はギフト用にラッピングしてくれたうえ、私にも何か気晴らしが必要だと感じたのか、店主のお気に入りの小説を無料で同梱してくれた。[14] 極度の困難と先の見えない状況に直面したとき、私たちは互いに手を差し伸べ、そっぽを向くのではな

く、なけなしの何かを与え合った。

こうした協力のストーリーを聞くと心が温まる。しかし、その協力の輪は自分の身のまわりだけに限定されている。私たちは脅威に直面したとき、道徳的配慮の範囲を狭める傾向にあるのだ。隣人のことはすぐに助けるかもしれないが、より大きな規模では、店で食料や日用品を大量に買ってほかの人の分をあまり残さないなど、他者を裏切るような行為を続けている。危機的な状況下では、異なる地区から来るほかの買い物客のことは、狭くなった道徳的配慮の範囲から外れてしまうことが多くなる。

似たような傾向は国家規模で生じることもある。アメリカ合衆国の場合、単なる「国」ではなく「合衆国」であること（50に分割された州ではなく、一つの集合体の一部であること）の価値は、異なる州が必要なときに助け合うことができるという点にある。ある州が山火事や竜巻に襲われた場合、ほかの州に支援を求めることができる。こうした仕組みが成り立つのは、通常すべての州が同時にこうした災害に襲われることはないからだ。しかし、ウイルスが引き起こしたパンデミックはこの状況を一変させた。それぞれの州が避けられない緊急事態への対応に追われるか、緊急事態への準備に忙殺されたのだ。その結果、州どうしの協力関係が希薄になった。ほかの州に人工呼吸器や、医療従事者用の防護キット、検査キットなどを融通すれば、自州で足りなくなるおそれがあるから、どの州も他州を支援する余裕がなくなった[15]。国際的に見ると、ヨーロッパ諸国は感染症への対応に追われる隣国を積極的に助けようとしなかったし、アメリカのドナルド・トランプ大統領は、新型コロナウイルス感染者の回復を助けると期待されていた薬剤「レムデシビル」の在庫を世界中から買い占めて非難を浴びた。ワクチンが利用できるようになれば、似たような偏狭な考えが再び表面化し、どの国も自国民を優先してワクチンを確保

しようとするだろう〔本書執筆時にはまだワクチンが利用できなかった〕。

世界規模の協力の難しさ

世界規模の問題に直面するなかでは、世界規模の協力が必要だ。そして、パンデミック以外にも私たちが直面する問題はあるし、もっと深刻な問題もある。挙げればきりがない。人間活動に起因する気候変動、生息環境の喪失、種の絶滅、増え続ける人口、限られた資源の過剰消費、合意どおりに進まない核軍縮はすべて、私たち人類が公共の利益のために協力できていない問題の例であり、そうした問題はほかにも数多くあって気が滅入りそうになる。世界の漁業の30％以上が、乱獲のために漁が立ちゆかなくなる危機に直面している。クロマグロなど、いくつかの種は私たちが生きているあいだに絶滅する可能性が高い。２０１９年の夏には、アマゾン川流域で森林火災が3万件以上も発生し、その多くは農家や伐採業者が耕作地や放牧地を切り開く目的で引き起こしたものだ。世界中でパーム油に対する需要が尽きないために、オランウータンのすむ森の8割が２０８０年までに消滅するだろう。類人猿を象徴し、ヒトのいとこに当たるこの生き物は、人間の活動によって絶滅した数々の種のリストに加わることになる。

このような問題を解決するのは難しい。私たちが地球規模で協力する必要があるからだ。しかも、世界規模の公共財は、その実現に貢献していない人も含め、あらゆる人が享受することができる。ロンドン中心部で大気汚染を軽減することができたとしても、汚染物質をまき散らしたＳＵＶの運転手にき

れいな空気を吸うなということはできない。温室効果ガスの排出が危険な水準に達するのを食い止められたとしても、頻繁に飛行機を利用する人がその恩恵を得られないようにすることはできない。社会的ジレンマのなかで、個人は他者の努力にただ乗りし、そのうえ集団行動がもたらす恩恵も享受できる。このフリーライダーの問題は、世界規模の公共財の問題を協力によって解決する方策を見つけることの難しさを浮き彫りにしている。人類がこの惑星で存続していけるかどうかは、その解決策の発見にかかっているというのにだ。地球上にすむすべての人と世界規模の取り組みをしようとすると、協力するほうが利己的に振る舞うよりも恩恵が少なくなる。協力しても出世することはないし、他者より優位に立てる見込みもないからだ。長い目で見ると、私たちが力を合わせなければ大きな被害がもたらされるおそれがあるが、その時間軸は私たちがふだん考慮する範囲を超えている。このように進化の観点だけで考えると、人類は運命を知りながら瀬戸際に向かって突き進むように思え、止める手立てがないように見える。

　視野の狭い利己的な手法を追い求めることによる恩恵があるために、世界規模の協力関係の出現が阻まれることがある。たとえば、２０１９年1月、東京の豊洲市場で重さ２７０キロを超える大物のクロマグロが3億３３６０万円で競り落とされた。[16] これは無視できない大金である。自分がそのクロマグロを捕って売らなければ、誰かがそうするだろうと考えればなおさらだ。スケールをはるかに小さくすれば、私たちは誰でもさまざまな種類のこうしたジレンマに日々直面している。なぜ私が飛行機の使用を避けるべきなのか、ほかの人は誰もそうしていないのに？　この新しいジーンズをほしいけれど、私がその生産にかかわる環境への負担を考えなければならないの？　このように残念な考えは「コモン

ズの悲劇」と呼ばれる状況を引き起こすことがある。解決しなければならないのはわかっているが、それにはどのような犠牲を払わなければならないのか？

　ここまで取り上げたすべての事例を考え合わせれば、この規模の問題に取り組む際、人の良心に中途半端に訴える方法は危険で甘い考えだとわかる。たとえば、イギリスの保守党が２０１０年に考案した政治理念である「大きな社会」は、公共財を生む権限を政治家から国民に移すことをめざしていた。これはボランティア活動を奨励するための政策で軸となる考え方の一つだった。しかしいまでは、この取り組みは大失敗に終わったことがわかっている。本書には、その理由についていくつかの知見が書かれている。これまで見てきたように、私たちは無条件で協力する生き物ではない。進化では、このように誰でも支援したいと考える性質が選択されることはないのだ。私たちはもっと用心深く、状況に対して注ぐ労力や、将来結果として恩恵を受ける可能性につぎ込む努力を細かく調整している。そうした動機がなければ、私たちは単純にそれほどの協力はしない。

　協力体制を築くことの難しさを示す厳しい実例として、２０２０年の新型コロナウイルスのパンデミックを挙げてみよう。いまでは、若くて健康な人々の死亡率は比較的低く、基礎疾患がある人や高齢者の死亡率が大幅に高いことがはっきりしてきたように見える。どの感染症でもそうだが、影響を緩和する方策には人々の協力が欠かせない。通常の活動や日課を控えたり、旅行を短く切り上げたりしてもいいと思ってもらわなければならないからだ。大多数の人々がこうした方策に従えば、社会で感染症の影響を最も受けやすい人々がこうむる代償を軽減することができる。しかし、私たちは集団行動の問題に直面するため、協力体制を築くのは難しいことがある。ほかの人が同じことをしていないのに、なぜ

1人だけが日課を変える代償を支払うべきなのか？　トイレットペーパーやパスタを買おうとパニックになった買い物客は、そうしないと買いそびれるとわかっていても、なぜ買い占めを控えるべきなのか？　他者を守るためや隔離措置に従うためにマスクをすべきだが、ほかの人がこうしたルールを守っていないのを目にしても、あるいは守っていないと思っていても、人々はマスクを着けるべきなのか？　イギリスでは、政府が初期に出した助言や要請は無視され、数週間後には必然的に要請ではなく命令されることになった。さらに厳しい措置が導入され、従わない者には罰則が科される可能性があった。このような措置は必要で、おそらくもっと早く導入すべきだった。人々の良心に頼るのは非常に甘い考えであるだけでなく、世界的なパンデミックの場合には、人の命を犠牲にしてしまう。

今回のパンデミックへの対応を世界規模で見てみると、私たちは人間活動に起因する気候変動というさらに大きな問題に取り組む能力があるのか楽観できなくなる。パンデミックには、本質的に問題を解決しやすい特徴が多くある。ウイルスの脅威は身のまわりにあるし、感染を防げるなら感染したくないと思う人は断固とした措置をとって自分自身を守る気になるだろうし、感染症をできるだけ早く撲滅したいという強い経済的誘因もある。２０２０年の新型コロナウイルスのパンデミックの場合、感染症の流行が遅かった国々の一部は、他国でのウイルスの広がり方を見て、さまざまな対策の試行錯誤から学ぶ機会があった（ただし、そうした機会を賢く利用できなかった国もあったが）。

しかし、気候変動の場合、予測がパンデミックより不確かで、一部の地域ではほかの地域よりもおそらく深刻な影響を受ける。いま代償を支払っても、その恩恵が得られるのは遠い未来だ（私たちは生きてさえいないかもしれない）。しかも、新型コロナウイルスへの対応のようにそれぞれの国が自国優先

でばらばらな対策をとるのではなく、世界規模で協調した取り組みが強く求められる。気候変動のような問題を解決する能力がヒトにあるかどうかを考えると、身が引き締まる思いがする。しかし、慎重ながらも楽観的になれる余地はまだある。

実際のところ、世界規模の公共財の問題を解決できる可能性が最も高いのは、「世界規模で考え、地域で行動する」ことかもしれない。[17] このキャッチフレーズはノーベル経済学賞を受賞した故エリノア・オストロムが考案したもので、大規模かつ複雑な問題を解決するうえではトップダウンの統治と調整が重要であることを認めながら、ボトムアップ、つまり多元的な手法が有望であることも強調している。

一例として、気候変動に関するパリ協定を考えてみよう。２０１５年12月に採択されたあと、２０１７年にアメリカのトランプ大統領（当時）がこの協定から離脱することを表明した。この強気な行動を受け、アメリカの知事から企業のＣＥＯ、市長、大学の学長まで３８００人を超すリーダーが「私たちは残る」という声明に署名し、パリ協定に記載された目標に従うことを約束した。[18] 最新の数値から、この声明への署名はアメリカの全人口と経済圏のおよそ半分を代表していることが示唆される。協力の成功には、私たちがなじみのある基盤の上に築かれたボトムアップの手法が必要だ。これによって交流する者どうしがコミュニケーションをとり、関係や信頼を構築することができる。また、異なる問題に対して異なる解決策を考案することもできる。重要なのは、地域的な制度は利害関係者が従わない者に対する強制措置と罰則について合意を形成し、それを正当化することもできる点だ。

世界規模で考え、地域で行動することの重要性が表れているのが、漁獲量割り当ての計画である。「キャッチ・シェア制度」は持続的に漁業資源を利用することによって、漁業者が協力する意欲を高め

るものだ。専門家が持続的に漁獲可能な魚の量を算出し、それぞれの漁業者にその割り当て量が平等に分配される。キャッチ・シェア制度はその正当性が認められている限り効果を発揮する。[19] 割り当てが公平でなかったり、利害関係者の意見（ＥＵの共通漁業政策など）を取り入れずに決定されたりすれば、成功する可能性はぐんと下がる。フリーライドを防ぐため、たいていは監視と制裁措置を軸にして取り決めを順守させている。

２０２０年の新型コロナウイルスのパンデミックも、世界規模で考え、地域で行動する実例の一つだ。多くの人が驚いたことに、イギリス政府は当初、ソーシャルディスタンス（人と人との距離を保つ）など、感染拡大を遅らせる手段を義務づける厳格な政策や規則の導入について明言を避けていた。イギリスで最初の感染者が出てから苦悩の数週間は、バーやレストランは営業を続け、大規模なイベントやコンサートが開催され、人々は国内や海外に自由に旅行していたし、症状があるかどうか人々を検査する措置もとられず、感染者数の多い国からの入国者を制限することもなかった。トップダウンの指導がなかったにもかかわらず、多くの組織や個人はいち早く自主的な行動をとった。世界規模で考え、地域で行動したのだ。主要な小売店は強制される前に店舗を閉め、企業は従業員に在宅勤務を義務づけ、いくつかの大学（私の大学も含む）はすべての対面授業を休止し、プレミアリーグはサッカーの残りの試合をすべて中止した。ボトムアップで生まれたこれらの初期の行動は間違いなく、いくつもの命を救うことになったはずだ。

協力が希望となるか、破滅をもたらすかは私たち次第

ヒトは自分たちのことを自立した自給自足型の生き物であると考えがちだが、大規模な危機のなかで、私たちは根本的に相互依存の関係にあることが浮き彫りになった。危機はまた、一つの機会も提供してくれた。いったん立ち止まり、私たちの暮らす社会を再検討して、もう一つの現実に目を向ける機会だ。

第二次世界大戦は人類史上最悪の戦禍をもたらしたが、この悲惨な出来事はいくつかのすばらしい成果を生む道を切り開いた。政党はかなりの部分で、公共の利益のために見解の不一致をいったん棚上げするようになった。イギリスの「戦後のコンセンサス」は国民健康保険が生まれる素地となった。この制度は、すべての国民が金銭的な余裕がなくても医療を受けられるように保障する、社会にとって革命的なモデルだ。戦争はまた、男女平等社会の実現に向けた動きを進める一助にもなった。男性が出兵したために生じた雇用を埋めたのは、たいてい女性だった。アメリカでは、戦時中におよそ６００万人の女性が労働力となった。この傾向は何度か浮き沈みはあったものの、戦後も続いた。女性たちが戦時中に立派に職責を果たしたことから、女性が平時も職業的な野心を追い求められるようにすべきでない理由を問うような議論は実質的にほとんど起きなかった。

パンデミックは社会に激変をもたらすことがあるという点で戦争に似ている。この変化の波が生んだ波紋はその後も長く残ることがあり、なかには好ましくない波紋もある。世界中の独裁政権はその好ましくない影響を利用して、みずからの意向を推し進めてきた。彼らは民主主義の構造をもつれさせる。

そのもつれは何年たってもほどけないことがある。しかし、なかには希望を感じさせる波紋もある。ロックダウンが最も厳格だった時期には、人々が抱く「不可欠な」移動の概念が一変するなかで、都市部周辺の大気汚染が急減した。飛行機の轟音がぴたりとやみ、中国の石炭使用量が２０２０年2月から3月にかけての4週間でおよそ25%減少したと推定されるなか、温室効果ガスの排出量が一時的に落ち込んだのだ。[20] 本書の執筆時点で、こうしたやむを得ない制限のいずれかが新たな慣行になるかどうか書くのは時期尚早だ。在宅勤務は定着するのか、そして、長距離の出張を決める前に再考し、オンライン会議を引き続き使っていくのだろうか。

いくつかの研究はその可能性があると述べ、激変の期間は私たちのやり方を変える絶好の機会だとしている。ある研究では、スイスで自動車を運転する人々に車のキーを預けてもらい、その代わりにeバイク〔電動アシスト機能つきスポーツ自転車〕を2週間貸し出したところ、eバイクの返却後1年たっても、自動車の使用を減らした状態が続いたという。[21] ロンドン地下鉄の通勤客を対象とした同様の研究では、ストライキで経路の変更を余儀なくされた場合、その通勤客の多くはストライキが終わっても変更後の経路を使い続けたという。[22] これは、彼らがストライキ以前は最善ではない習慣にこだわっていたことを示唆している。危機は私たちの生活と社会を見直す機会を与えてくれる。ひょっとしたら明るい希望をもたらしてくれるかもしれない。

私たち人類の未来、そしてこの惑星にすむほかの生き物の未来はどうなるのかと考えずにはいられない。私たちの子どもや孫、その先の子孫はどんな人生を送るのだろうか。私たちが心配するのはもっともで、非常事態を宣言するのも、対応を求めるのも正しいと思う。しかし、希望を失うべきではない。

地球上のほかの種とは異なり、ヒトは社会的ジレンマから脱する方法を見つける能力を備えている。ヒトは自然が与えるゲームにこだわるだけでなく、ルールを変えることもできる。この分野でヒトが発揮した創意工夫の例は枚挙にいとまがない。肉の分け方を決める狩猟採集民にしろ、おもちゃで遊ぶ順番を決める子どもにしろ、権力を握る政治家を選ぶための投票制度を決める国民国家の市民にしろ、規則の制定や改定は私たちが個人の利害を調整するうえで成果を上げた手段だ。これにより、人々は公共の利益のために協力できるようになった。

　私たちが直面している世界規模の問題に取り組めるという希望をもつためには、こうした能力を駆使して、私利や短期的な視点ではなく、協力や長期的な視点を促進する効果的な制度（規則、合意、優遇措置）を設ける必要がある。ヒトはよりよい解決策を予測でき、いまより明るい世界を思い描くことができるし、人々が協力する気にさせる社会のルールを構築することができる。

　いまや世界人口は80億人近くになった。「類人猿の認知された子孫[*23]」でしかない種としては驚くべき成果だ。この偉業を達成できたのは、ヒトが社会本能（近親者や友人、愛する人を助けたいという意欲）を備えているからだろう。協力する性質がヒトの成功にとってきわめて重要であることは間違いない。しかし、ヒトが地球上にこれほど多く存在し、大きな影響を及ぼしているいま、私たちは本能を超越し、本来の性質とは違ったやり方で協力する必要がある。たいていの場合、血縁者やすでに確立された関係のなかで協力するのは簡単だが、見知らぬ人、しかも二度と会わないかもしれない人を信頼するのはかなり難しい。しかし都合の悪いことに、いま私たちが直面している世界規模の問題に取り組むうえでは、見知らぬ人を信頼しなければならないのだ。

私たちには間違いなく、こうした難問に対処するための能力、技術、そしてノウハウがある。しかし、歴史上で社会が崩壊してきた事例から、自己満足に陥らないように注意しなければならない。現実的に考えれば、失敗する可能性はある。ヒトには神の計画などないし、あらかじめ定められた結果もないことを忘れないでほしい。私たちにはまだ問題を解決するチャンスはあるが、次のチャンスはもうないだろう。

人類の物語における協力の役割は、ほとんどおとぎ話のようでもある。協力をうまく利用すれば富をもたらしてくれるが、悪者が悪意をもって利用すれば破滅がもたらされる。ヒトは協力によってこれほどまでに繁栄した。しかし、協力をよりよく利用する道を見つけなければ、つまり、私たちが直面している世界規模の問題にまで協力の範囲を広げなければ、私たちは自分自身の成功の犠牲者となるおそれがある。このおとぎ話がハッピーエンドを迎えられるかどうかは、私たちにかかっている。

＊これもまたダーウィンの名言。

謝辞

本書の執筆に欠かせなかった人が何人かいる。その人たちがいなければ、この本は存在しなかっただろう。まず大きな感謝をささげたいのは、友人で恩師のサラ＝ジェーン・ブレイクモア。この5年にわたって数えきれないぐらい手を差し伸べてくれた。編集者のビー・ヘミングは本書の執筆に心底嫌気がさしてきたとき、有益なフィードバックをくれ、励ましてくれたし、デヴィッド・ミルナーは原稿整理ですばらしい仕事をしてくれた。最初にこの本の可能性を見いだしてくれたエージェントのウィル・フランシス、そしてアメリカの編集者であるアナ・ド・フリースにも感謝を。

本書の一部または（勇敢にも）全体に目を通してくれた方々は、これ以上ないぐらい丁寧に読んでくれた。以下の方々に感謝。アシーナ・アクティピス、キャスリーン・ボール、ニコール・バーバロ、ヴォーガン・ベル、ナイジェル・ベネット、ジョナサン・バーチ、シネイド・イングリッシュ、ヘレン・ハギー、レベッカ・ジェイ、パトリック・ケネディ、デイヴ・ラグナド、エリ・レッドビーター、ローラン・リーマン、アリシア・メリス。本書の特定の箇所で事実確認を手伝ってくれた以下の方々にもお礼を言いたい。チャーリー・コーンウォリス、リー・ゲトラー、ニック・レーン、ディーター・ルーカ

ス、ケヴィン・ミッチェル、エレノア・パワー、エルヴァ・ロビンソン、ジョナサン・シュルツ、レベッカ・シア、ガンター・ワグナー。もちろん、誤りがあれば、それはすべて私の責任だ。

サイエンスにおけるキャリアはいささか宝くじのようでもあり、失敗はよくある。私自身のキャリアもそうだ。とはいえ、いくつかの重要な局面では本当にラッキーにも、さいころの目がよいほうに転んでくれた。2003年、マンディ・リドリーが私を研究助手として雇ってくれ、シロクロヤブチメドリ調査プロジェクトの立ち上げを手伝った。当時、私ができたことと言えば口笛を吹くことぐらいで、それを考えれば、彼女が私を雇ってくれたことには感謝しかない。私の指導教官だったティム・クラットン＝ブロックはその後、博士課程に志願してチメドリの研究を続けるように勧めてくれた。彼の思慮深い赤ペンとそっけないコメントの使い方（「次は英語で書いて！」）から、人々が読みたいと思う文章の書き方を学んだ。2008年、私はアメリカで行なわれた会議に出席し、そこでレドゥアン・ブシャリーがホンソメワケベラの研究について話すのを聞いた。最初のスライドはリザード島の見事な写真で、高級な旅行雑誌の1ページのようだった。その後、私はレドゥアンを探し出して、この熱帯のパラダイスで仕事をしてもいいと告げた。とっさのひと言で始まった出会いは、大きな成果を生む共同研究と友情へと発展し、その後10年以上も続くことになった。私の研究は英国学士院、リーバーヒューム・トラスト、自然環境研究協議会、王立協会、ロンドン動物学会から多大なる支援を受けてきた。とりわけ、王立協会からフェローシップを与えられたおかげで、自分が興味のある研究に打ち込むことができた。この感謝はいつまでも忘れない。

科学研究という仕事を楽しめている理由の一つは、出会った人やいっしょに研究する仲間の存在だ。

すでに挙げた方々に加え、以下の恩師や共同研究者、友人にも感謝したい。その多くの方々の研究は本書で取り上げている。クエンティン・アトキンソン、パット・バークリー、ルイーズ・バレット、ヴォーガン・ベル、サンドラ・ビニング、ロブ・ボイド、ルーシー・ブラウニング、マイケル・カント、ジェマ・クルーカス、イネス・カットヒル、ニック・デイヴィス、ピーター・ダヤン、ジョー・デヴリン、リー・デ・ウィット、マーク・ダイブル、ジャン・エンゲルマン、ゴンサロ・ファリア、トム・フラワー、ルーシー・フルクス、ジーモン・ゲヒター、アンディ・ガードナー、クリスティナ・ゴラベク、アントニア・ハミルトン、ユリ・ハーツ、アンディ・ヒギンソン、サラ・ホッジ、アン・ホゲット、ケイト・ジョーンズ、ニール・ジョーダン、スニエフ・カンボジ、ベッキー・キルナー、サラ・ノールズ、故ジョージーナ・メイス、ルース・メイス、マータ・マンサー、ケイティ・マコーリフ、ボニー・メセレル、ケリー・モイーズ、ミルコ・ムソレシ、マイケル・ムスクリシュナ、マーサ・ネルソン゠フラワー、アナ・ピント、ドミニク・ロッシュ、ペニー・ロス、アンディ・ラッセル、ジョーン・シルク、サラ・スミス、サム・ソロモン、アン・サマーフィールド、セイリアン・サムナー、アレックス・スチュアート、ローリー・サザーランド、アレックス・ソーントン、アーン・トラウルセン、ゼグニ・トリキ、ライル・ヴェイル、ガブリエラ・ヴィリョコ、スチュー・ウェスト、ポリー・ウィスナー、シャロン・ウィスマー、そしてアンディ・ヤング。また、私は長年にわたってすばらしく優秀な学生や博士研究員と研究する機会にも恵まれた。その全員が私の思考の形成を助けてくれたのだが、特に以下の面々に謝意を表したい。ジム・アレン、ジャック・アンドリュース、リア・アリーニ、ジョー・バーンビー、トンマーゾ・バティストーニ、ジョナサン・ボーン、ポール・ドゥッチマン、アナ・グリーンバーグ、ゲ

イブリエル・ハドソン、オデッド・キーナン、アリス・リーフグリーン、アレックス・トンプソン、トリセヴゲニ・パパコンスタンティヌス、エリザヴェト・パッパ、ケリ・ウォン、そしてエレナ・ツワーナー。

本書の執筆の最終段階で、私の母が7年にわたる闘病生活の末にこの世を去った。この出来事が私の家族に残した穴がいかに大きいか、言葉で伝えるのは難しい。最後の数カ月は想像を絶するほどつらかったが、それ以上つらくならなかったのは、以下の方々が手を差し伸べてくれたおかげだ。キム・ビーズリー、ジャッキー・ブラウン、ハンナ・ダーリントン、サリー・グリュコック、ジョー・ハーディング、ケイト・ジャーマン、そしてベサン・マレン。

私は個人的にいま、子育てにかかわる負担を抱えている。私の両親と義理の両親には、親（そして祖父母）としての奮闘に心からお礼を言いたい。私の子どもたちには、ここ1、2年、あまりかまってやれなかったことを謝り、もう本は書かない*と約束したい。そして、無限の忍耐力を備えた夫のデイヴにも感謝。いつも私の好きなことをやらせてくれ、それに対して罪悪感を抱かせない心遣いに（そして朝の紅茶を淹れてくれることに）１０００のありがとうを。

＊２０２１年には、という意味。

「協力」の生命全史

進化と淘汰がもたらした集団の力学

2023年7月11日発行

著　者――ニコラ・ライハニ
訳　者――藤原多伽夫
発行者――田北浩章
発行所――東洋経済新報社
〒103-8345　東京都中央区日本橋本石町 1-2-1
電話＝東洋経済コールセンター　03(6386)1040
https://toyokeizai.net/

装　丁………木庭貴信(オクターヴ)
D T P………アイランドコレクション
印　刷………図書印刷
編集担当……九法　崇

Printed in Japan　　ISBN 978-4-492-22411-3

【著者・訳者紹介】

ニコラ・ライハニ（Nichola Raihani）

英国王立協会の大学研究フェローで、ユニバーシティ・カレッジ・ロンドンの進化論・行動学の教授。同大学の社会進化・行動研究所のリーダーも務める。人間を含めた生物の社会的行動の進化が専門。科学誌に70以上の論文を寄稿し、その研究成果に対して2018年度フィリップ・リーバーヒューム賞（心理学部門）が授けられた。2018年には英国王立生物学会のフェローに選出される。本書が初の著書。詳しい研究内容については以下を参照。
www.seb-lab.org

藤原多伽夫（ふじわら・たかお）

翻訳家。1971年生まれ。静岡大学理学部卒業。主な訳書に、ブライアン・ヘア／ヴァネッサ・ウッズ『ヒトは〈家畜化〉して進化した』、スティーヴ・ヘイク『スポーツを変えたテクノロジー』、パトリック・E・マクガヴァン『酒の起源』（いずれも白揚社）、スコット・リチャード・ショー『昆虫は最強の生物である』、チャールズ・コケル『生命進化の物理法則』（ともに河出書房新社）、ジェイムズ・D・スタイン『探偵フレディの数学事件ファイル』（化学同人）、デイヴ・グールソン『サイレント・アース』（NHK出版）ほか。

索引

サ行

タ行

ナ行

ハ行

マ行

ヤ行

ラ行

ワ行

はじめに

1. チャールズ・ダーウィンが1871年4月14日にジョン・モーリーに宛てた書簡。https://www.darwinproject.ac.uk/letter/DCP-LETT-7685.xml.
2. Tofilski A., Couvillon M. J., Evison S. E. F., Helanterä H., Robinson E. J. H. & Ratnieks F. L. W. 'Preemptive Defensive Self-Sacrifice by Ant Workers'. *The American Naturalist*, 172, E239–43, 2008.

第1部　「自己」と「他者」ができるまで

1. Bianconi E., Piovesan A., Facchin F., Beraudi A., Casadei R., Frabetti F., Vitale L., Pelleri, M. C., Tassani, S., Piva, F. & Perez-Amodio, S. 'An estimation of the number of cells in the human body'. *Annals of Human Biology*, 40, 463–71, 2013.
2. この見事な比喩は以下の文献からの引用。Dawkins R. *The Selfish Gene*. Oxford University Press, 1976.（『利己的な遺伝子』リチャード・ドーキンス著、日高敏隆ほか訳、紀伊國屋書店、2018年）
3. Bourke A. *Principles of Social Evolution*. Oxford University Press, 2011.
4. 以下のウェブサイトはすばらしい資料。https://biomimicry.net/earths-calendar-year/.
5. Szathmáry E. & Smith J. M. 'The Major Evolutionary Transitions'. *Nature* 374, 227–32, 1995.
6. Van Wilgenburg E., Torres C. W. & Tsutsui N. D. 'The Global Expansion of a Single Ant Supercolony'. *Evolutionary Applications* 3, 136–43, 2010.

第1章　協力を推し進めるもの

1. Richard Dawkins, foreword to John Maynard Smith's *The Theory of Evolution*, Cambridge University Press, 1993.
2. Pointer M. R. & Attridge G. G. 'The Number of Discernible Colours'. *Color Research & Application* 23, 52–4, 1998.

3. チャールズ・ダーウィンが1860年2月8日か9日にエイサ・グレイに宛てた書簡。 https://www.darwinproject.ac.uk/letter/DCP-LETT-2701.xml.

4. ダーウィンがぞっとしたのは、問題が単純化できないほど入り組んでいるからというだけでなく、親世代で出現した有益な形質がどのように子に受け継がれるかという厄介な問題もあったからだろう。遺伝情報を収めているものは何なのか、そして、それはどのように伝達されるのか？　ダーウィンの一般理論ではデザイナーなしでデザインが出現することを説明できたが、パズルを解くうえでは大きなピースが欠けていた。自然淘汰に必要な遺伝の仕組みが理解できなかったのだ。

   当時、最もよく知られていたのは、フランスの博物学者ジャン＝バティスト・ラマルクの説である。親は一生のあいだに改良点を手に入れ、それを子に受け渡す。典型例としては、キリンがもっと高い枝にある葉を食べようと首を伸ばしているうちに、その長い首が子に継承されていったというものがある。ダーウィンはラマルクの説を知ってはいたが、納得がいかず、ラマルクの著作を「お粗末で、何も得るものがなかった」とばっさり切り捨てた。ダーウィンが主張したのは「融合遺伝」の一種で、母と父の形質が融合して子が生まれ、子は母と父の中間の形質をもつという説だ。しかし、この説にも問題があった。この説では、新しく生まれた有益な変化が、淘汰の働く前にならされて消えてしまうのだ。融合遺伝では適応的な形質を生むことができず、単に消してしまう。最終的にダーウィンはこの説をあきらめたが、それに代わる説を見つけることができなかった。彼は遺伝の仕組みを理解することはなかった。

   しかし、ダーウィンは知らなかったが、形質が子に受け渡されていく仕組みは当時すでに発見されていた。見つけたのは、グレゴール・メンデルというオーストリアの修道士だ。メンデルはエンドウを使った独創的な実験により、遺伝情報が粒子の形で保存され、その粒子が個別の命令群としてそれぞれの親から子に受け渡されると推定した（それはのちに遺伝子と呼ばれるようになる）。この実験を通じて、メンデルは親世代やその上の世代の特徴から、葉の形や色など、子の外見の特徴を予測できることを見いだした。そして、こうした外見の特徴は、一つの世代から次世代へ変わらずに受け継がれる情報のパッケージによって決まるに違いないと推定した。残念ながら、ダーウィンはメンデルの実験を知ることはなく（ひょっとし

たら、知名度の低い学術誌にドイツ語で発表されたからかもしれない）、メンデルの知見がみずからの進化論と組み合わさって「総合説」（いくつかの説を総合した進化論）となる過程も生前に目にすることはなかった。

5. これは、進化が方向性をもつ力であることや、複雑な目のほうが単純な目より「優れている」ことを意味していると受け取るべきではない。こうした単純な光感受性の細胞をもつ生物は多く存在する。たとえば、単細胞の藻類はそうした細胞を用いて光を検知し、その方向へ泳いでいく。

6. 遺伝子のなかにはオン・オフのスイッチのような役割を果たすものがあり、たった一つの変異がその持ち主の外見や行動を一変させることがある。たとえば、血液型は一つの遺伝子の変異によって制御され、血液型どうしは不連続で、その中間の形態は存在しない。とはいえ、これは法則というより例外だ。身長から靴のサイズ、性格まで、ほとんどの形質は多くの遺伝子の制御下にある。したがって、このように連続的な形質に影響を及ぼす変異（ポリジーン）は、特定の特徴の「音量」を調節するダイヤルのようなものだと考えることができる。それぞれの変異がほかのすべての変異と同期するように、ダイヤルを少しだけ上げ下げする。しかし、これは遺伝子が個体の表現型に影響する唯一の要素であるということを意味していると受け取るべきではない。遺伝子の発現は環境的な要素に（しばしば）左右されることがある。つまり、遺伝子はそれが置かれた環境に応じてオン・オフを切り替える（あるいはダイヤルを上げ下げする）ことがあるということだ。さらに、環境自体も個体の形成に大きな影響を及ぼし、そのもとになる遺伝子の効果をなくしてしまうことがある。たとえば、背の高い両親のもとに生まれた人物は「長身」の遺伝子変異を受け継ぐことがあるが、成長中に食料不足を経験すると、成人しても背はそれほど高くならない可能性がある。知能や肥満へのなりやすさといった形質も遺伝的な背景をもつが、その持ち主が太りすぎの天才になるかどうかを予測するには、その人物が成長した環境も考慮に入れなければならない。

7. Darwin, C. *On the Origin of Species by Means of Natural Selection*. John Murray, 1859.（『種の起源』（上下）ダーウィン著、渡辺政隆訳、光文社古典新訳文庫、2009年、ほか）

8. Dawkins, R. *The Selfish Gene*. Oxford University Press, 1976.（『利己的な遺伝子』リチャード・ドーキンス著、日高敏隆ほか訳、紀伊國屋書店、2018

年）

9. どうやら、スティーヴン・ホーキングは自身の著書に数式を一つ盛り込むたびに、読みやすさが半減すると注意されていたらしい。この事実を考慮し、私は本文から数式を取り去った。詳しく知りたい読者のために、包括適応度理論を実証する不思議なほど単純な数式を、簡単な説明とともにここに記しておきたい。主な参考文献はこれだ。Hamilton W. D., 'The Genetical Evolution of Social Behaviour. I', *Journal of Theoretical Biology* 7, 1–16, 1964; Hamilton W. D., 'The Genetical Evolution of Social Behaviour. II', *Journal of Theoretical Biology* 7, 17–52, 1964.

ハミルトンの法則が示しているのは、代償の大きい援助行動は$rB-C>0$が成り立つときには常に自然淘汰によって選ばれるということだ。この数式の対象となるのは遺伝子であり、単純な思考実験でこの論理を理解することができる。例を挙げると、ジリスは集団で生活し、天敵を見つけると警告の鳴き声を発するなど、互いに危険を知らせ合うことが多い。説明を単純にするために、天敵を探して警告の鳴き声を発する性質が「警告役」の遺伝子によって制御されているとしよう。この遺伝子をもつ個体は、自身にとって代償の大きい行動をとる（後ろ脚で立って天敵を探す）が、近隣のほかのリスには恩恵をもたらす。

警告役の遺伝子が一つの個体群のなかで保持されて広がっていく仕組みを理解するには、1匹の遺伝子の作用がほかの個体の同じ遺伝子にどのような恩恵をもたらしうるかを考えなければならない。ハミルトンの法則によると、警告役の利他的な行動は$rB-C>0$が成り立つときには自然淘汰によって選ばれることになる。Bは受益者にもたらされる恩恵を示す。ここでは、警告役の利他的な行動のおかげで集団内のほかの個体が余分にもうけられる子の数として考える。Cは警告役の個体自身がこうむる代償で、利他的な行動をとることによって犠牲になる自身の子（つまり、警告役の遺伝子を受け継ぐ子）の数で示す。そして、rは血縁度で、支援者がもつ警告役の遺伝子が受益者にも存在する確率と、個体群の平均的なメンバーと同じ遺伝子を共有する確率の比率だ。この法則の論理に従えば、警告の鳴き声を発する行動のような利他的な行動が、主に血縁者からなる集団で最も優勢になると予測できる。この予測はジリスを含めた多くの種に関する研究で裏づけられている。

この仕組みをもっと深く理解するために、数式に具体的な数値を当てはめてみよう。ここで取り上げるのは、進化生物学者のジョン・ホールデインによる有名なジョーク「私は2人の兄弟、あるいは8人のいとこのために喜んで人生をあきらめる」だ。この人生に対して無頓着な姿勢の背景には、進化上の論理がある。同じ両親から生まれたとすれば、あなたはあなたの兄弟と平均で半数の遺伝子を共有しているから、$r = 0.5$となる。あなたは兄弟のために人生をあきらめるのだから、代償（C）には2を代入する。ここでは（あなたが死んだために）育てられない子1人を1とする。幸い、あなたには2人の兄弟がいて、それぞれ平均して2人の子をもうける。そうすると、恩恵（B）は4だ。これら3つの数値を数式に代入すると、$r(0.5)\mathrm{x}B(4) - C(2) = 0$となる。揚げ足をとるようだが、この場合、ホールデインは2人の兄弟のために人生をあきらめるかどうかを気にすべきではないということだ（3人の実の兄弟のためなら答えは明らかだと、私も認めるが）。

10. Leedale A., Sharp S., Simeoni M., Robinson E. & Hatchwell B. 'Fine-scale genetic structure and helping decisions in a cooperatively breeding bird'. *Molecular Ecology* 27, 1714–26, 2018.
11. Frank E. T., Wehrhahn M. K. & Linsenmair E. 'Wound Treatment and Selective Help in a Termite-Hunting Ant'. *Proceedings of the Royal Society B: Biological Sciences* 285, 20172457, 2017. Miler K. 'Moribund Ants Do Not Call for Help'. *PLOS ONE* 11, e0151925, 2016.
12. Pollet T. V. & Dunbar R. I. M. 'Childlessness predicts helping of nieces and nephews in United States'. *Journal of Biosocial Science* 40, 761–70, 2008.

第2章　個体の出現

1. Rudolf Virchow, *Atoms and Individuals*, 1859.
2. Queller D. C. & Strassmann J. E. 'Beyond Society: The Evolution of Organismality'. *Philosophical Transactions of the Royal Society B: Biological Sciences* 364, no. 1533, 3143–55, 2009. Gardner A. & Grafen A. 'Capturing the Superorganism: A Formal Theory of Group Adaptation'. *Journal of Evolutionary Biology* 22, 659–71, 2009.
3. このたとえは、ドーキンスが導入した「複製子」と「乗り物（ヴィークル）」

という用語と合わせるために選んだ。Dawkins, R. *The Selfish Gene*. Oxford University Press, 1976.（『利己的な遺伝子』リチャード・ドーキンス著、日高敏隆ほか訳、紀伊國屋書店、2018年）

4. Powell S. 'Ecological Specialization and the Evolution of a Specialized Caste in *Cephalotes* Ants'. *Functional Ecology* 22, 902–11, 2008.
5. Heinze J. & Bartosz W. 'Moribund Ants Leave Their Nests to Die in Social Isolation'. *Current Biology* 20, 249–52, 2010.
6. Pull C. D., Line V. U., Wiesenhofer F., Grasse A. V., Tragust S., Schmitt T., Brown M. J. F. & Cremer S. 'Destructive Disinfection of Infected Brood Prevents Systemic Disease Spread in Ant Colonies'. *ELife* 7, e32073, 2018.
7. Ostwald M. M., Smith M. L. & Seeley T. D. 'The Behavioral Regulation of Thirst, Water Collection and Water Storage in Honeybee Colonies'. *Journal of Experimental Biology* 219, 2156–65, 2016.
8. Wiessner P. 'Collective Action for War and for Peace: A Case Study among the Enga of Papua New Guinea'. *Current Anthropology* 60, 224–44, 2019.
9. Sender R., Fuchs S. & Milo R. 'Revised Estimates for the Number of Human and Bacteria Cells in the Body'. *PLOS Biology* 14, e1002533, 2016.
10. Fukatsu T. & Hosokawa T. 'Capsule-Transmitted Gut Symbiotic Bacterium of the Japanese Common Plataspid Stinkbug, *Megacopta Punctatissima*'. *Applied and Environmental Microbiology* 68, 389–96, 2002.
11. Salminen S. G., Gibson R., McCartney A. L. & Isolauri E. 'Influence of Mode of Delivery on Gut Microbiota Composition in Seven-Year-Old Children'. *Gut* 53, 1388–9, 2004.
12. Lane N. *Life Ascending: The Ten Great Inventions of Evolution*. Profile Books, 2010.（『生命の跳躍――進化の10大発明』ニック・レーン著、斉藤隆央訳、みすず書房、2010年）

第 3 章　体のなかの裏切り者

1. George C. Williams, *Evolutionary Ethics*, SUNY Press, 1993.
2. Laberge A. M., Jomphe M., Houde L., Vézina H., Tremblay M., Desjardins B., Labuda D., St-Hilaire M., Macmillan C., Shoubridge E. A. & Brais B. 'A "Fille Du Roy" Introduced the T14484C Leber Hereditary Optic Neuropathy

Mutation in French Canadians'. *The American Journal of Human Genetics* 77, 313–7, 2005.

3. Trivers R. & Burt A. *Genes in Conflict: The Biology of Selfish Genetic Elements*. Harvard University Press, 2009.（『せめぎ合う遺伝子――利己的な遺伝因子の生物学』Austin Burt／Robert Trivers著、遠藤圭子訳、共立出版、2010年）
4. Zanders S. E. & Unckless R. L. 'Fertility Costs of Meiotic Drivers'. *Current Biology* 29, R512–20, 2019.
5. https://www.nhs.uk/conditions/infertility/.
6. Leigh E. G. *Adaptation and Diversity*. Freeman, 1971.
7. 毎年の統計値は以下のウェブサイトで入手できる。https://cancerstatisticscenter.cancer.org/.
8. Leong S. P., Aktipis A. & Maley C. 'Cancer Initiation and Progression within the Cancer Microenvironment'. *Clinical & Experimental Metastasis* 35, 361–7, 2018.
9. Tabassum D. P. & Polyak K. 'Tumorigenesis: It Takes a Village'. *Nature Reviews Cancer* 15, 473–83, 2015.
10. Aktipis A. *The Cheating Cell*. Princeton University Press, 2020.（『がんは裏切る細胞である――進化生物学から治療戦略へ』アシーナ・アクティピス著、梶山あゆみ訳、みすず書房、2021年）

第2部　家族のかたち

1. Eisenberger N. I., Lieberman M. D. & Williams K. D. 'Does Rejection Hurt? An FMRI Study of Social Exclusion'. *Science* 302, 290–2, 2003.
2. Holt-Lunstad J., Smith T. B., Baker M., Harris T. & Stephenson D. 'Loneliness and Social Isolation as Risk Factors for Mortality: A Meta-Analytic Review'. *Perspectives on Psychological Science* 10, 227–37, 2015.
3. Gilbert C., Robertson G., Le Maho Y., Naito Y. & Ancel A. 'Huddling Behavior in Emperor Penguins: Dynamics of Huddling'. *Physiology & Behavior* 88, 479–88, 2006.
4. Boraas M. E., Seale D. B. & Boxhorn J. E. 'Phagotrophy by a Flagellate Selects for Colonial Prey: A Possible Origin of Multicellularity'. *Evolutionary Ecology*

12, 153–64, 1998.

第4章 育児をするのは父親か母親か

1. チャールズ・ダーウィンが1860年2月にニール・アーノットに宛てた書簡。https://www.darwinproject.ac.uk/letter/?docId=letters/DCP-LETT-2677.xml.
2. Kim K.-W. & Horel A. 'Matriphagy in the Spider *Amaurobius Ferox* (*Araneidae, Amaurobiidae*): An Example of Mother-Offspring Interactions'. *Ethology* 104, 1021–37, 1998.
3. Finnie M. J. 'Conflict & Communication: Consequences Of Female Nest Confinement In Yellow Billed Hornbills'. PhD thesis, University of Cambridge, 2012.
4. これは「冷酷な拘束仮説」として知られ、1976年にドーキンスとカーライルによって最初に提唱された。いささか議論を呼ぶ仮説だが、基本的な主張を支持する研究はいくつかある。Dawkins R. & Carlisle T. R. 'Parental Investment, Mate Desertion and a Fallacy'. *Nature* 262, 131–3, 1976. Czyż B. 'Do Female Penduline Tits *Remiz Pendulinus* Adjust Parental Decisions to Their Mates' Behaviour?'. *Ardea* 99, 27–32, 2011. Kahn A. T., Schwanz L. E. & Kokko H. 'Paternity Protection Can Provide a Kick-Start for the Evolution of Male-Only Parental Care'. *Evolution* 67, 2207–17, 2013.
5. Dunsworth H. M., Warrener A. G., Deacon T., Ellison P. T. & Pontzer H. 'Metabolic Hypothesis for Human Altriciality'. *Proceedings of the National Academy of Sciences* 109, 15212–6, 2012.
6. https://www.sciencemag.org/news/2019/06/study-marathon-runners-reveals-hard-limit-human-endurance.
7. Lukas D. & Clutton-Brock T. H. 'Life Histories and the Evolution of Cooperative Breeding in Mammals'. *Proceedings of the Royal Society B: Biological Sciences* 279, 4065–70, 2012.
8. Muller M. N., Marlowe F. W., Bugumba R. & Ellison P. T. 'Testosterone and Paternal Care in East African Foragers and Pastoralists'. *Proceedings of the Royal Society B: Biological Sciences* 276, 347–54, 2009.
9. Kuo P. X., Braungart-Rieker J. M., Lefever J. E. B., Sarma M. S., O'Neill M. & Gettler L. T. 'Fathers' Cortisol and Testosterone in the Days around Infants'

Births Predict Later Paternal Involvement'. *Hormones and Behavior* 106, 28–34, 2018. Gettler L. T., McDade T. W., Feranil A. B. & Kuzawa C. W. 'Longitudinal Evidence That Fatherhood Decreases Testosterone in Human Males'. *Proceedings of the National Academy of Sciences* 108, 16194–9, 2011.

10. Foellmer M. W. & Fairbairn D. J. 'Spontaneous Male Death during Copulation in an Orb-Weaving Spider'. *Proceedings of the Royal Society B: Biological Sciences* 270, S183–5, 2003.
11. Lukas D. & Clutton-Brock T. H. 'The Evolution of Social Monogamy in Mammals'. *Science* 341, 526–30, 2013.
12. Hopwood P. E., Moore A. G., Tregenza T. & Royle N. J. 'Male Burying Beetles Extend, Not Reduce, Parental Care Duration When Reproductive Competition Is High'. *Journal of Evolutionary Biology* 28, 1394–402, 2015.
13. Grosjean P. A. & Khattar R. 'It's Raining Men! Hallelujah?'. SSRN Scholarly Paper. Rochester, NY: Social Science Research Network, 2015.
14. Schacht R. & Borgerhoff Mulder M. 'Sex Ratio Effects on Reproductive Strategies in Humans'. *Royal Society Open Science* 2, 140402, 2015.

第 5 章　働き者の親と怠け者の親

1. Royle N. J., Hartley I. R. & Parker G. A. 'Sexual Conflict Reduces Offspring Fitness in Zebra Finches'. *Nature* 416, 733–6, 2002.
2. McNamara J. M., Székely T., Webb J. N. & Houston A. I. 'A dynamic game-theoretic model of parental care'. *Journal of Theoretical Biology* 205, 605–23, 2000.
3. Engel K. C., Stökl J., Schweizer R., Vogel H., Ayasse M., Ruther J. & Steiger S. A. 'Hormone-Related Female Anti-Aphrodisiac Signals Temporary Infertility and Causes Sexual Abstinence to Synchronize Parental Care'. *Nature Communications* 7, 11035, 2016.
4. Harcourt A. H., Harvey P. H., Larson S. G. & Short R. V. 'Testis Weight, Body Weight and Breeding System in Primates'. *Nature* 293, 55–7, 1981.
5. Haig D. 'Maternal–Fetal Conflict, Genomic Imprinting and Mammalian Vulnerabilities to Cancer'. *Philosophical Transactions of the Royal Society B: Biological Sciences* 370, 20140178, 2015. Haig D. 'Genetic Conflicts in

Human Pregnancy'. *The Quarterly Review of Biology* 68, 495–532, 1993.
6. Stenman U. H., Alfthan H. & Hotakainen K. 'Human Chorionic Gonadotropin in Cancer'. *Clinical Biochemistry, Special Issue: Recent Advances in Cancer Biomarkers* 37, 549–61, 2004.
7. Alkatout I., Honemeyer U., Strauss A., Tinelli A., Malvasi A., Jonat W., Mettler L. & Schollmeyer T. 'Clinical Diagnosis and Treatment of Ectopic Pregnancy'. *Obstetrical & Gynecological Survey* 68, 571–81, 2013. Wang Y.-L., Su T.-H. & Chen H.-S. 'Operative Laparoscopy for Unruptured Ectopic Pregnancy in a Caesarean Scar'. *BJOG: An International Journal of Obstetrics & Gynaecology* 113, 1035–8, 2006.
8. Wildman D. E., Chen C., Erez O., Grossman L. I., Goodman M. & Romero R. 'Evolution of the Mammalian Placenta Revealed by Phylogenetic Analysis'. *Proceedings of the National Academy of Sciences* 103, 3203–8, 2006.
9. Afzal J., Maziarz J. D., Hamidzadeh A., Liang C., Erkenbrack E. M., Nam H., Haeger J. D., Pfarrer C., Hoang T., Ott T. & Spencer, T. 'Evolution of Placental Invasion and Cancer Metastasis Are Causally Linked'. *Nature Ecology & Evolution* 3, 1743–53, 2019.
10. Crespi B. & Badcock C. 'Psychosis and Autism as Diametrical Disorders of the Social Brain'. *Behavioral and Brain Sciences* 31, 241–61, 2008.
11. Boddy A. M., Fortunato A., Sayres M. W. & Aktipis A. 'Fetal Microchimerism and Maternal Health: A Review and Evolutionary Analysis of Cooperation and Conflict beyond the Womb'. *BioEssays* 37, 1106–18, 2015.

第 6 章　人類の家族のあり方

1. William Shakespeare, *Troilus and Cressida*, 1602.（『トロイラスとクレシダ』シェイクスピア著、松岡和子訳、ちくま文庫、2012年、ほか）
2. Jetz W. & Rubenstein D. R. 'Environmental Uncertainty and the Global Biogeography of Cooperative Breeding in Birds'. *Current Biology* 21, 72–8, 2011. Lukas D. & Clutton-Brock T. 'Climate and the Distribution of Cooperative Breeding in Mammals'. *Royal Society Open Science* 4, 160897, 2017.
3. Maslin M. A., Brierley C. M., Milner A. M., Shultz S., Trauth M. H. &

Wilson K. E. 'East African Climate Pulses and Early Human Evolution'. *Quaternary Science Reviews* 101, 1–17, 2014.

4. Muller M. N., Wrangham R. W. & Pilbeam D. R. *Chimpanzees and Human Evolution*. Harvard University Press, 2018.
5. Manthi F. K., Brown F. H., Plavcan M. J. & Werdelin L. 'Gigantic lion, *Panthera leo*, from the Pleistocene of Natodomeri, eastern Africa'. *Journal of Paleontology*, 92, 305–12, 2018.
6. Willems E. P. & van Schaik C. 'The Social Organization of *Homo Ergaster*: Inferences from Anti-Predator Responses in Extant Primates'. *Journal of Human Evolution* 109, 11–21, 2017.
7. Prescott G. W., Williams D. R., Balmford A., Green R. E. & Manica A. 'Quantitative Global Analysis of the Role of Climate and People in Explaining Late Quaternary Megafaunal Extinctions'. *Proceedings of the National Academy of Science*, 109, 4527–31, 2012.
8. Amphibians: Doody J. S., Burghardt G. M. & Dinets V. 'Breaking the Social–Non-Social Dichotomy: A Role for Reptiles in Vertebrate Social Behavior Research?'. *Ethology* 119, 95–103, 2013. Reptiles: Gardner M. G., Pearson S. K., Johnston G. R. & Schwarz M. P. 'Group Living in Squamate Reptiles: A Review of Evidence for Stable Aggregations'. *Biological Reviews* 91, 925–36, 2016. Insects: Otis G. W. 'Sociality of Insects'. *Encyclopedia of Entymology*, 4, 3447–52. Springer, 2008. Spiders: Lubin Y. & Bilde T. 'The Evolution of Sociality in Spiders'. *Advances in the Study of Behavior* 37, 83–145, 2007. *Fish*: Taborsky M. 'Reproductive Skew in Cooperative Fish Groups: Virtue and Limitations of Alternative Modeling Approaches'. *Reproductive Skew in Vertebrates: Proximate and Ultimate Causes*, 265–304. Cambridge University Press, 2009. *Mammals*: Lukas D. & Clutton-Brock T. H. 'The Evolution of Social Monogamy in Mammals'. *Science* 341, 526–30, 2013. *Birds*: Cockburn A. 'Prevalence of Different Modes of Parental Care in Birds'. *Proceedings of the Royal Society B: Biological Sciences* 273, 1375–83, 2006.
9. Lukas D. & Clutton-Brock T. H. 'Climate and the Distribution of Cooperative Breeding in Mammals'. *Royal Society Open Science* 4, 160897, 2017.

10. Kramer K. L. & Veile A. 'Infant Allocare in Traditional Societies'. *Physiology & Behavior* 193, 117–26, 2018.
11. ここで指摘しておくべきなのは、これが多くの人の現実というより理想であるということだ。多くの家庭は祖父母（特に祖母）からある程度の援助を得ることはあるものの、その援助の度合いは同じ国のなかでも国どうしでも異なる。程度の差はあれ、欧米の家庭で祖父母がヘルパーとしてかかわることがあるという事実はあるとはいえ、その労力の度合いは（たいていの場合）ヒトの祖先の社会における援助の度合いほど大きくないのは明らかだ。Glaser K., Price D., Montserrat E. R., di Gessa G. & Tinker A. *Grandparenting in Europe: Family Policy and Grandparents' Role in Providing Childcare*, 2018.
12. Fraley R. C. 'Attachment in Adulthood: Recent Developments, Emerging Debates, and Future Directions'. *Annual Review of Psychology* 70, 1375–83, 2019.
13. National Institute of Child Health and Development Report: https://www.nichd.nih.gov/sites/default/files/publications/pubs/documents/seccyd_06.pdf.
14. Gomajee R., El-Khoury F., Côté S., van der Waerden J., Pryor L. & Melchior M. 'Early Childcare Type Predicts Children's Emotional and Behavioural Trajectories into Middle Childhood. Data from the EDEN Mother–Child Cohort Study'. *Journal of Epidemiology and Community Health* 72, 1033–43, 2018.

第７章　助け合い、教え合う動物たち

1. Charles Darwin, *Autobiographies*, John Murray, 1876–81.（『ダーウィン自伝』チャールズ・ダーウィン著、八杉龍一／江上生子訳、ちくま学芸文庫、2000年）
2. この章で取り上げるクルマン川保護区（およびそこでの研究）について詳しくは、まず以下のサイトをご覧いただきたい。http://kalahari-meerkats.com/kmp/.
3. Ridley A. R. & Raihani N. J. 'Facultative Response to a Kleptoparasite by the Cooperatively Breeding Pied Babbler'. *Behavioral Ecology* 18, 324–30, 2007.
4. Hollén L. I., Bell M. B. V. & Radford A. N. 'Cooperative Sentinel Calling?

Foragers Gain Increased Biomass Intake'. *Current Biology* 18, 576–9, 2008.
5. Raihani N. J. & Ridley A. R. 'Variable Fledging Age According to Group Size: Trade-Offs in a Cooperatively Breeding Bird'. *Biology Letters* 3, 624–7, 2007.
6. Raihani N. J., Nelson-Flower M. J., Moyes K., Browning L. E. & Ridley A. R. 'Synchronous Provisioning Increases Brood Survival in Cooperatively Breeding Pied Babblers'. *Journal of Animal Ecology* 79, 44–52, 2010.
7. Thompson A. M., Raihani N. J., Hockey P. A. R., Britton A., Finch F. M. & Ridley A. R. 'The Influence of Fledgling Location on Adult Provisioning: A Test of the Blackmail Hypothesis'. *Proceedings of the Royal Society B: Biological Sciences* 280, 20130558, 2013.
8. Moore R. 'Social Learning and Teaching in Chimpanzees'. *Biology & Philosophy* 28, 879–901, 2013.
9. Muller M. N., Wrangham R. & Pilbeam D. R. *Chimpanzees and Human Evolution*. 1st edition, Harvard University Press, 2017.
10. Franks N. R. & Richardson T. 'Teaching in Tandem-Running Ants'. *Nature* 439, 153, 2006.
11. Thornton A. & Raihani N. J. 'The Evolution of Teaching'. *Animal Behaviour* 75, 1823–36, 2008.
12. Thornton A. & McAuliffe K. 'Teaching in Wild Meerkats'. *Science* 313, 227–9, 2006.
13. Raihani N. J. & Ridley A. R. 'Experimental Evidence for Teaching in Wild Pied Babblers'. *Animal Behaviour* 75, 3–11, 2008.
14. Raihani N. J., & Ridley A. R. 'Adult Vocalizations during Provisioning: Offspring Response and Postfledging Benefits in Wild Pied Babblers'. *Animal Behaviour* 74, 1303–9, 2007.

第8章　長生きの理由

1. Terry Pratchett, *The Colour of Magic*, Colin Smythe, 1983.（『ディスクワールド騒動記1』テリー・プラチェット著、安田均訳、角川書店、1991年）
2. Cooper G. A. & West S. A. 'Division of Labour and the Evolution of Extreme Specialization'. *Nature Ecology & Evolution* 2, 1161, 2018. Boomsma J. J. & Gawne R. 'Superorganismality and Caste Differentiation as Points of No

Return: How the Major Evolutionary Transitions Were Lost in Translation'. *Biological Reviews* 93, 28–54, 2018.

3. 実際、特定の細胞の種類が進化したのは、多細胞への移行を経験したおよそ25の系統のうち三つだけだ。この移行は（細胞や社会性昆虫の）大規模な社会で起きることが最も多い。そうした社会では集団の規模が増すと特殊化が進むことがあり、それによって社会の規模が増し、そうするとさらに特殊化が進む。この種の正のフィードバックループは壊れやすく、古い車のエンジンにたとえられる。始動させるのが難しく、止めるのは簡単だ。詳しくは以下の文献を参照してほしい。Birch J. 'The Multicellular Organism as a Social Phenomenon'. *The Philosophy of Social Evolution*. Oxford University Press, 2017.
4. Ellis S., Franks D. W., Nattrass S., Cant M. A., Bradley D. L., Giles D., Balcomb K. C. & Croft D. P. 'Postreproductive Lifespans Are Rare in Mammals'. *Ecology and Evolution* 8, 2482–94, 2018. Croft D. P., Brent L. J. N., Franks D. W. & Cant M. A. 'The Evolution of Prolonged Life after Reproduction'. *Trends in Ecology & Evolution* 30, 407–16, 2015. Cant M. A. & Johnstone R. A. 'Reproductive Conflict and the Separation of Reproductive Generations in Humans'. *Proceedings of the National Academy of Sciences* 105, 5332–6, 2008.
5. Laisk T., Tšuiko O., Jatsenko T., Hõrak P., Otala M., Lahdenperä M., Lummaa V., Tuuri T., Salumets A. & Tapanainen J. S. 'Demographic and Evolutionary Trends in Ovarian Function and Aging'. *Human Reproduction Update* 25, 1–17, 2018.
6. Arnot M. & Mace R. 'Sexual Frequency Is Associated with Age of Natural Menopause: Results from the Study of Women's Health Across the Nation'. *Royal Society Open Science* 7, 191020, 2020.
7. その根拠のなかには、ほかの類人猿の拡散パターン（チンパンジー、ゴリラ、ボノボにはすべて雌に偏った拡散が見られる）、遺伝子のデータから推定できるパターン、そして多くの現代の狩猟採集社会に見られるパターンがある。これについては以下の文献にまとまっている。Cant M. A. & Johnstone R. A. 'Reproductive Conflict and the Separation of Reproductive Generations in Humans'. *Proceedings of the National Academy of Sciences* 105,

5332–6, 2008.

8. Lahdenperä M., Gillespie D. O. S., Lummaa V. & Russell A. F. 'Severe Intergenerational Reproductive Conflict and the Evolution of Menopause'. *Ecology Letters* 15, 1283–90, 2012.
9. Sear R. & Mace R. 'Who Keeps Children Alive? A Review of the Effects of Kin on Child Survival'. *Evolution and Human Behavior* 29, 1–18, 2008. Engelhardt S. C., Bergeron P., Gagnon A., Dillon L. & Pelletier F. 'Using Geographic Distance as a Potential Proxy for Help in the Assessment of the Grandmother Hypothesis'. *Current Biology* 29, 651–6, 2019.
10. Chapman S. N., Pettay J. E., Lummaa V. & Lahdenperä M. 'Limits to Fitness Benefits of Prolonged Post-Reproductive Lifespan in Women'. *Current Biology* 29, 1–6, 2019.
11. Vinicius L. & Migliano A. B. 'Reproductive Market Values Explain Post-Reproductive Lifespans in Men'. *Trends in Ecology & Evolution* 31, 172–5, 2016.
12. Bennett N. C. & Faulkes C. G. *African Mole-Rats: Ecology and Eusociality*. Cambridge University Press, 2000.
13. Young A. J. & Bennett N. C. 'Morphological Divergence of Breeders and Helpers in Wild Damaraland Mole-Rat Societies'. *Evolution* 64, 3190–7, 2010.
14. Graham R. J., Smith M. & Buffenstein R. 'Naked Mole-Rat Mortality Rates Defy Gompertzian Laws by Not Increasing with Age'. *ELife* 7, e31157, 2018.
15. Blacher P., Huggins T. J. & Bourke A. F. G. 'Evolution of Ageing, Costs of Reproduction and the Fecundity–Longevity Trade-off in Eusocial Insects'. *Proceedings of the Royal Society B: Biological Sciences* 284, 20170380, 2017.
16. Schrempf A., Giehr J., Röhrl R., Steigleder S. & Heinze J. 'Royal Darwinian Demons: Enforced Changes in Reproductive Efforts Do Not Affect the Life Expectancy of Ant Queens'. *The American Naturalist* 189, 436–42, 2017.
17. Healy K., Guillerme T., Sive F., Kane A., Kelly S., McClean D., Kelly D. J., Donohue I., Jackson A. L. & Cooper N. 'Ecology and Mode-of-Life Explain Lifespan Variation in Birds and Mammals'. *Proceedings of the Royal Society B: Biological Sciences* 281, 1784, 20140298, 2014. Keller L. & Genoud M.

'Extraordinary Lifespans in Ants: A Test of Evolutionary Theories of Ageing'. *Nature* 389, 958–60, 1997.
18. Stroeymeyt N., Grasse A. V., Crespi A., Mersch D. P., Cremer S. & Keller L. 'Social Network Plasticity Decreases Disease Transmission in a Eusocial Insect'. *Science* 362, 941–5, 2018.

第 9 章　家族内の争い

1. https://en.wikipedia.org/wiki/Kim_Jong-nam.
2. Young A. J., Carlson A. A., Monfort S. L., Russell A. F., Bennett N. C. & Clutton-Brock T. 'Stress and the Suppression of Subordinate Reproduction in Cooperatively Breeding Meerkats'. *Proceedings of the National Academy of Sciences* 103, 12005–10, 2006.
3. Lukas D. & Huchard E. 'The Evolution of Infanticide by Females in Mammals'. *Philosophical Transactions of the Royal Society B: Biological Sciences* 374, 20180075, 2019.
4. Cant M. A., Nichols H. J., Johnstone R. A. & Hodge S. J. 'Policing of Reproduction by Hidden Threats in a Cooperative Mammal'. *Proceedings of the National Academy of Sciences* 111, 326–30, 2014.
5. Hodge S. J., Bell M. B. V. & Cant M. A. 'Reproductive Competition and the Evolution of Extreme Birth Synchrony in a Cooperative Mammal'. *Biology Letters* 7, 54–6, 2011.
6. West-Eberhard M. J. 'Dominance Relations in *Polistes Canadensis* (L.), a Tropical Social Wasp'. *Monitore Zoologico Italiano-Italian Journal of Zoology* 20, 263–81, 1986.
7. Loope K. J. 'Queen Killing Is Linked to High Worker-Worker Relatedness in a Social Wasp'. *Current Biology* 25, 2976–9, 2015.

第 10 章　協力の社会的ジレンマ

1. p. 128 'If men were angels, no government would be necessary': James Madison, *The Federalist Papers*, 1788.（『ザ・フェデラリスト』A・ハミルトン／J・ジェイ／J・マディソン著、斎藤眞／中野勝郎訳、岩波文庫、1999年）

2. *Golden Balls* (ITV, 14 March 2008). https://www.youtube.com/watch?v=7FbkwrhW_0I.
3. 厳密に言うと、2人のプレーヤーによるやり取りが「囚人のジレンマ」になるためには、T＞R＞P＞Sという条件が成立しなければならない。Tは「不正を働きたい衝動」で、協力的なパートナーを利用することで得られる利益。Rは互いに協力することによる「報酬」。Pは互いに裏切ることによる「罰」。Sは「だまされた人の利益」で、あなたが協力し、パートナーが裏切った場合にあなたが得られる利益だ。実際のところ、「山分けか、総取りか」で使われている「囚人のジレンマ」はP＞Sではなく、P＝Sなので、厳密には「囚人のジレンマ」ではない。
4. Harbaugh W. T., Mayr U. & Burghart D. R. 'Neural Responses to Taxation and Voluntary Giving Reveal Motives for Charitable Donations'. *Science* 316, 1622–5, 2007.
5. Dunn E. W., Aknin L. B. & Norton M. I. 'Prosocial Spending and Happiness: Using Money to Benefit Others Pays Off'. *Current Directions in Psychological Science* 23, 41–7, 2014.
6. Aknin L. B., Hamlin J. K. & Dunn E. W. 'Giving Leads to Happiness in Young Children'. *PLOS ONE* 7, e39211, 2012.
7. Whillans A. V., Dunn E. W., Sandstrom G. M., Dickerson S. S. & Madden K. M. 'Is Spending Money on Others Good for Your Heart?'. *Health Psychology* 35, 574–83, 2016.
8. Jennni K. & Loewenstein G. 'Explaining the Identifiable Victim Effect'. *Journal of Risk and Uncertainty* 14, 235–57, 1997.
9. インドで実施された研究で、人々は身元がわかる被害者のカーストが低いとわかると、その被害者を助けない傾向にあることがわかった。私がローラ・トマス＝ウォルターズと行なった研究では、身元のわかる被害者はおそらくヒトでなければならないこともわかった。私たちの研究では、1枚の「身元のわかる被害者」の写真を用いて動物保護を訴えた（保護団体への寄付を求めた）。写真には、1頭のホッキョクグマか、動物の群れの写真を使った。しかし、身元のわかる被害者の写真は、群れの写真より寄付を集める効果が高いわけではなかった（人々は私たちが使った動物のほうに関心があり、「かわいい」絶滅危惧種を見せたほうが、「醜い」絶滅危惧種

を見せた場合よりも多くの寄付をした)。Deshpande A. & Spears D. ‘Who Is the Identifiable Victim? Caste and Charitable Giving in Modern India’. *Economic Development and Cultural Change* 64, 299–321, 2016. Thomas-Walters L. & Raihani N. J. ‘Supporting Conservation: The Roles of Flagship Species and Identifiable Victims’. *Conservation Letters* 10, 581–7, 2017.

10. Tinbergen N. ‘On Aims and Methods of Ethology’. *Ethology* 20, 410–33, 1963.
11. Marsh A. A., Stoycos S. A., Brethel-Haurwitz K. M., Robinson P., VanMeter J. W. & Cardinale E. M. ‘Neural and Cognitive Characteristics of Extraordinary Altruists’. *Proceedings of the National Academy of Sciences* 111, 15036–41, 2014.
12. Trivers R. L. ‘The Evolution of Reciprocal Altruism’. *The Quarterly Review of Biology* 46, 35–57, 1971.
13. Raihani N. J. & Bshary R. ‘Resolving the Iterated Prisoner’s Dilemma: Theory and Reality. *Journal of Evolutionary Biology* 24, 1628–39, 2011.
14. Fischer E. A. ‘The Relationship between Mating System and Simultaneous Hermaphroditism in the Coral Reef Fish, *Hypoplectrus Nigricans* (Serranidae)’. *Animal Behaviour* 28, 620–33, 1980.
15. Roberts G. ‘Cooperation through Interdependence’. *Animal Behaviour* 70, 901–8, 2005. Aktipis A., Cronk L., Alcock J., Ayers J. D., Baciu C., Balliet D., Boddy A. M., Curry O. S., Krems J. A., Muñoz, A. & Sullivan, D. ‘Understanding Cooperation through Fitness Interdependence’. *Nature Human Behaviour* 2, 429–31, 2018.

第 11 章　罰と協力

1. 一般にロバート・ルイス・スティーヴンソンのエッセイ「老人の死(Old Mortality)」(1884年)からの引用とされる。そのもとになった文章ははるかに長いと考えられている。「本はまさに特効薬だった。人間を生き生きと描いた本は重要で、彼らが置かれた人生の問題、喜び、忙しさ、重要性、そして緊迫感が胸に迫る。笑顔をもたらす本、英雄的な気質を描いた本は、興奮や元気をくれる。壮大な構想を描く本は、私たちすべてがためらいながらも甘受する結果の複雑さを覆い隠す」

2. Mathew S. & Boyd R. 'Punishment Sustains Large-Scale Cooperation in Prestate Warfare'. *Proceedings of the National Academy of Sciences* 108, 11375–80, 2011. Mathew S. & Boyd R. 'The Cost of Cowardice: Punitive Sentiments towards Free Riders in Turkana Raids'. *Evolution and Human Behavior* 35, 58–64, 2014.
3. Raihani N. J. & Hart T. 'Free-Riders Promote Free-Riding in a Real-World Setting'. *Oikos*, 119, 1391–3, 2010.
4. Fehr E. & Gächter S. 'Altruistic Punishment in Humans'. *Nature* 415, 137–40, 2002.
5. Raihani N. J & Bshary R. 'Punishment: One Tool, Many Uses'. *Evolutionary Human Sciences* 1, e12, 2019.
6. Raihani N. J., Thornton A. & Bshary R. 'Punishment and Cooperation in Nature'. *Trends in Ecology & Evolution* 27, 288–95, 2012.
7. de Quervain D. J. F., Fischbacher U., Treyer V., Schellhammer M., Schnyder U., Buck A. & Fehr E. 'The Neural Basis of Altruistic Punishment'. *Science* 305, 1254–58, 2004.
8. Mendes N., Steinbeis N., Bueno-Guerra N., Call J. & Singer T. 'Preschool Children and Chimpanzees Incur Costs to Watch Punishment of Antisocial Others'. *Nature Human Behaviour* 2, 45–51, 2018.
9. Grutter A. S. & Bshary R. 'Cleaner Wrasse Prefer Client Mucus: Support for Partner Control Mechanisms in Cleaning Interactions'. *Proceedings of the Royal Society B: Biological Sciences* 270, S242–4, 2003.
10. Raihani N. J., Grutter A. S. & Bshary R. 'Punishers Benefit From Third-Party Punishment in Fish'. *Science* 327, 171, 2010.
11. Raihani N. J. & Bshary R. 'The Reputation of Punishers'. *Trends in Ecology & Evolution* 30, 98–103, 2015. Barclay P. 'Reputational Benefits for Altruistic Punishment'. *Evolution and Human Behavior* 27, 325–44, 2006. Raihani N. J. & Bshary R. 'Third-Party Punishers Are Rewarded, but Third-Party Helpers Even More So'. *Evolution* 69, 993–1003, 2015.

第 12 章　見栄の張り合い

1. チャールズ・ダーウィンが1860年4月3日にエイサ・グレイに宛てた書簡。

https://www.darwinproject.ac.uk/letter/DCP-LETT-2743.xml.
2. Yoeli E., Hoffman M., Rand D. G. & Nowak M. A. 'Powering up with Indirect Reciprocity in a Large-Scale Field Experiment'. *Proceedings of the National Academy of Sciences* 110, 10424–9, 2013.
3. Funk P. 'Social Incentives and Voter Turnout: Evidence From the Swiss Mail Ballot System'. *Journal of the European Economic Association* 8, 1077–103, 2010.
4. Bshary R. & Schäffer D. 'Choosy Reef Fish Select Cleaner Fish That Provide High-Quality Service'. *Animal Behaviour* 63, 557–64, 2002.
5. Pinto A., Oates J., Grutter A. S. & Bshary R. 'Cleaner Wrasses *Labroides Dimidiatus* Are More Cooperative in the Presence of an Audience'. *Current Biology* 21, 1140–4, 2011.
6. Engelmann J. M. & Rapp D. J. 'The Influence of Reputational Concerns on Children's Prosociality'. *Current Opinion in Psychology* 20, 92–5, 2018.
7. Tomasello M. *Becoming Human: A Theory of Ontogeny*. Harvard University Press, 2019.
8. https://rstudio-pubs-static.s3.amazonaws.com/279562_48fcbe87ec814596944fb8bb59b10ae3.html.
9. Skarbek D. 'Prison Gangs, Norms, and Organizations'. *Journal of Economic Behavior & Organization* 82, 96–109, 2012.
10. Greif A. 'Reputation and Coalitions in Medieval Trade: Evidence on the Maghribi Traders'. *The Journal of Economic History* 49, 857–82, 1989.
11. Bshary R. 'Biting Cleaner Fish Use Altruism to Deceive Image–Scoring Client Reef Fish'. *Proceedings of the Royal Society B: Biological Sciences* 269, 2087–93, 2002.
12. Smith E. A. & Bliege Bird R. L. 'Turtle Hunting and Tombstone Opening: Public Generosity as Costly Signaling'. *Evolution and Human Behavior* 21, 245–61, 2000.
13. Stibbard-Hawkes D. N. E., Attenborough R. D. & Marlowe F. W. 'A Noisy Signal: To What Extent Are Hadza Hunting Reputations Predictive of Actual Hunting Skills?'. *Evolution and Human Behavior* 39, 639–51, 2018.
14. Bliege Bird R. L. & Power E. A. 'Prosocial Signaling and Cooperation among

Martu Hunters'. *Evolution and Human Behavior* 36, 389–97, 2015. Gurven M., Allen-Arave W., Hill K. & Hurtado M. '"It's a Wonderful Life": Signaling Generosity among the Ache of Paraguay'. *Evolution and Human Behavior* 21, 263–82, 2000.

15. Raihani N. J. & Barclay P. 'Exploring the Trade-off between Quality and Fairness in Human Partner Choice'. *Royal Society Open Science* 3, 160510, 2016.
16. Buss D. M. 'Sex Differences in Human Mate Preferences: Evolutionary Hypotheses Tested in 37 Cultures'. *Behavioral and Brain Sciences* 12, 1–49, 1989. Conroy-Beam D. & Buss D. M. 'Why Is Age so Important in Human Mating? Evolved Age Preferences and Their Influences on Multiple Mating Behaviors'. *Evolutionary Behavioral Sciences* 13, 127–57, 2019.
17. Raihani N. J. & Smith S. 'Competitive Helping in Online Giving'. *Current Biology* 25, 1183–6, 2015.
18. Raihani N. J. 'Hidden Altruism in a Real-World Setting'. *Biology Letters* 10, 20130884, 2014.

第 13 章　評判をめぐる綱渡り

1. Richard D. Alexander, 'The Challenge of Human Social Behaviour', *Evolutionary Psychology*, Vol. 4, 1–32.
2. Heyman G. D., Fu G. & Lee K. 'Evaluating Claims People Make About Themselves: The Development of Skepticism'. *Child Development* 78, 367–75, 2007.
3. Engelmann J. M., Herrmann E. & Tomasello M. 'Five-Year Olds, but Not Chimpanzees, Attempt to Manage Their Reputations'. *PLOS ONE* 7, e48433, 2012.
4. Monin B., Sawyer P. J. & Marquez M. J. 'The Rejection of Moral Rebels: Resenting Those Who Do the Right Thing'. *Journal of Personality and Social Psychology* 95, 76–93, 2008. Parks C. D. & Stone A. B. 'The Desire to Expel Unselfish Members from the Group'. *Journal of Personality and Social Psychology* 99, 303–10, 2010.
5. Herrmann B., Thöni C. & Gächter S. 'Antisocial Punishment Across Societies'.

Science 319, 1362–67, 2008. Raihani N. J. & Bshary R. 'Punishment: One Tool, Many Uses'. *Evolutionary Human Sciences* 1, e12, 2019.

6. Raihani N. J. 'Hidden Altruism in a Real-World Setting'. *Biology Letters* 10, 20130884, 2014.
7. Newman G. E. & Cain D. M. 'Tainted Altruism'. *Psychological Science* 25, 648–655, 2014.
8. Lee R. B. 'Eating Christmas in the Kalahari'. *Natural History*, December 1969.
9. Power E. A. & Ready E. 'Building Bigness: Reputation, Prominence, and Social Capital in Rural South India'. *American Anthropologist* 120, 444–59, 2018.
10. Bird R. B., Ready E. & Power E. A. 'The Social Significance of Subtle Signals'. *Nature Human Behaviour* 2, 452, 2018.

第 14 章　他人と比較することへの執着

1. Charles Darwin, *The Descent of Man*, and selection in *Relation to sex*, John Murray, 1871.（『人間の由来』（上下）チャールズ・ダーウィン著、長谷川眞理子訳、講談社学術文庫、2016年、ほか）
2. Agarwal S., Mikhed V. & Scholnick B. 'Does the Relative Income of Peers Cause Financial Distress? Evidence from Lottery Winners and Neighboring Bankruptcies'. *Federal Reserve Bank of Philadelphia Working Papers*, 2018.
3. Shenker-Osorio A. 'Why Americans All Believe They Are "Middle Class"'. *The Atlantic*, 2013. https://www.theatlantic.com/politics/archive/2013/08/why-americans-all-believe-they-are-middle-class/278240/.
4. Kross E., Verduyn P., Demiralp E., Park J., Lee D. S., Lin N., Shablack H., Jonides J. & Ybarra O. 'Facebook Use Predicts Declines in Subjective Well-Being in Young Adults'. *PLOS ONE* 8, e69841, 2013.
5. Camerer C. F. *Behavioral Game Theory: Experiments in Strategic Interaction*. Princeton University Press, 2011.
6. McAuliffe K., Blake P. R. & Warneken F. 'Children Reject Inequity out of Spite'. *Biology Letters* 10, 20140743, 2014.
7. Carter J. R. & Irons M. D. 'Are Economists Different, and If So, Why?'. *Journal of Economic Perspectives* 5, 171–7, 1991. Cipriani G. P., Lubian D. &

Zago A. ‘Natural Born Economists?’. *Journal of Economic Psychology* 30, 455–68, 2009.

8. Henrich J., Boyd R., Bowles S., Camerer C., Fehr E., Gintis H., McElreath R., Alvard M., Barr A., Ensminger J. & Henrich N. S. ‘“Economic Man” in Cross-Cultural Perspective: Behavioral Experiments in 15 Small-Scale Societies’. *Behavioral and Brain Sciences* 28, 795–815, 2005.

9. ヒト以外の生物が不公平な結果を嫌うかどうかを調べるには、そうした嗜好を知ることができる実験が必要だ。だが、不公平についてどう感じるかを動物に聞くことはできないし、実験のルールを説明することもできない。そんな実験を行なうため、サラ・ブロズナンとフランス・ドゥ・ヴァールは2003年、「不公平嫌悪ゲーム」という独創的な実験を考案した。彼らが最初に実験したのはオマキザルだ。オマキザルは実験に先立ち、ヒトの実験者からトークンと引き換えにご褒美のおやつをもらう訓練を受けた。これは、時間と忍耐を要するものの、オマキザルが実験室で学習できる行動だ。実験では、2頭のオマキザルが隣り合ったケージに座り、お互いの姿が完全に見える状況で、トークンと引き換えに実験者からおやつをもらった。最初は2頭ともキュウリのかけらをもらい、どちらも嬉しそうにトークンと引き換えた。しかし、そのうち実験者はトークンの代わりに渡す餌を変え始める。1頭にはキュウリを与え続けるが、もう1頭にはおやつのグレードを上げて、ブドウを与えることにしたのだ。自分が相手より低い扱いを受けていることに気づくと、オナガザルは「不公平な報酬を拒否」しているように見え、実験者との取引をやめるだけでなく、いまいましいキュウリのかけらを実験者の顔に向かって投げつけることまでした。チンパンジーを対象とした実験でも同様の結果が得られた。不公平な報酬を受けた個体は、チンパンジーなりのかんしゃくを起こし、実験者とのその後の取引を拒否する。

一見、こうした結果は不公平を嫌う証拠であるように思わせる。しかし、この解釈をそのまま受け入れるにはいくつかの問題がある。一つは、ほかの研究者が再現しようとしても、これらの結果をそれほどうまく再現できない点。もう一つは、残念ながら実験の設計に、起きていることを推定しづらい特徴がある点だ。この実験での皮肉な側面の一つに、相手がブドウをもらったときにキュウリの受け取りを拒否したオマキザル（またはチン

パンジー）は実際のところ、状況の不公平性を減らすのではなく、増やしていることがある。ヒトの子どもと大人を対象にした実験では、拒否したほうが相手の報酬を奪うのだが、今回の実験はそれとは異なる。実際、追加の実験では、子どもは相手から上質な報酬を奪えなければ、質の悪い報酬を拒否しないことがわかった。つまり、オマキザルとは違って、子どもはキュウリを投げないのだ。また、ヒト以外の霊長類で不公平の嫌悪を示す「肯定的な」結果の多くは、次のようにもっと単純な解釈もできる。被験者は手に入る報酬についての期待があり、それより劣るものを提示されたときに気分を害する、という解釈だ。公平性を好む性質は明らかに社会的である。それは、自分の報酬と他者の報酬を比較しなければならないことを意味する。ヒト以外の霊長類はこの社会的比較の手順を踏んでいないように見え、その代わり、手に入ると思っていたものと実際に手に入れたものを比較している。Brosnan S. F. & de Waal F. B. M. ‘Monkeys Reject Unequal Pay’. *Nature* 425, 297–9, 2003. McAuliffe K., Chang L. W., Leimgruber K. L., Spaulding R., Blake P. R. & Santos L. ‘Capuchin Monkeys, *Cebus Apella*, Show No Evidence for Inequity Aversion in a Costly Choice Task’. *Animal Behaviour* 103, 65–74, 2015. Roma P. G., Silberberg A., Ruggiero A. M. & Suomi S. J. ‘Capuchin Monkeys, Inequity Aversion, and the Frustration Effect’. *Journal of Comparative Psychology* 120, 67–73, 2006. Silberberg A., Crescimbene L., Addessi E., Anderson J. R. & Visalberghi E. ‘Does Inequity Aversion Depend on a Frustration Effect? A Test with Capuchin Monkeys（*Cebus Apella*）’. *Animal Cognition* 12, 505–9, 2009. Bräuer J., Call J. & Tomasello M. ‘Are apes inequity averse? New data on the token-exchange paradigm’. *American Journal of Primatology* 71, 175–81, 2009. Bräuer J., Call J. & Tomasello M. ‘Are Apes Really Inequity Averse?’. *Proceedings of the Royal Society B: Biological Sciences* 273, 3123–8, 2006. Ulber J., Hamann K. & Tomasello M. ‘Young Children, but Not Chimpanzees, Are Averse to Disadvantageous and Advantageous Inequities’. *Journal of Experimental Child Psychology* 155, 48–66, 2017. Kaiser I., Jensen K., Call K. & Tomasello M. ‘Theft in an Ultimatum Game: Chimpanzees and Bonobos Are Insensitive to Unfairness’. *Biology Letters* 8, 942–45, 2012. Jensen K., Call J. & Tomasello M. ‘Chimpanzees Are Rational Maximizers in an Ultimatum

Game'. *Science* 318, 107–9, 2007.

10. Cosmides L. & Tooby J. *Evolutionary Psychology: A Primer*. Center for Evolutionary Psychology, University of California Santa Barbara, 1997.
11. Hill K. R., Wood B. M., Baggio J., Hurtado A. M. & Boyd R. 'Hunter-Gatherer Inter-Band Interaction Rates: Implications for Cumulative Culture'. *PLOS ONE* 9, e102806, 2014.
12. Raichle M. E. & Gusnard D. A. 'Appraising the Brain's Energy Budget'. *Proceedings of the National Academy of Sciences* 99, 10237–9, 2002.
13. Kumar A. 'The Grandmaster Diet: How to Lose Weight While Barely Moving'. *ESPN*, 13 September 2019.
14. ここで注意しなければならないのは、協力的な狩猟と見られる行動の観察記録はすべて、コートジボワールのタイ国立公園にすむチンパンジーの一つの個体群から得られたものであり、タンザニアの個体群からは相反する結果が得られていることだ。このことから、東部と西部のチンパンジーの個体群のあいだで社会認知的手法や行動的手法に重要な違いがある可能性が浮かび上がった。しかし、この説はまだ検証されていない。
15. Gilby I. C., Machanda Z. P., Mjungu D. C., Rosen J., Muller M. N., Pusey A. E. & Wrangham R. '"Impact Hunters" Catalyse Cooperative Hunting in Two Wild Chimpanzee Communities'. *Philosophical Transactions of the Royal Society B: Biological Sciences* 370, 20150005, 2015.
16. Rekers Y., Haun D. B. M. & Tomasello M. 'Children, but Not Chimpanzees, Prefer to Collaborate'. *Current Biology* 21, 1756–8, 2011.
17. Samuni L., Preis A., Deschner T., Crockford C. & Wittig R. M. 'Reward of Labor Coordination and Hunting Success in Wild Chimpanzees'. *Communications Biology* 1, 138, 2018.
18. John M., Duguid S., Tomasello M. & Melis A. P. 'How Chimpanzees (*Pan Troglodytes*) Share the Spoils with Collaborators and Bystanders'. *PLOS ONE* 14, e0222795, 2019.
19. Tomasello M. *Becoming Human: A Theory of Ontogeny*. Harvard University Press, 2019.
20. Warneken F. & Tomasello M. 'Altruistic Helping in Human Infants and Young Chimpanzees'. *Science* 311, 1301–3, 2006.

21. Silk J. B., Brosnan S. F., Vonk J., Henrich J., Povinelli D. J., Richardson A. S., Lambeth S. P., Mascaro J. & Schapiro S. J. 'Chimpanzees are indifferent to the welfare of unrelated group members'. *Nature* 437, 1357–1359, 2005.

第 15 章　連携と反乱

1. Aristotle, *Politics*, 350 bce.（『政治学』アリストテレス著、田中美知太郎・北嶋美雪・尼ヶ崎徳一・松居正俊・津村寛二訳、中公クラシックス、2009年、ほか。ただし、本書における訳文は訳者によるもの）
2. Leeson P. T. 'An-*arrgh*-chy: The Law and Economics of Pirate Organization'. *Journal of Political Economy* 115, 1049–94, 2007.
3. Dunbar R. I. M. 'The Anatomy of Friendship'. *Trends in Cognitive Sciences* 22, 32–51, 2018.
4. Chaudhary N., Salali G. D., Thompson, J., Rey A., Gerbault P., Stevenson E. G. J., Dyble M., Page A. E., Smith D., Mace R. & Vinicius L. 'Competition for Cooperation: Variability, Benefits and Heritability of Relational Wealth in Hunter-Gatherers'. *Scientific Reports* 6, 29120, 2016.
5. Costa D. L. & Kahn M. E. 'Surviving Andersonville: The Benefits of Social Networks in POW Camps'. *NBER Working Paper*, 11825, 2005.
6. Silk, J. B., Alberts S. C. & Altmann J. 'Social Bonds of Female Baboons Enhance Infant Survival'. *Science* 302, 1231–34, 2003.
7. チンパンジーの雌にとって同盟はそれほど重要でないようだ。雌は交尾相手というより、主に食物をめぐって競争するからである。雌はこの問題を解決するために他者と団結する必要はない。互いに避け合うことが、効果的な手法となりうる。実際、チンパンジーの雌は自分の時間のおよそ65%を、単独あるいは子といっしょに食べ物探しに費やす。Muller M. N., Wrangham R. W. & Pilbeam D. R. *Chimpanzees and Human Evolution*. Harvard University Press, 2018.
8. Nishida T. 'Alpha Status and Agonistic Alliance in Wild Chimpanzees（*Pan Troglodytes Schweinfurthii*）'. *Primates* 24, 318–36, 1983.
9. Mielke A., Samuni L., Preis A., Gogarten J. F., Crockford C. & Wittig R. M. 'Bystanders Intervene to Impede Grooming in Western Chimpanzees and Sooty Mangabeys'. *Royal Society Open Science* 4, 171296, 2017.

10. Dunham Y. 'Mere Membership'. *Trends in Cognitive Sciences* 22, 780–93, 2018.

第 16 章　パラノイアと陰謀論

1. イスラエルのゴルダ・メイア元首相（1973年）が、アラブ側にさらなる譲歩をしなかったために、ヘンリー・キッシンジャーからパラノイアと非難されたあとの発言。
2. Carpenter P. K. 'Descriptions of Schizophrenia in the Psychiatry of Georgian Britain: John Haslam and James Tilly Matthews'. *Comprehensive Psychiatry* 30, 332–8, 1989.
3. Freeman D. S., McManus S., Brugha T., Meltzer H., Jenkins R. & Bebbington P. 'Concomitants of Paranoia in the General Population'. *Psychological Medicine* 41, 923–36, 2011.
4. Raihani N. J. & Bell V. 'An Evolutionary Perspective on Paranoia'. *Nature Human Behaviour* 3, 114–21, 2019.
5. Boyer P., Firat R. & van Leeuwen F. 'Safety, Threat, and Stress in Inter-group Relations: A Coalitional Index Model'. *Perspectives on Psychological Science* 10, 434–50, 2015.
6. Raihani N. J. & Bell V. 'An Evolutionary Perspective on Paranoia'. *Nature Human Behaviour* 3, 114–21, 2019. Gayer-Anderson C. & Morgan C. 'Social Networks, Support and Early Psychosis: A Systematic Review'. *Epidemiology and Psychiatric Sciences* 22, 131–46, 2013. Catone G., Marwaha S., Kuipers E. & Lennox B. 'Bullying Victimisation and Risk of Psychotic Phenomena: Analyses of British National Survey Data'. *The Lancet Psychiatry* 2, 618–24, 2015. Freeman D., Evans R., Lister R., Antley A. & Dunn G. 'Height, Social Comparison, and Paranoia: An Immersive Virtual Reality Experimental Study'. *Psychiatry Research* 218, 348–52, 2014. Kirkbride J. B., Errazuri A., Croudace T. J., Morgan C., Jackson D., Boydell J., Murray R. M. & Jones P. B. 'Incidence of Schizophrenia and Other Psychoses in England, 1950–2009: A Systematic Review and Meta-Analyses'. *PLOS ONE* 7, e31660, 2012.
7. Schofield P., Ashworth M. & Jones R. 'Ethnic Isolation and Psychosis: Re-Examining the Ethnic Density Effect'. *Psychological Medicine* 41, 1263–9,

2011.

8. Saalfeld V., Ramadan Z., Bell V. & Raihani N. J. 'Experimentally Induced Social Threat Increases Paranoid Thinking'. *Royal Society Open Science* 5, 180569, 2018.
9. Oliver E. J. & Wood T. J. 'Conspiracy Theories and the Paranoid Style（s）of Mass Opinion'. *American Journal of Political Science* 58, 952–66, 2014.
10. Uscinski J. E. & Parent J. M. *American Conspiracy Theories*. Oxford University Press, 2014.
11. Bell V., Raihani N. J. & Wilkinson S. 'De-Rationalising Delusions'. *Clinical Psychological Science*, 2021. https://doi.org/10.1177/2167702620951553.
12. Williams D. 'Socially Adaptive Belief'. *Mind & Language*, 1–22, 2020.
13. Mercier H. & Sperber D. 'Why do humans reason? Arguments for an argumentative theory'. *Behavioral and Brain Sciences*, 34, 57–111.
14. Van Bavel J. & Pereira A. 'The Partisan Brain: An Identity-Based Model of Political Belief'. *Trends in Cognitive Sciences* 22, 213–24, 2018.
15. Gollwitzer A., Martel C., Brady W. J., Pärnamets P., Freedman I. G., Knowles E. D. & Van Bavel J. J. 'Partisan differences in physical distancing are linked to health outcomes during the COVID-19 pandemic'. *Nature Human Behaviour*, 1–12, 2020.

第 17 章　平等主義と独裁制

1. Aesop, 'The Four Oxen and the Lion', *Fables*, The Harvard Classics, 1909–14.
2. von Rueden C. R. & Jaeggi A. V. 'Men's Status and Reproductive Success in 33 Nonindustrial Societies: Effects of Subsistence, Marriage System, and Reproductive Strategy'. *Proceedings of the National Academy of Sciences* 113, 10824–9, 2016.
3. Boehm C. *Hierarchy in the Forest: The Evolution of Egalitarian Behavior*. New edition. Harvard University Press, 2001.
4. von Rueden C. 'Making and Unmaking Egalitarianism in Small-Scale Human Societies'. *Current Opinion in Psychology*, 33, 167–71, 2020. Cheng J. T., Tracy J. L., Foulsham T., Kingstone A. & Henrich J. 'Two Ways to the Top: Evidence That Dominance and Prestige Are Distinct yet Viable Avenues to Social Rank

and Influence'. *Journal of Personality and Social Psychology* 104, 103–25, 2013.

5. Gillin J. 'Crime and punishment among the Barama River Carib of British Guiana'. *American Anthropologist* 36, 331–44, 1934.
6. Garfield Z. H., von Rueden C. & Hagen E. H. 'The Evolutionary Anthropology of Political Leadership'. *The Leadership Quarterly* 30, 59–80, 2019.
7. Powers S. T. & Lehmann L. 'An Evolutionary Model Explaining the Neolithic Transition from Egalitarianism to Leadership and Despotism'. *Proceedings of the Royal Society B: Biological Sciences* 281, 20141349, 2014.
8. Watts J., Sheehan O., Atkinson Q. D., Bulbulia J. & Gray R. D. 'Ritual Human Sacrifice Promoted and Sustained the Evolution of Stratified Societies'. *Nature* 532, 228–31, 2016.
9. Johnson D. P. & MacKay N. J. 'Fight the Power: Lanchester's Laws of Combat in Human Evolution'. *Evolution and Human Behavior* 36, 152–63, 2015.
10. Marcum A. & Skarbek D. 'Why Didn't Slaves Revolt More Often during the Middle Passage?'. *Rationality and Society* 26, 236–62, 2014.

第 18 章　協力がもたらす代償

1. Stephen Crane, *The Complete Short Stories and Sketches of Stephen Crane*, Doubleday, 2013.（『赤い武功章 他3編』収録の「青いホテル」クレイン著、西田実訳、岩波文庫、1974年）
2. 'Uber, Lyft Drivers Manipulate Fares at Reagan National Causing Artificial Price Surges'. *WJLA,* 16 May 2019. http://wjla.com/news/local/uber-and-lyft-drivers-fares-at-reagan-national.
3. Greif A. & Tabellini G. 'The Clan and the Corporation: Sustaining Cooperation in China and Europe'. *Journal of Comparative Economics* 45, 1–35, 2017. Muthukrishna M. 'Corruption, Cooperation, and the Evolution of Prosocial Institutions'. *SSRN Electronic Journal*, 2017. https://doi.org/10.2139/ssrn.3082315.
4. 引用箇所の出典は以下の文献。Hampden-Turner C. & Trompenaars F. *Riding the Waves of Culture: Understanding Diversity in Global Business.* Hachette UK, 2011.（『異文化の波――グローバル社会：多様性の理解』フォ

ンス・トロンペナールス／チャールズ・ハムデン－ターナー著、須貝栄訳、白桃書房、2001年）

5. Waytz A., Iyer R., Young L., Haidt J. & Graham J. 'Ideological Differences in the Expanse of the Moral Circle'. *Nature Communications* 10, 1–12, 2019.
6. Raihani N. J. & de-Wit L. 'Factors Associated With Concern, Behaviour & Policy Support in Response to SARS-CoV-2, 2020'. https://doi.org/10.31234/osf.io/8jpzc.
7. Yamagishi T., Jin N. & Miller A. S. 'In-Group Bias and Culture of Collectivism'. *Asian Journal of Social Psychology* 1, 315–28, 1998. Greif A. & Tabellini G. 'The Clan and the Corporation: Sustaining Cooperation in China and Europe'. *Journal of Comparative Economics* 45, 1–35, 2017. Jha C. & Panda B. 'Individualism and Corruption: A Cross-Country Analysis'. *Economic Papers: A Journal of Applied Economics and Policy* 36, 60–74, 2017.
8. Guiso L., Sapienza P. & Zingales L. 'Long-Term Persistence'. *Journal of the European Economic Association* 14, 1401–36, 2016. Reher D. S. 'Family Ties in Western Europe: Persistent Contrasts'. *Population and Development Review* 24, 203–34, 1998. Baldassarri D. 'Market Integration Accounts for Local Variation in Generalized Altruism in a Nationwide Lost-Letter Experiment'. *Proceedings of the National Academy of Sciences* 117, 2858–63, 2020.
9. Cohn A., Maréchal M. A., Tannenbaum D. & Zünd C. L. 'Civic Honesty around the Globe'. *Science* 365, 70–3, 2019.
10. Hruschka D. 'Parasites, Security, and Conflict: The Origins of Individualism and Collectivism'. *Evonomics*, 18 November 2015. https://evonomics.com/a-new-theory-that-explains-economic-individualism-and-collectivism/. Welzel C. *Freedom Rising: Human Empowerment and the Quest for Emancipation*. Cambridge University Press, 2013. Hruschka D. J. & Henrich J. 'Economic and Evolutionary Hypotheses for Cross-Population Variation in Parochialism'. *Frontiers in Human Neuroscience* 7, 559, 2013.
11. Van de Vliert E. & Van Lange P. A. M. 'Latitudinal Psychology: An Ecological Perspective on Creativity, Aggression, Happiness, and Beyond'. *Perspectives on Psychological Science* 14, 860–84, 2019.
12. openDemocracy. 'The Social Support Networks Stepping up in Coronavirus-

Stricken China'. 17 March 2020, https://www.opendemocracy.net/en/oureconomy/social-support-networks-springing-coronavirus-stricken-china/. 'Solidarity in Times of Corona in Belgium'. 24 March 2020, https://press.vub.ac.be/solidarity-in-times-of-corona-in-belgium. 'The Horror Films Got It Wrong. This Virus Has Turned Us into Caring Neighbours', *The Guardian* 31 March 2020, https://www.theguardian.com/commentisfree/2020/mar/31/virus-neighbours-covid-19.

13. 'Beers, Deer and Heroes: Heart-warming Moments in Coronavirus Britain'. *The Guardian*, 2 April 2020, https://www.theguardian.com/world/2020/apr/02/beers-deer-heroes-heartwarming-moments-coronavirus.
14. これは私の近所の書店「レビュー」の話。店はロンドンのペッカム・ライのベレンデン・ロードにある。彼らはすばらしい。地元の書店をサポートしよう！
15. 'New York's Andrew Cuomo Decries "eBay"-Style Bidding War for Ventilators'. *The Guardian*, 31 March 2020, https://www.theguardian.com/us-news/2020/mar/31/new-york-andrew-cuomo-coronavirus-ventilators.
16. 'Tuna Sells for Record $3 Million in Auction at Tokyo's New Fish Market', CNBC, 5 January 2019. https://www.cnbc.com/2019/01/05/tuna-sells-for-record-3-million-in-auction-at-tokyos-new-fish-market.html.
17. Ostrom E., Burger J., Field C. B., Norgaard R. B. & Policansky D. 'Revisiting the Commons: Local Lessons, Global Challenges'. *Science* 284, 278, 1999.
18. https://www.wearestillin.com/.
19. Turner R. A., Addison J., Arias A, Bergseth B. J., Marshall N. A., Morrison T. H. & Tobin R. C. 'Trust, Confidence, and Equity Affect the Legitimacy of Natural Resource Governance'. *Ecology and Society* 21, 18, 2016.
20. Carbon Brief. 'Analysis: Coronavirus Temporarily Reduced China's CO2 Emissions by a Quarter', 19 February 2020. https://www.carbonbrief.org/analysis-coronavirus-has-temporarily-reduced-chinas-co2-emissions-by-a-quarter.
21. Moser C., Blumer Y. & Hille S. L. 'E-Bike Trials' Potential to Promote Sustained Changes in Car Owners Mobility Habits'. *Environmental Research Letters* 13, 044025, 2018.

22. Larcom S., Rauch F. & Willems T. 'The Benefits of Forced Experimentation: Striking Evidence from the London Underground Network'. *The Quarterly Journal of Economics* 132, 2019–55, 2017.

23. チャールズ・ダーウィンが1861年7月にフランシス・ジュリア・ウェッジウッドに宛てた書簡。https://www.darwinproject.ac.uk/letter/?docId=letters/DCP-LETT-3206.xml. 引用元の文全体は次のとおり。「類人猿の認知された子孫にまずまず期待できるもの以上の美しい光景に敬服する」